Das große KNIGGE Lexikon

Benimm von A–Z

Iris Hammelmann

Compact Verlag

Mein herzliches Dankeschön gilt meiner „großen“ Schwester Conny, die sich trotz ihres Sabbaticals die Zeit genommen hat, mich mit Ihrem Wissen zu unterstützen!

Chefredaktion: Dr. Angela Sendlinger
Redaktion: Anna Larrosa
Produktion: Wolfram Friedrich
Titelabbildung: Fotolia.com/Andrew Williamson
Illustrationen: Leonhard Büttner
Typografischer Entwurf: EKH Werbeagentur GbR
Umschlaggestaltung: EKH Werbeagentur GbR

ISBN 978-3-8174-6640-5
5366401

Besuchen Sie uns im Internet: www.compactverlag.de

Vorwort

Gutes Benehmen ist wieder im Kommen. Das steht fest. Genauso zweifelsfrei klar ist, dass selbst jemand mit bester Erziehung in mancher Situation unsicher wird. Der erste Brief, den man an einen Adeligen schreiben muss, ist ebenso eine Herausforderung wie der korrekte Umgang mit einem Kollegen oder gar Vorgesetzten, der gerade mit Schwung in eine peinliche Situation geschlittert ist. Außerdem: Nichts bleibt, wie es früher einmal war. Zwar gilt vieles, was auf Adolph Freiherr von Knigge zurückgeht auch heute noch, doch mit jedem Generationenwechsel ändern sich auch die Sitten etwas. Da gilt es auf dem neuesten Stand zu bleiben, zumal bei vielen Themen die Verunsicherung über das richtige Benehmen oft groß ist. Die Kartoffel mit dem Messer zu schneiden, war früher verpönt, der Herr hat der Dame den Stuhl zurecht gerückt. Und heute? Darf das Messer bei Kartoffel, Spargel und Salat zum Einsatz kommen? Gelten Sie als Kavalier, wenn Sie einer Dame helfen oder als ewig Gestriger, der sich anbiedern will?

Von niemandem wird ernsthaft erwartet, dass er alle Benimmregeln beherrschen und in jeder Situation anwenden kann. Gut ist aber, wenn man weiß, wo man sie bei Bedarf finden kann. Und zwar schnell, übersichtlich und auf den Punkt. Benimmbücher gibt es viele, doch dieses Knigge-Lexikon ermöglicht Ihnen, auf Anhieb die Information zu finden, die Sie wirklich brauchen. Gerade für alle, die kein komplettes Kapitel lesen möchten, um zu wissen, was sie beim Besprechen ihres Anrufbeantworters zu beachten haben oder wann sie zum Fischbesteck greifen müssen, ist dies das ideale Nachschlagewerk. Hier finden Sie in Kürze, worauf es ankommt – von Aal bis Zylinder, von Abendgarderobe bis Zahnstocher. Ohne Umschweife wissen Sie auf einen Blick, wie gutes Benehmen heute aussieht.

Neben den klassischen Themen, wie Essen und Trinken, äußeres Erscheinungsbild, Benehmen im Job, Schriftliches, passendes Auftreten im Ausland und Verhalten in heiklen zwischenmenschlichen Situationen, kommt auch der Umgang mit der Umwelt nicht zur kurz, der in früheren Benimmratgebern noch vernachlässigt wurde. Querverweise zu anderen Begriffen, die für Sie auch interessant sein könnten, runden das Lexikon ab.

SPEZIAL

Das Wichtigste auf einen Blick

Es gibt Situationen, in denen gutes Benehmen besonders zählt. Und gerade dabei ergeben sich oft Unsicherheiten. Ob im Geschäftsleben, beim Vorstellungsgespräch, zu Tisch oder bei der Kindererziehung: Die Spezialseiten in diesem Lexikon helfen Ihnen, den Überblick über die wichtigsten Benimmregeln zu bewahren.

Spezial: Benimm im Business 48

Spezial: Kommunikation 76

Spezial: Die Welt der Gastlichkeit 100

Spezial: Die richtige Kinderstube 152

Spezial: In der Welt unterwegs 210

Spezial: An Tisch und Tafel glänzen 236

Spezial: Bewerbung und Vorstellungsgespräch 250

A

Aal

Der Fisch mit dem hohen Fettgehalt lebt sowohl in Salz- als auch in Süßwasser. Meist wird er geräuchert serviert und dann mit dem üblichen Fleischbesteck gegessen. Ist er nicht mundgerecht vorbereitet, schneiden Sie ihn der Länge nach ein und entfernen zunächst die harte Mittelgräte. Dann das Fleisch häppchenweise von der Haut abtrennen und essen.

Abendgarderobe Dame

Ob Jubiläum, → Oper, → Ball oder → Hochzeit, Anlässe für einen feierlichen Auftritt gibt es viele. Die Dame hat dabei im Grunde die Wahl zwischen drei Alternativen: → Kostüm, kurzes Kleid oder lange Robe. Das edle Kostüm oder auch ein schicker → Hosenanzug ist inzwischen für so ziemlich jedes Fest salonfähig. Je fröhlicher der Anlass, desto heller die Farbe. Und je feierlicher es zugeht, desto edler der Stoff und die → Accessoires. Ein → Hut oder eine reich bestickte Stola runden das Bild ab, gerade wenn besonders viel Wert auf das Äußere gelegt wird. Geschlossene Pumps passen perfekt. Handelt es sich um eine Abendveranstaltung im ausschließlich privaten Rahmen, dürfen auch Riemchenpumps getragen werden. Am Tage und wenn Sie beruflich unterwegs sind gilt: Die Zehen bleiben immer verborgen. Ein kurzes Kleid – bitte nie so kurz, dass es ungewollte Einblicke gewährt – ist immer richtig, wenn es etwas zu feiern gibt. Eine Ausnahme sind Anlässe, welche die ganz große Robe verlangen. Das steht dann meist in der → Einladung, und man sollte unbedingt bodenlang tragen. Denken Sie daran, dass zur Abendgarderobe auch Frisur und → Make-up passen sollten. Hochsteckfrisuren sind ebenso schick wie ein mit Glanzgel in Form gebrachter kurzer Schopf. Es darf ruhig etwas mehr Farbe im Gesicht zu sehen sein. Stimmen Sie diese mit den Farben Ihrer Garderobe ab. Zum langen Kleid gehört natürlich eine Abendhandtasche, vielleicht mit Pailletten besetzt. Zu Kostüm oder kurzem Kleid passt besser ein schlichtes kleines Modell. Und: Seidenstrümpfe sind ein Muss, nackte Beine sind nicht gern gesehen! Einzige Ausnahme: Beim „kleinen Schwarzen“, also einem kurzen dunklen Cocktailkleid.

TIPP

Bei typischen Frack-Anlässen, also den feierlichsten Anlässen, die nach wirklicher Abendgarderobe verlangen, trägt die Frau eine lange Robe. Wird ein → Cut oder ein Anzug verlangt, hat sie die Wahl zwischen einem kürzeren Kleid, etwa einem Cocktailkleid, einem → Kostüm oder einem → Hosenanzug. Wird lediglich um Abendgarderobe gebeten, sollten Sie klären, ob Frack und langes Kleid oder die „gemäßigtere“ Variation erwartet wird.

Abendgarderobe Herr

Was für die Dame das → Kostüm, ist für den Herrn der dunkle Anzug. Mit ihm kann er kaum etwas verkehrt machen, es sei denn, es wird ausdrücklich um → Smoking, → Frack oder → Cut gebeten. Als Richtlinie können Sie sich merken: Die erste Wahl ist der Abendanzug. Wird es etwas feierlicher, greift der Herr zu einem Smoking. Eher selten – passend zur langen Robe der Dame – ist ein Frack gefragt. Der dunkle Anzug sollte übrigens nur dann schwarz sein, wenn es zu einer → Beerdigung geht. Sonst ist er dunkelblau oder auch grau. Dazu kann eine Weste getragen werden. Darunter gehört ein weißes → Hemd. Auch Rosa oder ein helles Blau sind okay. Unbedingt schwarze → Schuhe und schwarze Seidenstrümpfe oder → Strümpfe aus feiner Wolle wählen. Wenn es feierlicher wird, ist ein → Einstecktuch ein hübsches i-Tüpfelchen. Eine dezente → Krawatte macht das Äußere perfekt.

Abkürzungen

Benutzen Sie in Ihrer Korrespondenz ausschließlich Abkürzungen, die allen bekannt sein dürften – beispielsweise etc. oder usw. – und das auch nur begrenzt. Selbst in → E-Mails sollte bei geschäftlicher Korrespondenz auf die internettypischen Kürzel verzichtet werden. Das gilt ebenfalls für persönliche Nachrichten, wie → Glückwünsche oder Ähnliches. Auch wenn Sie diese per E-Mail oder per → Fax verschicken, sollten Sie sich die Zeit nehmen, alle Wörter auszuschreiben. Und verwenden Sie nicht „MfG" anstelle von „Mit freundlichen Grüßen", auch wenn das inzwischen allgemein üblich ist und von den meisten durchaus verstanden wird.

Absagen bei Einladungen

Eine Absage ist meistens unangenehm. Sie sollte daher immer taktvoll verpackt sein. Schließlich läuft es darauf hinaus, dass eine Bitte abgeschlagen wird. Sei es die Bitte, zu einer Veranstaltung zu kommen, oder die, jemandem einen Gefallen zu tun. Das kann verletzen oder gar beleidigen. Trotzdem: Drücken Sie sich nicht um die Absage, wenn sie nötig ist. Das Wie ist jedoch entscheidend. Zum guten Ton gehört es, sich für eine → Einladung immer zu bedanken, auch wenn sie nicht wahrgenommen werden kann. Drücken Sie Ihre Wertschätzung aus, dass man Sie als Gast wünscht, und Ihr Bedauern, dass Sie nicht → zusagen können. Zwar währt ehrlich am längsten, trotzdem klingen pauschale Aussagen, wie: „Ich habe keine Lust" oder: „Ich habe keine Zeit" nicht gut. Sie werden Ihrem Gegenüber eher als Unverschämtheit oder Ausrede erscheinen. Stattdessen machen konkrete Gründe – „Ich habe für den Termin bereits eine Einladung, mein Schwiegervater wird 70." – einen besseren und aufrichtigen Eindruck. Nach bereits erfolgter Zusage zählt für eine Absage nur ein triftiger Grund, wie Krankheit im Familien- oder engen Freundeskreis oder eine unvorhersehbare

berufliche Verpflichtung. Am persönlichsten ist die direkte mündliche oder auch die telefonische Absage. In beiden Fällen lässt sich die Reaktion des Einladenden gut einschätzen, sodass darauf auch reagiert werden kann. Beispielsweise mit einer Alternative: „Schade, dass ich an dem Termin keine Zeit habe, aber wollen wir uns nicht in der darauffolgenden Woche treffen?“

Absagen beruflich oder bei einer Bitte

Wer einen Gefallen ablehnen oder eine geschäftliche Verabredung absagen muss, ist gut beraten, eine Alternative anzubieten. Das kann ein anderer Termin sein oder ein anderer Gefallen, der den Betreffenden vermutlich entlasten könnte. Bei Absage per → E-Mail, → Fax oder womöglich → SMS empfiehlt sich ein Anruf am nächsten Tag oder wenigstens kurze Zeit nach der Veranstaltung. Generell sind diese Formen aber nur dann geeignet, wenn es in der → Einladung so angeboten wird oder Sie die betreffende Person sehr gut kennen und wissen, dass sie damit umgehen kann. Es ist immer nötig, rechtzeitig abzusagen, damit der andere planen kann. Besonders wichtig ist dies, wenn Sie um Hilfe gebeten wurden, zum Beispiel bei einem Umzug. Oder noch brenzliger: Sie wurden als Trauzeuge bestellt. Drei Tage vor der Trauung hat das Brautpaar sicher anderes zu tun, als kurzfristig nach Ersatz zu suchen. Gibt es triftige Gründe, die eine rechtzeitige Zu- oder Absage unmöglich machen, sollte der Einladende bzw. der Bittende entscheiden, ob er das Risiko tragen oder lieber ohne Sie planen möchte. Sagen Sie es also, wenn Sie erst kurzfristig eine Antwort werden geben können.

TIPP

Halten Sie sich bei schriftlichen Einladungen mit Ihrer Absage an die gewünschte Form, wie E-Mail oder Fax, und sagen Sie spätestens zum angegebenen Datum ab.

Absatz

Tragen Sie bitte auf keinen Fall → Schuhe mit Absätzen, auf denen Sie nicht sicher gehen können, schon gar nicht, wenn Sie ein Stück laufen müssen. Es gibt keine verbindliche Faustregel, was wann passt oder nicht. Allgemein werden sich größere Frauen auf flachen Absätzen vielleicht wohler fühlen, während kleinere, zierliche Frauen sich ruhig um ein paar Zentimeter größer machen dürfen. Zum Abendkleid gehört definitiv ein kleiner Absatz. Ausnahme: klassische, flache Ballerinas. Hoch müssen die Schuhe aber nicht einmal auf einem → Ball sein, wenn die Trägerin darauf nicht laufen kann. Kleiner Tipp: Üben Sie vor dem großen Auftritt, wenn Sie üblicherweise nur in Turnschuhen unterwegs sind. Das gibt Sicherheit.

Abschied aus der Firma

Je nach Länge der Firmenzugehörigkeit und Position in der Firma genügt entweder das Ausgeben von Häppchen und Getränken zum letzten Feierabend, oder es sollte eine Einladung im größeren Stil sein. Bei langer Betriebszugehörigkeit wird das Unternehmen in manchen Fällen einladen und den entsprechenden Rahmen organisieren. Der Ausstand wird auf keinen Fall als Gelegenheit zur Abrechnung mit Kollegen oder Vorgesetzten genutzt. Das wirft ein schlechtes Bild auf den Scheidenden. Umgekehrt sollte natürlich auch kein Kollege mit einer Beschimpfung verabschiedet werden. Jeder hat ein paar nette Worte verdient, die den Verlust betonen und unbedingt Dank für die geleistete Arbeit ausdrücken. Geht man wirklich im Bösen auseinander, reicht eine Verabschiedung zum letzten Feierabend von allen Anwesenden. Auch dann verzichten beide Seiten besser auf böse Worte und wünschen einander nur kurz und höflich alles Gute für die Zukunft.

Accessoires Dame

Accessoires runden jedes Outfit ab. Sie können das berühmte i-Tüpfelchen sein, wenn Sie es richtig anstellen. Mit Modeschmuck, der allerdings niemals billig aussehen darf, wirken Sie jung und modebewusst. Greifen Sie darum nur dazu, wenn das zu Ihrem Stil passt. Ansonsten sind Sie mit ausgesuchten echten Stücken besser beraten. Behängen Sie sich nicht mit zu viel Gold oder Silber. Und achten Sie darauf, dass Ohrringe, Kette, Ring und Uhr zueinander passen. Tücher sind perfekte Accessoires. Sie können Ihrer Garderobe einen Farbtupfer verleihen. Und sie lenken, um den Hals getragen, den

Blick Ihres Gegenübers zu Ihrem Gesicht. Verzichten Sie im Berufsleben jedoch auf Tücher, in die Sie sich einwickeln können. Das ist unpraktisch und unpassend. Solche Exemplare können dagegen in der Freizeit langweilige Oberteile aufwerten. Ein → Gürtel ist übrigens unverzichtbar, wenn → Rock oder → Hose Gürtelschlaufen hat.

TIPP

Das menschliche Auge ist überfordert, wenn es mehr als fünf Gegenstände wahrnehmen soll. Wenn Sie eine Brosche, Ohrringe, eine Kette, ein Tuch, mehrere Ringe und Armreifen tragen, ist das zu viel. Einzelstücke kommen dagegen besser zur Geltung.

Accessoires Herr

Wie auch für die Dame gilt: Wo Gürtelschlaufen sind, gehört auch ein → Gürtel hinein. Verzichten Sie auf dieses Accessoire, wirkt es nachlässig. Darüber hinaus können Männer ein → Einstecktuch in der Jacketttasche oder auch eine → Krawattennadel tragen. Manschettenknöpfe gelten mancherorts als altmodisch, sind aber bei jungen, trendigen Leuten wieder eher im Kommen. Sollten Sie eine → Krawatte tragen, bedenken Sie gut, wohin Sie damit gehen wollen. Lustige Motive, wie etwa Comicfiguren, haben in der Firma nichts zu suchen. Schmuck ist für Männer eher ungewöhnlich, natürlich abgesehen vom Ehering. Auch Siegelringe sind okay. Vorsicht: Ketten wirken meistens unseriös.

Adelstitel

Ein „von" im Namen bedeutet nicht gleich Adel! Die normale und korrekte → Anrede „Herr oder Frau von Richthofen" bedarf keines weiteren Zusatzes, auch nicht, wenn es sich um einen Freiherrn oder Baron handelt. Ist der Angesprochene aber ein Herzog, Fürst, Prinz oder Graf, sieht die richtige Anrede so aus: Lassen Sie das Herr oder Frau weg, und setzen Sie den Adelstitel vor den Nachnamen (also hier „Graf Richthofen").

Ägypten

Bei jungen Ägyptern sind überwiegend europäische Sitten zu beobachten, allerdings ist der größte Teil des Landes nach wie vor von arabisch-islamischen Traditionen geprägt. Die Frau hat in der Öffentlichkeit eine untergeordnete Stellung, und diese Haltung sollten Frauen, die in dieses Land reisen, auch berücksichtigen. Kleiden Sie sich angemessen, und zeigen Sie wenig nackte Haut. Männer begrüßen sich mit → Handschlag; dies wird aber nie zwischen Mann und Frau stattfinden. Männer dürfen ägyptische Frauen nicht berühren, sondern sollten sie nur mit einem Kopfnicken begrüßen. Eine Einladung in ein Privathaus gilt nur dann auch für die Dame, wenn sie ausdrücklich mit eingeladen wird. Das Essen wird – gerade bei privaten Einladungen in das eigene Haus – eventuell noch mit den Fingern verzehrt. Üblicherweise bekommen Sie dann vorher eine Schale gereicht, in der Sie sich die Hände waschen können. Benutzen Sie zum Essen die rechte Hand, auch wenn Sie Linkshänder sind, da die Linke als unrein angesehen wird. Bei geschäftlichen Beziehungen sollte vorher sehr genau geklärt werden, welche Position der Gesprächspartner hat, denn Hierarchien sind von großer Bedeutung. Einige Gesten gelten als unhöflich, beispielsweise das Fingerzeigen auf Personen oder etwa die linke anstatt der rechten Hand zu reichen. Fotografieren Sie niemanden, ohne die Person vorher zu fragen. Noch ein Wort zum Grüßen: Muslimische Männer grüßen sich mit dem Wort „Salam“, eines der arabischen Wörter für „Frieden“. Wenn Sie damit angesprochen werden, dürfen Sie ebenfalls so grüßen. „Sayyed“ heißt „Herr“, „Sayyida“ „Frau“. Es folgen Vor- und Nachname oder nur der Vorname, niemals aber, wie in Europa üblich, ausschließlich der Nachname.

Algerien

Es gelten überwiegend die Regeln, die auch in → Ägypten zu beachten sind, bzw. die für den → Islam gelten. Fast alle Algerier sind nämlich Muslime. Der Tourismus ist hier wenig verbreitet, sodass europäische Sitten nicht vorausgesetzt werden dürfen. Vermeiden Sie es unbedingt, Ihrem Gegenüber die blanken Fußsohlen zu zeigen, wenn auf dem Boden sitzend gegessen wird, was durchaus üblich ist. Dies gilt als äußerst unhöflich. Der Schneidersitz hat sich bewährt.

Alkohol

Die Grundregel heißt: Alkohol darf nur in Maßen, im Berufsleben und am Tage gar nicht oder nur zu ganz besonderen Anlässen getrunken werden. Das richtige Maß hängt von jedem Einzelnen ab. Vertragen Sie wenig, trinken Sie am besten überwiegend oder nur alkoholfreie Getränke. Vertragen Sie mehr, sollten Sie damit nicht angeben und sich so zurücknehmen, dass Sie immer die Kontrolle behalten. Alkohol lässt die Hemmschwelle sinken und kann dazu führen, dass Sie Dinge sagen oder tun, die Sie später bereuen. Die Heimfahrt im → Taxi oder mit Fahrern, die nicht getrunken haben, ist ein Muss. Wer etwa im Urlaub doch schon am Tage mal ein Gläschen → Wein mehr genießen möchte, behält am besten im Blick, dass zum Beispiel durch ungewohntes Klima weniger vertragen wird als normal. Riskieren Sie keine Kreislaufbeschwerden oder Übelkeit. Wer in fremde Länder reist, erkundigt sich am besten schon vorher, wie mit dem Alkoholgenuss dort umgegangen wird. In islamischen Ländern ist dem Gast Zurückhaltung empfohlen, und er sollte alkoholische Getränke vorsichtshalber nur in internationalen Hotels konsumieren. Bieten Sie Muslimen niemals von sich aus Alkohol an. In den → USA hat nicht jedes Lokal eine Lizenz zum Alkoholausschank und – wie fast überall auf der Welt – gilt es als unfein, in der Öffentlichkeit Alkohol zu trinken. Auf offener Straße ist es in einigen US-Staaten und in Kanada sogar verboten.

TIPP

Sagen Sie ruhig Nein! Wenn Sie keinen Alkohol trinken möchten, brauchen Sie das auch nicht. Es ist völlig in Ordnung, Prozentiges abzulehnen. Selbst bei feierlichen Anlässen dürfen Sie mit Wasser anstoßen.

Amuse-Bouche

Der „Gaumenkitzler“, auch „Amuse-Gueule“ genannt, wird zum Auftakt des Menüs oder auch zwischendurch serviert. Essen Sie sich nicht daran satt. Sie brauchen übrigens keine Angst zu haben, dass er auf der Rechnung erscheint: Er wird von der Küche spendiert.

Anrede

Sie kann die Weichen für die Entwicklung der zukünftigen Beziehung stellen. Beleidigen Sie daher niemanden, indem Sie seinen Namen falsch aussprechen oder gar den → Titel weglassen. Akademische Titel werden zunächst immer genannt, bis der Besitzer den Verzicht anbietet. Ein unverfängliches „Freut mich, Sie kennenzulernen" wirkt immer positiv. Auch wenn mit dem „Du" heute lockerer umgegangen wird als früher, sollten Sie im geschäftlichen Bereich immer mit dem „Sie" anfangen. Schreiben Sie bei der Briefanrede nicht „Sehr geehrte Damen und Herren", sondern versuchen Sie, den Namen des Ansprechpartners herauszufinden. Dies macht einen besseren Eindruck. Vergessen Sie den Titel nicht, wobei bei akademischen Titeln nur der höchste genannt wird.

Anrufbeantworter – Nachricht

Auf einen privaten Anrufbeantworter können Sie dem Empfänger sicher eine Nachricht singen. Bei einem Firmenanschluss sollten Sie sich überlegen, ob Ihre Stimme wirklich die gesamte Belegschaft unterhalten soll. Sprechen Sie langsam und deutlich, nennen Sie Ihren Namen und dann Ihre Telefonnummer für den Rückruf, am besten zweimal. Hinterlassen Sie auch ein kurzes Stichwort, also worum es geht, damit der Zurückrufende zum Beispiel entsprechende Unterlagen zum Gespräch zur Hand haben kann. Falls Sie schwer erreichbar sind, ist ein kleiner Tipp, wann Sie zurückgerufen werden möchten, immer sinnvoll.

Anrufbeantworter – Text

Während Sie Ihren privaten Anrufbeantworter besprechen können, wie es Ihnen gefällt, sollte die Ansage auf einem geschäftlichen Gerät kurz und seriös sein. In der Regel genügen Begrüßung und Firmenname bzw. zusätzlich der Name des Anschlussinhabers, falls der Apparat auf eine Durchwahl geschaltet ist. Es folgt entweder die Information mit den Geschäftszeiten, zu denen der Anrufer jemanden persönlich erreichen kann, oder die Aufforderung zum Hinterlassen einer Nachricht mit einer Rückrufnummer, unter der der Anrufer kontaktiert werden kann. Ein Dank für den Anruf schließt die Ansage ab. Versuchen Sie beim Besprechen des Anrufbeantworters zu lächeln, denn bei einer freundlich klingenden Ansage wird eher eine Nachricht hinterlassen. Hintergrundgeräusche bei der Aufzeichnung sind unbedingt zu vermeiden, da sie es dem Anrufer schwer machen, alles zu verstehen.

Anschrift

Sparen Sie sich bitte Formulierungen wie „An die/das/den ...". Auch → „zu Händen" oder die → Anrede „Eheleute Rainer Ring und Frau" werden nicht mehr benutzt. Adressieren Sie an „Herrn" oder „Frau" immer mit Vornamen. Vergessen Sie nicht den Titel. Der Doktortitel wird mit „Dr." abgekürzt, eine Professorin schreiben Sie mit „Frau Professorin Medica" an. Es wird nur der höchste Titel notiert. Wenn Sie an eine Firma schreiben, reicht der Name des Unternehmens, der Zusatz „Firma" wird weggelassen. Finden Sie die Schreibweise des Firmennamens und den Namen des Ansprechpartners genau heraus. Bei Unternehmen richten Sie die Korrespondenz zunächst an den → Chef, danach eventuell an Mitarbeiter, die in den Vorgang involviert sind. Möchten Sie, dass Ihr Schreiben von einem bestimmten Adressaten persönlich gelesen wird und von sonst niemandem, schreiben Sie bei der Adresse zuerst dessen Namen, dann den Zusatz „persönlich" und erst danach den Namen der Firma. Werden mehrere Personen angeschrieben, gehören alle Namen auf den Briefumschlag, zum Beispiel bei unverheirateten Paaren. Auch bei verheirateten Paaren und Familien mit Kindern sollten alle genannt werden, wenn das Schreiben sich an alle richtet. Alternativ können Sie nur die Eltern anschreiben und dann im Brief die Kinder namentlich einbeziehen.

TIPP

Die Regelung ist an dieser Stelle nicht einheitlich, dennoch wird im Falle eines Doktortitels auf die geschlechtsspezifische Unterscheidung verzichtet. Auch eine Frau wird also als „Doktor" betitelt. Bei dem Titel „Professor" sieht es anders aus. Hier schreibt man „Frau Professorin".

Anschuldigung

Es kann immer passieren, dass Sie auf Menschen treffen, die Sie unfair angreifen und sich aus Höflichkeit nichts machen. Versuchen Sie, selbst fair und höflich zu bleiben, wenn Sie angegriffen werden. Generell gilt: Bleiben Sie äußerlich ruhig, auch wenn Sie innerlich kochen! Um souverän reagieren zu können, hilft ein Dreiphasenmodell. Treten Sie zuerst bildlich einen Schritt zur Seite, wie es in fernöstlichen Kampfsportarten üblich ist, um die Energie des Angreifers ins Leere laufen zu lassen und ihn dadurch aus der Balance zu bringen. Dazu formulieren Sie eine Ich-Aussage, aus der deutlich wird, dass der Gesprächspartner Sie verletzt, beleidigt oder verwirrt hat. Sie überraschen Ihr Gegenüber damit und nehmen so bereits ein wenig Aggression aus der Situation. Anschließend konzentrieren Sie sich auf das Positive in der Anschuldigung, denn so nehmen Sie diese ernst und können gegebenenfalls daraus lernen. Zusätzlich beweisen Sie durch die positive Reaktion Stärke. Lautet die Anschuldigung, Sie hätten eine Aufgabe zu spät erledigt, können Sie davon ausgehen, dass Sie sie immerhin zur Zufriedenheit erledigt haben. Sonst würde man sicher auch inhaltlich → Kritik üben. Zugegeben: In anderen Fällen ist es weniger einfach, der Anschuldigung etwas Gutes abzugewinnen. Versuchen Sie es trotzdem. In der dritten Phase leiten Sie zum konstruktiven Gespräch über, indem Sie zum Beispiel auf das Gesagte sachlich eingehen und es hinterfragen. Oder Sie signalisieren, dass Sie später gerne zum weiteren Gespräch bereit sind, zunächst aber Ihr Konzept zu Ende präsentieren möchten. Nehmen Sie es sich nicht zu sehr zu Herzen, wenn Sie von boshaften oder neidischen Menschen angegriffen werden. Trainieren Sie das stilvolle Reagieren.

Anstoßen

Das geräuschvolle Anstoßen, dem man vielleicht noch auf dem Münchner Oktoberfest begegnet, gehört besonders in besseren Restaurants eher der Vergangenheit an. Auch der Ausspruch „Zum Wohl“ ist veraltet. Trinken Sie bei einer Einladung auf keinen Fall, bevor der → Gastgeber das Signal gegeben hat. Nicken Sie dann mit erhobenem Glas in die Runde. Sind Sie der Gastgeber, halten Sie eine kurze Rede, oder sagen Sie mit erhobenem Glas „Ich wünsche uns allen einen schönen Abend“ bzw. „Lassen Sie es sich schmecken“.

Antrittsbesuch

Einen sogenannten Antrittsbesuch absolvieren vor allem Menschen, die eine hohe Position übernehmen, meist ein Amt, das zumindest teilweise von öffentlichem Interesse ist. Klassischerweise sind das Minister oder auch Botschafter. Dieser Besuch dient zweierlei: Zum einen verschafft sich der Neue einen Überblick über seinen zukünftigen Wirkungskreis. Zum anderen stellt er sich dabei den Menschen vor, die dort bedeutende Positionen haben und für eine zukünftige Zusammenarbeit wichtig sind. Nicht selten ist bei solchen Anlässen Presse zugegen, da der Antrittsbesuch natürlich auch dem Image und dem Vorstellen in der Öffentlichkeit dient.

Antrittsrede

Bei einer Neuanstellung oder auch Beförderung in eine höhere Position gehört es normalerweise zum guten Ton, dem „Neuen“ eine Antrittsrede zu widmen; dies übernimmt der → Chef oder Vorgesetzte. Liegt es bei Ihnen die Rede zu halten, erkundigen Sie sich am besten beispielsweise vorab über das Sternzeichen oder, wo es passt, den Jahrgang etc., um den Neuen sympathisch und persönlich vorstellen zu können. Ansonsten berichten Sie kurz, welche besonderen Tätigkeiten, Dissertationen oder Ähnliches den Neuzugang auszeichnen. Dann gehen Sie auf Stärken des Neuen im Rahmen seiner vorherigen Tätigkeit ein und zitieren gegebenenfalls Mitarbeiter oder den vorherigen Chef. Zum Schluss gratulieren Sie zur neuen Funktion. Fallen Ihnen dazu ein paar nette Zitate ein, die nicht verkrampft wirken, so setzen Sie diese ruhig ein, das macht immer einen guten Eindruck.

Antwortfrist

Laden Sie zu einer Feier ein, sollten Sie eine Antwortfrist nennen, bis zu der Sie Bescheid wissen möchten, wer Ihrer → Einladung folgt. Bekommen Sie selbst eine schriftliche Einladung, sehen Sie nach, bis wann Sie sich melden sollen, und halten sich an diesen Termin. Es ist guter Ton, sich sobald wie möglich zu melden, also gleich, wenn Sie wissen, dass Sie keine Zeit haben bzw. kommen werden. Ist keine Frist angegeben, gilt automatisch eine Woche vor dem Fest als spätestmöglicher Antworttermin.

Aperitif

Ein Aperitif regt als Auftakt zum Menü den Appetit an. Sein Name kommt aus dem Lateinischen (apperire = öffnen) und sagt damit ganz gut, was das Getränk soll, nämlich den Magen öffnen. Manchmal wird er an der Bar eingenommen, bevor alle Gäste erschienen sind und man sich zu Tisch setzt. Sie haben meist die Wahl zwischen → Champagner, → Wein oder → Sekt, Pernod oder Pastis. Die Menge eines Aperitifs beträgt höchstens 7 cl. Wenn man sich an die Regeln der Deutschen Barkeeper-Union hält, dürfen es auch Mischgetränke mit maximal fünf Ingredienzien, wie Weinbrand mit Orangen- oder Zitronenschalenzusatz, Wein und Hochprozentiges, wie etwa Grappa oder auch Wein oder Gin mit Kräuterzusätzen, sein. Auf keinen Fall gehören sättigende Zutaten, wie Sahne oder Ei in den Aperitif. Werden Sie zum „Magenöffner" eingeladen, heißt das nicht unbedingt, dass Sie auch zum Essen eingeladen sind, obwohl das im privaten Rahmen meist so sein wird. Es ist aber auch möglich, dass jemand vor einer Veranstaltung zum Aperitif einlädt. Sie sind damit Gast für ungefähr eine Stunde, dürfen mit einem oder zwei Gläschen und etwas Knabbergebäck rechnen. Falls Sie den Aperitif nicht mögen, dürfen Sie ein → Bier oder ein nicht alkoholisches Getränk bestellen.

A

Apfel

Wie auch anderes Kernobst, schälen Sie im Restaurant den Apfel, wenn gewünscht. Zerteilen Sie ihn, und essen Sie ihn mit → Besteck.

Applaus

Kulturelle Veranstaltungen, wie → Konzert, → Oper und → Theater, sind die klassischen Anlässe für Applaus. In einem Theater darf schon geklatscht werden, wenn der Vorhang sich öffnet und ein besonders gelungenes Bühnenbild sichtbar wird. Szenenapplaus freut die Schauspieler sicher. Allerdings sollte er passen, also auf eine wirklich herausragende Szene folgen. Das kann der Abgang eines Darstellers sein oder eine witzig vorgetragene Pointe. Sehr traurige Szenen können zwar auf großartiger schauspielerischer Leistung beruhen, sollten aber lieber nicht mit Applaus beendet werden, weil das die Atmosphäre zerstören kann. In der Musik wird das Orchester inklusive Dirigent bzw. die Band mit Applaus begrüßt. Bei Oper, → Operette und → Musical gelten im Grunde ähnliche Regeln wie beim Theater. Szenenbeifall ist also erlaubt, sollte sich aber in Grenzen halten. Bei Popkonzerten wird nach jedem Lied applaudiert und gerne auch gejohlt. Bei klassischen Konzerten dagegen soll Beifall erst wieder einsetzen, wenn der Dirigent seinen Stock sinken lässt und auch alle Musiker ihre Instrumente absetzen. Stehender Beifall drückt eine besondere Hochachtung und Begeisterung aus, beispielsweise wenn jemand für sein Lebenswerk geehrt wird. Nach einer derb-witzigen Komödie ist Trampeln der passendere Weg, seine Begeisterung auszudrücken. Bei Vorträgen oder Vorlesungen kommt es auch häufig zu Beifallsbekundungen. Es hat sich eingebürgert, dass dies durch Klopfen mit den Fingerknöcheln auf den Tisch geschieht. Wenn Sie Applaus ernten, verbeugen Sie sich kurz oder senken einmal den Kopf, um sich zu bedanken.

TIPP

Bei den Bayreuther Festspielen ist es verpönt, Zwischenapplaus zu geben. Nicht einmal nach dem ersten Akt wird geklatscht. Sind Sie zum ersten Mal dort, machen Sie am besten das nach, was „alte Hasen" tun.
Wollen Sie einem Gehörlosen Applaus spenden, strecken Sie die Arme über den Kopf und drehen die Hände im Handgelenk rasch hin und her, als würden Sie ein Leuchtmittel in die Fassung drehen.

Argentinien

Als ehemaliger Teil des spanischen Kolonialreiches und klassisches Einwanderungsland besonders für Italiener, aber auch Deutsche, ist der europäische Einfluss nicht nur auf der Speisekarte festzustellen. Verhalten Sie sich also ruhig wie zu Hause, allzu große Unterschiede gibt es nicht. Was die Gleichberechtigung angeht, befinden sich überwiegend Männer in Führungspositionen, Frauen bekleiden die typisch weiblichen Berufe. Zu beruflichen Verabredungen kommen Sie lieber ein paar Minuten zu spät, als vor Ihrem Gastgeber. Man spricht sich mit „Señor, Señora, Señorita" und dem Namen an. Auf keinen Fall etwaige Titel vergessen! Einladungen in das Haus eines Argentiniers sind selten und zeigen, dass man Sie als Freund ansieht. Bringen Sie der Dame des Hauses ein Dutzend Blumen mit. Richten Sie sich darauf ein, Mate-Tee zu trinken zu bekommen – und zwar aus einem Gefäß und mit einem Strohhalm für alle. Das argentinische Lebensgefühl drückt sich nach wie vor im Tango aus, was in den vielen Tango-Bars zu sehen und zu erleben ist.

Ärmel

Der Ärmel verrät viel über den Stil seines Trägers. Ist er zu lang, wirkt die Person automatisch ein wenig hilflos, kindlich, als trüge sie → Bluse oder → Hemd der großen Geschwister. Ist ein Ärmel zu kurz, erweckt das den Eindruck, der Träger sei bereits aus dem Kleidungsstück herausgewachsen, kann sich aber kein neues leisten. Die richtige Länge hat er, wenn er bei locker gestrecktem Arm leicht über das

A

Handgelenk geht, bis dorthin, wo der Daumenballen beginnt. Schieben Sie einen langen Ärmel nicht hoch. Wenn Sie ihn „kürzen" möchten, schlagen Sie ihn um.

TIPP

Zum Anzug trägt der Herr immer ein → Hemd mit langen Ärmeln. Der Hemdsärmel muss unter dem des Anzugs hervorblitzen. Tut er das nicht, stimmt das Bild nicht.

Artischocke

Die Artischocke, eine Distelart, wird meist als Vorspeise serviert. Essbar sind die Blätter und der Boden, auch Artischockenherz genannt. Nehmen Sie von außen mit den Fingern ein Blatt nach dem anderen ab, tauchen Sie es in die servierten → Soßen oder → Dips, und ziehen Sie das Fruchtfleisch mit den Zähnen ab. Die nicht essbaren Reste wie auch das Heu am Artischockenboden legen Sie an den Tellerrand oder in ein extra aufgestelltes Schälchen. Danach reinigen Sie Ihre Finger in der ebenfalls üblicherweise gereichten Schale mit Wasser und essen den Artischockenboden dann mit Messer und Gabel.

Aufforderung zum Tanz

Zum Tanzen dürfen heutzutage sowohl Männer als auch Frauen auffordern. Und zwar ohne, dass dafür → Damenwahl angekündigt werden muss. Die Formulierung „Darf ich bitten?" oder in der langen Version „Darf ich um diesen Tanz bitten?" ist nach wie vor gebräuchlich. Lockerer wirkt es jedoch, wenn Sie fragen: „Hätten Sie Lust, mit mir zu tanzen?" Ist die oder der Aufgeforderte in Begleitung, gehört es sich außerdem, dem Partner einen kurzen Blick zuzuwerfen. Fragen Sie ruhig: „Darf ich?", obwohl derjenige natürlich allein entscheidet und keine Erlaubnis der Begleitung braucht. Schenken Sie der Person, mit der Sie tanzen möchten, Ihre ganze Aufmerksamkeit. Es macht einen schlechten Eindruck, wenn Sie nebenbei → rauchen oder schon mal nach einer Alternative Ausschau halten. Gehen Sie gemeinsam zur Tanzfläche und anschließend auch wieder gemeinsam an den Platz desjenigen, den Sie zum Tanz aufgefordert haben. Werden Sie zum Tanzen gebeten, möchten aber nicht, begründen Sie Ihre Absage bitte. Sagen Sie, wenn Sie nicht tanzen können oder Ihnen einfach nicht der Sinn danach steht. Es wäre nicht fair, danach der Aufforderung eines anderen Tänzers zu folgen. Und: Wenn Sie mit jemandem gemeinsam auf eine Tanzveranstaltung gehen, gehört demjenigen sowohl der erste als auch der letzte Tanz des Abends.

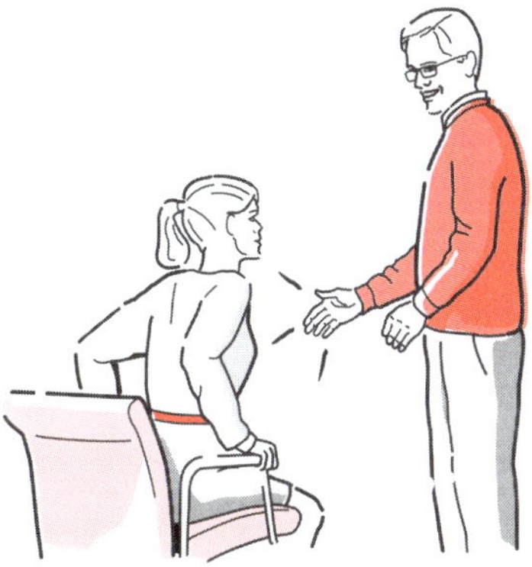

Aufstehen

Sich zur Begrüßung zu erheben, ist ein Zeichen des Respekts, das von Frauen und Männern gegeben werden sollte. Sie vermeiden so außerdem ungeschickte Verrenkungen und vor allem, dass man auf Sie herabsieht.

Aufstoßen

Es ist nicht mehr wie zu Zeiten Luthers, als das lautstarke Rülpsen bei Tisch noch zeigte, dass es gut geschmeckt hat. Wenn Sie merken, dass Sie aufstoßen müssen, versuchen Sie, dies möglichst geräuschlos zu tun. Entwischt ein lauter Ton, entschuldigen Sie sich.

Auftreten

Das macht einen guten Auftritt aus: Eine dem Anlass und der Umgebung optimal angepasste Kleidung und ein gepflegtes Äußeres. Von den → Schuhen bis zum Hemdkragen muss alles sauber und heil sein. Von den Fingernägeln über die → Haare bis hin zum Körpergeruch bzw. einer leichten Parfümierung zeigt alles, dass Sie auf sich achten. Hinzu kommen noch → Lächeln, offener → Blickkontakt, eine aufrechte Haltung und ein fester → Händedruck. Dann ist der Auftritt perfekt.

Ausdruck/Sprache

Was Sie jemandem sagen wollen, ist das eine; das andere – und viel wichtiger – jedoch die Art und Weise, wie Sie es sagen. Es heißt sehr richtig, der Ton mache die Musik. Darum lohnt es sich besonders, auf den eigenen Ton zu achten. Sprechen Sie nicht zu schnell und nicht schleppend langsam. Weder sollte gebrüllt noch geflüstert werden. Vermeiden Sie schrille Töne. Frauen mit eher hoher → Stimme müssen speziell darauf achten, denn eine hohe Stimme wirkt nervend und leicht aggressiv. Schließlich ist natürlich die Wortwahl von Bedeutung. Gehen Sie mit → Fach- und Fremdwörtern sparsam um. Dialekt und Slang haben nur da etwas zu suchen, wo sie zu Hause sind. Also: Verwenden Sie als Hamburger in Bayern keine typisch norddeutschen Vokabeln, die dort möglicherweise nicht verstanden werden. Und setzen sie Szenesprache nur dort ein, wo sie auch gedeutet werden kann.

Ausländische Gäste

Gästen aus dem Ausland sollte immer ein besonderer Stellenwert eingeräumt werden, schließlich haben sie die Mühe der Reise auf sich genommen. Begrüßen Sie bei einem Geschäftstreffen den ausländischen Gast immer zuerst und danken Sie eventuell, dass er anwesend ist.

Austern

Bei Austern scheiden sich die Geister und die Geschmäcker – für die einen sind sie eine Delikatesse.

> **TIPP**
>
> In Frankreich, dem Land des → Champagners, finden sich passend dazu häufig Austern auf der Speisekarte. Während woanders Bart und Darm entfernt werden, isst man beides in Frankreich mit.

Die anderen bekommen sie dagegen kaum herunter. In jedem Fall stellt die Muschelart eine Ausnahme bei den Tischsitten dar, denn Austern werden – wenn auch möglichst leise – geschlürft. Sie bekommen zu Ihren Austern, die im Restaurant meistens schon zuvor für Sie geöffnet wurden, eine Austerngabel sowie ein Schälchen mit Wasser und Zitronensaft zum Reinigen der Hände. Nehmen Sie die Auster in eine Hand und lösen Sie, falls das noch nicht geschehen ist, das Fleisch aus der Schale. Je nach Geschmack können Sie ein wenig Zitronensaft auf die

Meeresfrucht träufeln oder Pfeffer darüberstreuen. Dann ziehen Sie die Auster, am besten über dem Teller, in den Mund oder helfen mit der Austerngabel nach. Kauen Sie die Auster gut, und schlucken Sie sie auf keinen Fall einfach herunter. Zu Austern trinken Sie am besten trockenen Weißwein oder Champagner bzw. trockenen → Sekt.

Australien

In Australien wie auch im Nachbarland → Neuseeland werden Sie den britischen Einfluss spüren und kaum Schwierigkeiten im Umgang mit den Menschen haben. Zur Begrüßung reichen Sie die Hand, wobei der → Handschlag unter Frauen – außer in Neuseeland – nicht sehr verbreitet ist. Wie in den → USA spricht man sich nach der ersten Vorstellung meistens bald mit dem Vornamen an. → Titel werden nicht sehr wichtig genommen, entsprechend auch nicht in der → Anrede genannt. Achten Sie bei Geschäftstreffen auf entsprechende Kleidung – also Anzug bzw. → Kostüm – auch wenn das bei dem für Europäer ungewohntem Klima manchmal schwerfallen mag. Entscheiden Sie sich daher am besten für geeignete Materialien wie Leinen oder Baumwolle. Ein Thema sollten Sie bei Ihrem Australienbesuch nach Möglichkeit vermeiden, um eventuellen Konflikten vorzubeugen: Diskutieren Sie nicht unbedingt über die Ureinwohner des Landes. Bei Tisch gibt es eine Besonderheit: Bis alle Anwesenden Ihr Essen bekommen haben, behält man in Australien beide Hände auf dem Schoß. Während des Essens wird die linke Hand, wenn Sie nicht gebraucht wird, entgegen unserer Gewohnheiten ebenfalls dort gelassen. Ein Trinkgeld wird übrigens nicht erwartet, aber wie fast überall werden die etwa zehn Prozent dankend angenommen.

TIPP

In Australien werden Miesepeter für Versager gehalten. Stellen Sie darum, wenn möglich, immer gute Laune zur Schau. Darüber hinaus legt man in Down Under großen Wert auf die Wörtchen „Bitte", „Danke" und „Entschuldigung". Also immer höflich bleiben!

Authentizität

Seien Sie in jedem Fall authentisch, verbiegen oder verstellen Sie sich nicht! Das bedeutet nicht, dass Sie nicht ab und an Werbung in eigener Sache betreiben dürfen. Heben Sie dabei aber Ihre echten Vorzüge hervor, die Sie dafür zunächst selbst kennen sollten. Zeigen Sie sowohl Ihre Stärken als auch Ihre → Schwächen und stellen Sie sicher, dass Sie das, was Sie tun oder sagen, auch so meinen. Sie müssen dafür nicht gegenüber jedem sofort alles über sich preisgeben, eine gute Portion Diplomatie und Professionalität sind jedoch bei allen Äußerungen hilfreich. Versuchen Sie auf keinen Fall, jemanden zu kopieren. Erstens halten Sie das nicht durch, und zweitens haben Sie es nicht nötig!

Auto

Im Auto sind vor allem zwei Aspekte zu beachten. Zum einen sollte man an die Umwelt denken. Das heißt, es werden niemals Abfälle aus dem Fenster geworfen. An Bahnübergängen, im Stau sowie an Ampeln mit langer Rotphase wird der Motor abgeschaltet. Der zweite wichtige Aspekt ist der Umgang mit den Mitmenschen. Man sollte sich stets vor Augen halten, dass andere Verkehrsteilnehmer einem später als Kunden oder im privaten Bereich gegenüberstehen könnten. Beschimpfen Sie daher niemanden gestenreich, drängeln Sie nicht, und treiben Sie nicht mit Hupe oder Lichthupe an. Dies ist nicht nur verboten, sondern auch einfach unfair.

Avocado

Die äußerst gesunde „Wunderfrucht“, wie sie die Mayas und Azteken nannten, wird meist halbiert und in der Schale, häufig mit einer Füllung, serviert. Fassen Sie die Schale mit der Hand an und löffeln Sie Fruchtfleisch und Füllung heraus. Wird die Avocado in Spalten geschnitten beispielsweise im → Salat serviert, benutzen Sie das entsprechende → Besteck, um die butterweiche Frucht zu verspeisen.

B

Baguette

Das lange → Brot der Franzosen wird stets gebrochen. Schneiden Sie sich keine Scheibe, sondern brechen Sie die gewünschte Menge ab. Der weitere Umgang entspricht dem → Brötchen: Aufschneiden und bestreichen bzw. belegen.

Bahn

Bahnfahren schont die Nerven und die Umwelt. Ersteres aber nur, wenn jeder sich an ein paar Regeln hält. Wer nicht reserviert hat, muss sich womöglich mit einem Stehplatz zufriedengeben. Immer gut festhalten, um nicht plötzlich bei fremden Menschen auf dem Schoß zu landen. Außerdem zeigt sich eine gute Kinderstube, wenn Sie sich so stellen, dass Sie niemanden belästigen. → Gepäck gehört nicht mitten in den Gang und sollte nur dann als Notsitz dienen, wenn andere Reisende trotzdem noch daran vorbeigehen können. Haben Sie Geduld, wenn jemand vorübergehend einen Gang blockiert. Ältere Menschen haben oft Schwierigkeiten, ihren Koffer in die Gepäckfächer zu wuchten. Helfen Sie, wenn Sie können! In vielen Zügen gibt es Abteile, in denen man besonders guten Handyempfang hat. Natürlich ist die Benutzung des Mobiltelefons dort und in anderen Abteilen gestattet, sofern es nicht anders angegeben ist. Aber bitte nur so, dass nicht jeder mithören muss.

Ball

Ein Ball unterscheidet sich von einer anderen Tanzveranstaltung durch die Atmosphäre. Die ist geprägt von einem sehr eleganten Stil mit passendem Ambiente. Jeder Anwesende leistet mit seiner Erscheinung einen Beitrag dazu, dass die Stimmung wirklich zu einem Ball passt. Herren tragen mindestens einen Abendanzug oder einen → Smoking. Frauen erscheinen selbstverständlich im Abendkleid. Als Inhalt eines Balles könnte man das Tanzen bezeichnen. Falls Sie nicht oder nicht mehr sicher auf dem Parkett sind, frischen Sie einige Standardtänze auf. Bevor Sie zeigen können, was Sie gelernt haben, wird der Ball eröffnet. Bis dahin ist die Tanzfläche für Sie tabu. Die → Aufforderung zum Tanz sollte besonders formvollendet ausfallen, wie überhaupt die Benimmregeln eher streng genommen werden.

TIPP

Es kann sein, dass auf einem Ball ein anderer → Dresscode als der hier beschriebene erwartet wird. Dies kann etwa bei Faschingsbällen oder → Mottoparties oder auch bei Institutionen, wie dem Wiener Opernball der Fall sein. Sehen Sie auf Ihrer Eintrittskarte nach, wo in der Regel der Dresscode steht. Wenn nicht, erkundigen Sie sich vorab beim Veranstalter.

Während auf anderen Tanz-Events auch Damen auffordern, ist das auf einem Ball nur üblich, wenn zuvor eine → Damenwahl ausgerufen wurde. Sollten Sie einen Korb erhalten, akzeptieren Sie ihn, anstatt womöglich die Person Ihrer Wahl zu drängen.

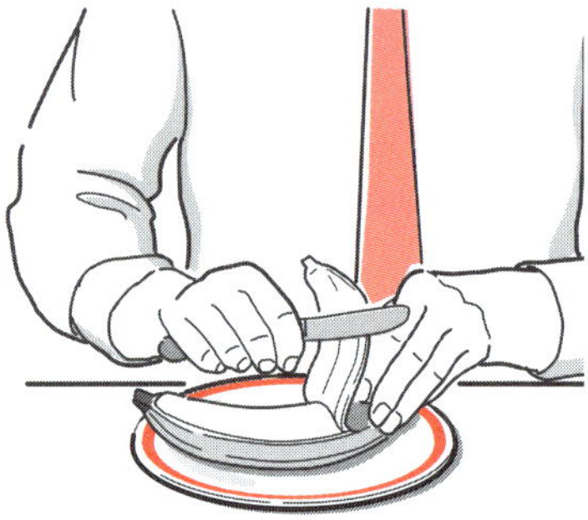

Banane

Wahrscheinlich wird Ihnen eine Banane nicht in der Schale vorgesetzt, sollten Sie beispielsweise in einem Restaurant sein. Steht aber ein Obstkorb auf dem Tisch und Sie entscheiden sich für eine Banane, entfernen Sie die Schale mit den Fingern, nachdem Sie sie gegebenenfalls zum leichteren Öffnen mit dem Messer eingeritzt haben. Essen Sie die Frucht dann aber mit Messer und Gabel.

Bar

Der Besuch einer Bar ist nett und gesellig. Damit alle Gäste ihren Aufenthalt dort genießen können, sucht sich jeder einen Platz, nachdem er am Tresen sein Getränk bestellt und bekommen hat. Natürlich kann man sich auch direkt auf einem Barhocker niederlassen. Keinesfalls sollte jedoch der gesamte Tresen blockiert werden. Es müssen immer Zugänge bleiben, damit jeder den Barkeeper erreichen kann. Ist es sehr voll, nicht die Ellenbogen einsetzen, sondern darauf achten, ob jemand schon sehr lange darauf wartet, seine Bestellung aufgeben zu können. Und auch wenn in einer Bar nun einmal überwiegend → Alkohol getrunken wird, sollte es auch hier nicht mehr werden, als der einzelne verträgt. Behalten Sie die Kontrolle und meinen Sie nicht, es sei besonders cool, auf dem Tresen zu tanzen oder den Cocktail selbst zu mixen.

Bauchfrei

Auch wenn nicht extra auf eine Bekleidungsvorschrift hingewiesen wird: Erscheinen Sie zum Geschäftstermin niemals mit bauchfreiem Top! Vielleicht fühlen Sie sich als Frau sexy darin, doch gehört das einfach nicht zum geschäftlichen → Auftreten und passt ganz sicher nicht zum → Kostüm. In der Freizeit sieht das Ganze anders aus. Doch jeder sollte sehr kritisch vor dem Spiegel prüfen, ob er wirklich attraktiv oder doch eher peinlich aussieht, wenn er seinen Bauch entblößt.

BBQ

BBQ steht für Barbecue und bezeichnet eine Grillparty. Dort mag es zwar – auch in puncto Kleidung – lockerer zugehen als beim gesetzten Dinner, trotzdem sollten Sie sich einen Teller nehmen und das Fleisch nebst Beilagen mit Messer und Gabel essen. Bei → Spareribs könnte das aufgrund des wenigen Fleischs am Knochen mühsam sein, deshalb dürfen Sie diese in die Hand nehmen.

TIPP

Wenn Sie in → Kanada an einem BBQ teilnehmen, nehmen Sie gern → Soße zu Ihrem → Steak oder der Wurst, wenn welche angeboten wird. Ketchup gehört dagegen nur in Europa, speziell in Deutschland, zwingend zur Grillparty. In Kanada rümpft man über die Frage danach die Nase.

B

Beerdigung

Zur Beerdigung eines Menschen zu erscheinen, den man kannte, zeugt von Respekt. In Deutschland trägt man auf Beerdigungen nach wie vor Schwarz oder dunkle Farben. Komplett in Schwarz sollten Sie nicht unbedingt erscheinen, falls Sie nicht zur Familie gehören. Mischen Sie lieber mit grau oder anderen gedeckten dunklen Tönen. Auf jeden Fall ist eine seriöse Bekleidung gefragt, die nicht lässig wirkt. Ausnahme: Der Verstorbene hat vorgesorgt und Bekleidungsregeln für seine Beerdigung festgelegt oder die Angehörigen wünschen sich einen ganz bestimmten → Dresscode. Dann hat das Vorrang, und Sie kommen gegebenenfalls sogar in fröhlich hellem Outfit. Kränze oder Gestecke können in Auftrag gegeben werden. Gärtnereien liefern sie direkt zur Trauerfeier. Wenn Sie die → Blumen selbst mitbringen, legen Sie sie sofort, wenn Sie eintreffen, an Sarg oder Urne ab. Das sollte übrigens immer mindestens eine Viertelstunde vor der offiziellen Anfangszeit sein, damit alle Gäste bereits Platz genommen haben, wenn die engen Angehörigen eintreten. Für diese sind die ersten Reihen reserviert. Die umgekehrte Reihenfolge ist nach der Trauerfeier üblich. Die Familie und sehr nahen Freunde gehen nach dem Pfarrer bzw. Redner aus der Kirche oder Trauerhalle, dann folgen weitere Freunde und Bekannte. Gehen Sie mit zum Grab und werfen Sie, wenn Sie mögen, ein kleines Sträußchen oder eine einzelne Blume auf den Sarg. Nehmen Sie sich Zeit, Abschied zu nehmen. Drücken Sie der Familie Ihr Mitgefühl in ehrlichen Worten aus, es sei denn, es wurde im Vorhinein gebeten, „von Beileidsbekundungen abzusehen“.

TIPP

Wenn Ihnen angesichts der traurigen Situation bei einer Beerdigung die Worte fehlen, dann umarmen Sie einfach die Angehörigen oder drücken ihnen die Hand. Sie dürfen auch ruhig sagen, dass Sie keine Worte haben und sich hilflos fühlen. Das kommt besser an, als wenn Sie sich in abgedroschene Floskeln flüchten.

Begrüßung

Die Begrüßung unterscheidet sich vom einfachen → Grüßen durch den → Körperkontakt. Sie wird immer im Stehen vollzogen. Wer also sitzt und jemanden begrüßen möchte, steht selbstverständlich auf. In einer Gruppe werden alle begrüßt oder keiner. Bitte nicht den einen umarmen, dem anderen die Hand schütteln und den Dritten einfach stehen lassen. Man begrüßt sich in Deutschland normalerweise mit → Handschlag bzw. → Händedruck, immer häufiger wird auch die Begrüßung mit → Küsschen.

Behaarte Beine und Achseln

Auch wenn ein behaartes Männerbein dem einen oder anderen nicht gefällt, noch ist es gesellschaftsfähig. Bei den Damen sieht es anders aus. Zeigen Sie als Frau Bein, sollte es glatt und frei von Haaren sein. Im beruflichen Umfeld sollte der Blick auf die Achseln überwiegend verdeckt sein. Ist das jedoch nicht der Fall, sollten auch hier die Haare abrasiert werden. Im privaten Rahmen ist dies natürlich Ihre Entscheidung.

Behörden

Das Dumme an Behörden und Ämtern ist, sie haben keine Konkurrenz. Dem Bürger bleibt nichts anderes übrig, als sich mit den Mitarbeitern zu arrangieren. Umgekehrt geht es den Sachbearbeitern dort aber auch nicht besser. Sie müssen jedes Anliegen ernsthaft behandeln.

TIPP

Sollten Sie einmal das Gefühl haben, bei einer Behörde ungerecht oder falsch behandelt worden zu sein, können Sie Rechtsmittel einlegen. Ein Anwalt kostet jedoch Geld. Wer das nicht hat, erkundigt sich am besten beim Verbraucherschutz nach günstigen Rechtsberatungen oder Zuschüssen, die beantragt werden können.

Um das Miteinander zu verbessern, gibt es einiges zu beachten. Die wichtigste Regel lautet: Bleiben Sie freundlich! Lange Wartezeiten sind bei einigen Ämtern an der Tagesordnung, da die Sprechstun-

B

den eher knapp bemessen sind. Verlieren Sie nicht die Geduld. Weder andere Wartende noch der Mitarbeiter haben Ihren Unmut verdient. Und es ist wirklich so: Behördendeutsch ist eine ganz eigene Sprache. Fragen Sie höflich nach, wenn Sie Formulierungen nicht verstehen. Begreifen Sie noch immer nicht, bitten Sie höflich darum, die Sachlage noch einmal in anderen Worten erklärt zu bekommen.

Beileidsbrief

Der Tod ist immer ein heikles Thema. Im Umgang damit zeigt sich, wer wirklich Fingerspitzengefühl hat. Ein Beileidsschreiben ist so schnell wie möglich fällig. Es gehört auf neutrales weißes und hochwertiges Papier. Handelt es sich um eine geschäftliche Verbindung, wird ein Firmenbogen gewählt, auf dem keine Bankverbindung, Lieferanschrift oder Ähnliches steht. Nehmen Sie sich Zeit für die Formulierungen. Greifen Sie nicht auf abgedroschene Phrasen zurück, wie sie auf Beileidskarten zu lesen sind. Persönliche Worte kommen immer besser an. Wer hilflos ist und eigentlich nicht weiß, was er schreiben soll, kann dies zum Ausdruck bringen. Soll über das Schreiben hinaus etwa ein Beitrag zum Grabschmuck geleistet werden, bietet sich ein Gutschein für einen Blumenladen oder eine Gärtnerei an. Hat der Verstorbene sich sehr für eine Sache engagiert, macht auch eine Spende an eine entsprechende Organisation einen guten Eindruck. Ein kleiner Vermerk dazu im → PS genügt. Bei geschäftlichen Beziehungen ist es besonders aufmerksam, sowohl an die Firma als auch an die Angehörigen des Verstorbenen zu schreiben. Ein → Betreff wird in so einem Fall stets weggelassen. Es versteht sich natürlich von selbst, dass die Beileidsbekundung auf keinen Fall per → Fax, → E-Mail oder → SMS gesendet wird.

TIPP

Kein Trauerhaus, bitte! Früher adressierte man ein Kondolenzschreiben „an das Trauerhaus Wagner“. Das ist heute nicht mehr üblich. Adressieren Sie den Brief wie einen anderen auch, möglichst mit Vor- und Nachnamen.

Bekanntmachen

Im Geschäftsleben aber auch im privaten Rahmen kommt es immer wieder vor, dass man fremden Menschen vorgestellt wird. Auch hierfür gibt es Regeln. Junge Leute werden älteren, Männer Frauen, der Rangniedrige dem in der Hierarchie höher Stehenden und ein Einzelner der Gruppe vorgestellt. Fällt Ihnen diese Aufgabe zu, sagen Sie möglichst nicht: „Darf ich bekannt machen?“ oder „Darf ich vorstellen?“. Das ist veraltet. Besser ist: „Kennen Sie schon Herrn Münster? Herr Münster, das ist Direktor Schwab.“ Oder einfach: „Das ist Herr Münster. Wir haben uns letztes Jahr beim Neujahrsempfang kennengelernt.“ Wer ein Paar vorstellt, sagt: „Das sind Frau Münster und ihr Mann“ oder eben: „Das sind Herr Münster und seine Frau“. Der Ausdruck „nebst Gattin“ oder überhaupt „Gatte“ und „Gattin“ ist veraltet und wird nicht mehr verwendet. Wer vorgestellt wird, sollte nicht von der Floskel „sehr erfreut“ Gebrauch machen. Ein freundliches Nicken und → Grüßen – vermutlich mit → Handschlag – reicht aus. Wenn Sie etwas sagen möchten, können Sie erwähnen, dass Sie sich freuen, denjenigen kennenzulernen. Tun Sie das aber nur dann, wenn Sie zum Beispiel schon viel von ihm gehört haben oder bereits telefonisch mit ihm zu tun hatten. Sonst belassen Sie es lieber beim Gruß und erwähnen am Ende der Begegnung: „Es hat mich sehr gefreut, Sie kennengelernt zu haben.“

Belgien

Was die Umgangsformen betrifft ist Belgien ein bisschen Frankreich und ein bisschen Deutschland. Während der eine noch die Hand schüttelt und siezt, verteilt der andere schnell Wangenküsschen und geht zum „Du“ über. Wer Geschäfte machen will, sollte vorher klären, welche Sprache benutzt wird. Nur in der Wallonie ist Französisch der Standard. In den anderen Gebieten ist es eher Deutsch oder auch Englisch. Pünktlichkeit ist überall im Land gern gesehen. Trinkgeld ist in Hotel- und Restaurantrechnungen bereits enthalten, muss also nicht noch extra gezahlt werden.

Beschwerde im Restaurant

Es kann selbst im besten Restaurant einmal vorkommen, dass das

Fleisch trocken oder das Gemüse kalt ist. Erste Regel: Die Kirche sollte immer im Dorf bleiben. Fehler können passieren, sind aber kein Drama. Finden Sie tatsächlich das sprichwörtliche Haar ganz real in der Suppe oder gar Schlimmeres, fördert das natürlich nicht gerade den Appetit. Was auch immer auszusetzen ist, der zuständige Kellner sollte in jedem Fall zunächst höflich und dezent gerufen werden. Es müssen nicht alle anderen Gäste mitbekommen, dass ein Grund für eine Reklamation vorliegt. Sagen Sie ohne Umschweife, worüber Sie sich beschweren möchten. Tun Sie das immer, bevor Sie schon über die Hälfte aufgegessen haben. Bitten Sie höflich um Nachbesserung bzw. Ersatz. Ein Pflaster im fast vollständig verzehrten Auflauf kann auf den Magen schlagen und den Abend verderben. In so einem Fall fragen Sie am besten, wie man Sie zu entschädigen gedenkt. Von Preisnachlass bis zum kostenfreien Getränk oder Dessert ist alles möglich. Seien Sie offen für die Vorschläge, und orientieren Sie sich nicht an überhöhten Schadensersatzansprüchen, wie sie in den → USA üblich sind.

Besprechung

Zu einer Besprechung, gleich welcher Art, kommt man immer pünktlich und gut vorbereitet. Darüber hinaus ist Konzentration und oft auch aktive Mitarbeit von Anfang bis Ende gefragt. Das Mitarbeiten darf nicht mit dem Auftritt eines Alleinunterhalters verwechselt werden. → Zuhören und Einbeziehen der anderen Teilnehmer sind ebenso wichtig, wie die schnelle Entwicklung von Lösungen oder zumindest Ansätzen. Und: In der Kürze liegt die Würze. Eine Besprechung hat immer eine begrenzte Zeit, die von allen optimal genutzt werden soll. Denn zu lange Besprechungen sind ineffizient. Für Anekdötchen, ständige Wiederholung bereits genannter Argumente und ausschweifendes Erzählen ist laut → Konferenzregeln dabei wirklich kein Platz.

Besteck

In vielen Ländern dieser Welt wird mit Messer und Gabel gegessen. Selbst bei Geschnetzeltem oder Auflauf, wenn eine Gabel ausreichen würde, gehört das Messer dazu und sollte auch benutzt werden. Greifen Sie Besteck immer weit am Ende. Spießen Sie die Gabel mit der Wölbung nach oben in den nächsten Bissen. Das Messer wird zum Schneiden durch das Fleisch gezogen. Ein Happen wird geschnitten, zum Mund geführt und gegessen. Erst dann wird der nächste geschnitten. Vorratshaltung auf dem Teller ist nicht nötig. Beim Schneiden sollen keine kratzenden oder quietschenden Geräusche entstehen. Den Löffel nicht bis zum Rand mit → Suppe oder Eintopf füllen und niemals pusten. Führen Sie ihn mit der Spitze zum Mund. Das Besteck eignet sich auch nicht, um die Gestik zu unterstreichen. Herumfuchteln ist nicht nur riskant, sondern auch sehr unfein. Weit verbreitet, aber in vornehmer Umgebung völlig unangebracht, ist das Abstreifen von → Soße oder ähnlichem vom Messer an der Gabel oder an einem Stück Fleisch, Fisch oder → Kartoffel. Schon gar nicht wird das Messer jemals zum Mund geführt. Leider ist auch das – selbst in gehobener Gastronomie – ab und zu zu beobachten. Außerdem: Führen Sie stets das Besteck zum Mund und nicht etwa umgekehrt.

TIPP

Wenn Sie sich in → Großbritannien aufhalten, führen Sie den Suppenlöffel mit der breiten Seite zum Mund und schlürfen die → Suppe leise herunter.

Besteckablage

Steht neben dem Teller ein Messerbänkchen bereit, bedeutet das, dass es kein neues → Besteck für einen weiteren Gang gibt. Messer und Gabel werden dann darauf so abgelegt, dass sie das Tischtuch nicht beschmutzen können. Das ist vor allem bei Einladungen in private Haushalte üblich. Im Restaurant gibt es in der Regel frisches Besteck. Es liegt der Menüfolge entsprechend von außen nach innen. Das Besteck zeigt eine Pause während des Essens an, wenn es

B

gekreuzt auf dem Teller liegt. Die Griffe von Messer und Gabel sind unten. Liegt das Besteck jedoch parallel mit den Griffen nach rechts, heißt das, das Essen ist beendet. Niemals sollten die Griffe auf dem Tisch liegen, sodass das Besteck an den Teller gelehnt ist. Hier ist die Gefahr recht groß, dass es abrutscht und Flecken auf der Tischdecke verursacht. Nach dem Genuss eines Eisbechers oder einer anderen Speise, die im hohen Glas serviert wird, gehören der Dessertlöffel und auch die Dessertgabel auf den Unterteller. Ein Buttermesser wird, falls es noch nicht zwischendurch abgeräumt wurde, auf den Brotteller gelegt.

Bestellung im Restaurant

Zunächst ist selbstverständlich ein höflicher Umgangston erwünscht. Das Personal darf nicht von oben herab behandelt werden. Sie haben Sonderwünsche? Fragen Sie, ob es möglich ist, dass Sie ein Gericht anders bekommen, als es auf der Karte steht. Die Wörtchen „Bitte" und „Danke" sind, wie so oft und überall, wichtige Beilagen zur Bestellung. Üblicherweise werden zuerst die Getränke geordert. Man sollte aber schon wissen, ob man Fisch oder Fleisch essen wird, um zum Beispiel den → Wein entsprechend abzustimmen. Wer eingeladen ist, bestellt nicht das teuerste Gericht und auch nicht mehrere Gänge, wenn es nicht vom → Gastgeber ausdrücklich so vorgeschlagen wird.

Betreff

Im Betreff soll kurz und prägnant stehen, worum es in einem Schreiben geht. Sie können die Betreffzeile fett schreiben, damit sie gleich ins Auge springt. Das Wort „Betreff" selbst wird nicht erwähnt.

Betriebsausflug

Zum Ausflug mit Vorgesetzten und Kollegen geht es üblicherweise schon gemeinsam los. Das bedeutet, → Pünktlichkeit ist gefragt. Rechtzeitiges Kommen sichert den termingerechten Start und gute Stimmung von Anfang an. Die Kleidung sollte dem Anlass angepasst sein. Alleingänge fallen unangenehm auf. Immerhin dient der Ausflug dem guten → Betriebsklima und der Kommunikation untereinander. Also am Stadtrundgang oder der Besichtigung auch dann teilnehmen, wenn es Sie nicht wirklich interessiert. Die Benimmregeln entsprechen denen, die auch beim → Betriebsfest zu beachten sind.

Betriebsfest

Bei einem Fest im beruflichen Rahmen geht es um Geselligkeit. Dienstliche Gespräche sollten lieber auf den nächsten Arbeitstag verschoben werden. In aller Regel sind die Mitarbeiter vom Arbeitgeber eingeladen. → Alkohol darf getrunken werden. Spätestens bei einem kleinen Schwips sollte aber Schluss sein! Wer schon immer ein Auge auf den Kollegen oder die Kollegin geworfen hat, kann die Gelegenheit für ein näheres Kennenlernen nutzen. Das ist völlig in Ordnung, solange es nicht in wilden → Küssen vor der versammelten Belegschaft endet. Vom „Sie" auf das „Du" zu wechseln, muss gründlich bedacht werden. Eine beim Betriebsfest getroffene Absprache gilt auch in der Zeit danach. Ganz wichtig: Hierarchien bleiben bestehen. Wenn auch in diesem Rahmen ein persönliches Wort zwischen → Chef und Angestelltem eher über die Lippen kommt, bleiben sie doch Vorgesetzter und Mitarbeiter. Entsprechend sollte das Benehmen sein. Auf beiden Seiten!

Betriebsklima

Das Betriebs- oder Arbeitsklima gibt die Stimmung wieder, die in einem Betrieb, ganz gleich welcher Branche, in der Zusammenarbeit herrscht. Und zwar zwischen Kollegen auf gleicher Augenhöhe und zwischen den verschiedenen Hierarchien. Die Meinung ist weit verbreitet, dass das Betriebsklima wichtiger für den Erfolg und das Funktionieren einer Firma ist als deren Produkte. Egal, in welcher Position, Sie sind ein Teil des Unternehmens. Um Ihren optimalen Beitrag zu einem guten Betriebsklima zu leisten, ist zunächst eine genaue Beobachtung gefragt. Überprüfen Sie, welcher → Dress-

B

code, welcher Umgangston gepflegt wird. Machen Sie sich auch die Firmenphilosophie bewusst. Wie ist das Verhältnis der Vorgesetzten zu den Mitarbeitern, wie funktioniert die Kommunikation? Zum einen sollten Sie sich anpassen. Pochen Sie nicht allzu sehr auf Individualität, sondern akzeptieren Sie den Dresscode und übernehmen auch den Umgangston. Stellen Sie allerdings in einem Bereich große Defizite fest, ist der Ton beispielsweise extrem unfreundlich, ist Anpassung sicher nicht die richtige Reaktion. Überlegen Sie, wie Sie etwas verbessern können. Sprechen Sie mit jemandem vom Betriebsrat oder aus der Personalabteilung oder auch mit Ihrem direkten Vorgesetzten. Wenn Sie denjenigen überzeugen können, dass sich die Belegschaft aufgrund eines sehr rauen Miteinanders unwohl fühlt und entsprechend wenig motiviert ist, wird er mit Ihnen an einem Strang ziehen und zunächst sein eigenes Verhalten ändern. Im zweiten Schritt kann er auf das Verhalten der anderen einwirken. Versuchen Sie auch, hinter der Philosophie des Unternehmens zu stehen. Geht Ihnen diese absolut gegen den Strich, wie man so sagt, sollten Sie darüber nachdenken, den Arbeitsplatz zu wechseln. Müssen Sie jedoch bleiben, halten Sie sich vor Augen, dass Sie genau dieser Firma ein gesichertes Einkommen verdanken.

TIPP

Steht es mit dem Betriebsklima nicht zum Besten, müssen Sie viel Geduld aufbringen. Eingefahrene Verhaltensweisen lassen sich nicht von heute auf morgen ändern. Werfen Sie darum nicht die Flinte ins Korn, wenn nach einem Monat nicht eine spürbar bessere Stimmung herrscht. Bleiben Sie am Ball, und gehen Sie, wie der Fels in der Brandung, mit gutem Beispiel voran. Veränderung braucht einen langen Atem.

Bewerbung

Eine schriftliche Bewerbung verlangt vor allem Zeit und Mühe – selbst wenn sie online verschickt wird. Bestandteile sind das Anschreiben, der → Lebenslauf, ein Qualifikationsprofil – die sogenannte Seite 3, in dem die besonderen Stärken des Bewerbers hervorgehoben sind – und Zeugnisse. Ein seriöses Bewerbungsfoto gehört oben rechts auf den Lebenslauf. Merzen Sie Schreibfehler aus, bevor Sie die Seiten ausdrucken bzw. per E-Mail versenden. Eine gut lesbare Schrift, sauberes, hochwertiges Papier in weiß oder cremefarben und ein ansprechendes übersichtliches Layout sind obligatorisch. Achten Sie auch darauf, dass die → Anschrift des Unternehmens, bei dem Sie sich bewerben, vollständig und korrekt ist. Am besten stehen Vor- und Nachname des zuständigen Ansprechpartners sowie gegebenenfalls die Abteilung mit in der Adresse.

Bezahlen im Restaurant

Eine Regel lautet: Wer einlädt, bezahlt auch. Kündigt jemand an, anlässlich seines Geburtstags in ein Restaurant gehen zu wollen, dürfen die Eingeladenen davon ausgehen, dass der Betreffende die komplette Rechnung übernimmt. Es sei denn, er sagt vorher klar, dass er nur das Essen oder nur die Getränke zahlen will. Verabreden sich zwei Menschen „einfach so" zum Essen, zahlt entweder jeder für sich oder einer lädt spontan den anderen ein. Dabei spielt das Geschlecht keine Rolle. Als Frau können Sie heutzutage problemlos einen Mann einladen, ohne gegen die Regeln zu verstoßen. Als Mann sind Sie nicht in der Pflicht, die Rechnung zu übernehmen. Wenn Sie merken, dass der andere beschämt ist, bieten Sie ihm an, sich bei nächster Gelegenheit zu revanchieren.

TIPP

Ältere Herren können auch heute noch peinlich berührt sein, wenn eine Frau für sie das Essen bezahlen will. Die Dame sollte Fingerspitzengefühl beweisen und nicht darauf bestehen, dass sie gleichberechtigt und gut bei Kasse ist.

Bier

Bier ist inzwischen fast überall gesellschaftsfähig geworden. Das heißt: Wenn Sie keinen → Wein mögen, ist es auch in einem edlen Restaurant und beim → Geschäftsessen völlig in Ordnung, wenn Sie Bier bevorzugen. Lädt Ihr → Chef

B

Sie ein, der ein leidenschaftlicher Weinliebhaber ist, sollten Sie ihn dennoch höflich fragen, ob es ihm recht ist, wenn Sie Gerstensaft vorziehen. Wird ein Gourmetmenü serviert, ist es sinnvoller, auf Wasser auszuweichen.

Birne

Liegt die ganze Frucht auf dem → Buffet, wird sie am Tisch zerteilt. Dazu wird sie mit einer Hand gehalten. In der anderen befindet sich das Obstmesser, mit dem die Birne in Viertel geschnitten wird. Kerne entfernen und bei Bedarf schälen. Die Fruchtstücke werden jetzt mit der Hand gegessen. Es reicht, die Hände danach kurz mit der → Serviette abzuwischen. Ist die Birne sehr weich und saftig, wird sie besser mit der Gabel auf dem Teller fixiert und mit dem Obstmesser geschnitten. Die einzelnen Stücke mit der Gabel aufspießen und essen, sodass die Finger sauber bleiben.

Black Tie

Englischer Begriff für → Smoking.

Blähungen

Peinlich, peinlich, wenn einem in Gesellschaft ungewollt Winde entfahren. Am besten ist es, sich kurz dafür zu entschuldigen und dann zur Tagesordnung überzugehen. Keinesfalls ist es angebracht, die eigene Krankengeschichte oder die kürzlich verzehrte Speisefolge zum Besten zu geben. Lässt eine andere Person unbeabsichtigt „einen fahren“, übergehen Sie das einfach. Sollte sich allerdings jemand einen Spaß daraus machen, Sie absichtlich an seinen Blähungen teilhaben zu lassen, sprechen Sie ihn ruhig und bestimmt darauf an.

Blazer

Der Blazer ist für Frauen das perfekte Oberteil zu → Hose oder → Rock. Beides aufeinander abgestimmt ergibt immer ein schickes → Kostüm oder einen eleganten → Hosenanzug. Wichtig ist die → Passform. Wer wenig Oberweite hat, kann mit einem taillierten Blazer die Weiblichkeit unterstreichen. Zu einem eher kurzen Oberkörper und längeren Beinen passt ein langer Blazer, der kurz geschnitten sein sollte, wenn die Beine sehr kurz sind. In der Regel endet er aber direkt am Schritt.

Blickkontakt

Halten Sie möglichst lange und immer wieder Blickkontakt mit Ihrem Gesprächspartner. Besonders in größerer Runde hilft es anzuzeigen, mit wem Sie gerade reden wollen. Wenn Sie einen fremden Menschen ansprechen, blicken Sie ihm erst in die Augen, und tragen Sie dann Ihr Anliegen vor. Achtung: Bleiben Sie immer natürlich und starren Sie nicht. Denn niemand wird gern angestarrt.

Blumen

Blumen sind nach wie vor ein nettes → Mitbringsel, wenn man eingeladen ist. Besonders aufmerksam ist, wer sich erkundigt oder merkt, welche Blumen der Beschenkte sehr mag und welche nicht. Ein Strauß in Folie wird verpackt überreicht. Ist er dagegen in Papier gewickelt, werden die Blumen erst ausgepackt und das Papier diskret entsorgt.

TIPP

Im deutschen Sprachraum schenkt man verschiedene Blumenarten zu verschiedenen Anlässen. Hier die Bedeutungen:

Rosen: Sie drücken immer tiefe Zuneigung bzw. Liebe aus. Und je dunkler die Rose, desto leidenschaftlicher die Liebe.

Lilie: Sie steht für die Jungfräulichkeit und die Reinheit des Herzens, aber auch für den Tod.

Nelke: Sie drückt Liebe oder Zuneigung aus. Ist sie rosa, handelt es sich um eine zarte Liebe. In Gelb zeigt Sie Verachtung.

Schneeglöckchen: Sie sind die Blumen des Trostes.

Hyazinthe: Sie steht für Treue.

Akelei: Das Hahnenfußgewächs symbolisiert den Sieg über den Tod, weshalb es oft schwer kranken Menschen zur Genesung überreicht wird.

Veilchen: Es steht immer für die Unschuld.

Bluse

Mit oder ohne Jacke bzw. → Blazer darüber ist eine Bluse ein Kleidungsstück für fast alle Gelegenheiten. Sie sind damit immer richtig angezogen. Sie darf nur nicht über dem Busen oder Bauch spannen und muss immer gut gebügelt sein.

Bouillabaisse

Übersetzt heißt die französische Fischsuppe etwa „gekochte Abfälle". Das liegt daran, dass die Fischer früher wirklich das für sich selbst verkocht haben, was sie nicht verkaufen konnten. Gegessen wird die → Suppe einfach mit dem Löffel. Sind → Muscheln mit Schale darin, dürfen diese mit den Fingern vom Löffel genommen und nach Muschelart gegessen werden.

Bowle

Eine Bowle kann als Cocktail für alle bezeichnet werden. Denn in einer großen Schale (engl. bowl = Schüssel) wird ein Cocktail aus verschiedenen Alkoholsorten und Früchten oder auch Kräutern, wie bei der Waldmeisterbowle, gemischt. Natürlich kann auf Hochprozentiges verzichtet und ausschließlich Fruchtsaft verwendet werden. Eiswürfel gehören nicht hinein. Wollen Sie die Bowle kühlen, frieren Sie zuvor Saft oder Fruchtmark ein und machen daraus kleine Kugeln, die Sie in die Schüssel geben. Traditionell wird der Mix mit Fruchtstückchen in einem Glas serviert. Dazu benutzen Sie bitte keine Suppenkelle sondern einen speziellen Bowleschöpfer. Die Gäste erhalten selbstverständlich kleine Bowlegabeln, mit denen sie mühelos die festen Anteile aufspießen können. Es gibt übrigens keine Regel darüber, ob erst das Obst verzehrt und der Rest getrunken werden soll oder umgekehrt. Vorsicht: Eine Bowle kann einen sehr hohen Alkoholgehalt haben, ohne dass man es schmeckt. Trinken Sie darum langsam und mit Genuss, und beobachten Sie die Wirkung.

TIPP

Bowle ist wieder in! Durfte der „Cocktail für alle" in den 50er- und 60er-Jahren bei keiner Party fehlen, war das Partygetränk in den 80er- und 90er-Jahren eher verpönt. Doch nun erlebt es ein ungeahntes Revival und ist beliebter denn je. Besonders im Sommer genießt man Waldmeisterbowle, Erdbeerbowle und Co. Stilvoll wird es mit einem Bowleset und der passenden Deko. Tipp: Verwenden Sie passend dazu ein Bowlenei, das mit Eis gefüllt die Bowle kühl hält, ohne sie zu verwässern.

Fremde undurchschaubaren System eingehalten oder eben missachtet. Nehmen Sie also besser das Taxi! Die Kriminalitätsrate ist in Brasilien sehr hoch. Halten Sie sich besser nicht in ärmeren Gegenden abseits der Touristen- bzw. Geschäftspfade auf.

Brasilien

Brasilien ist ein multikulturelles Land, in dem die verschiedensten Ethnien und Mentalitäten tolerant zusammenleben. Die Armut ist groß, die Schicht der Reichen sehr dünn. Der katholische Glaube ist weit verbreitet und sehr bedeutsam. Das hindert die Brasilianer nicht daran, auch an Geister zu glauben und ihnen einen Platz in ihrem Leben einzuräumen. Verkehrsregeln werden nach einem für Enger Körperkontakt ist im Land üblich. Finden Sie sich damit ab, wenn Sie irgendwo in einer Schlange stehen oder öffentliche Verkehrsmittel nutzen müssen. Zur Begrüßung ist ein → Händedruck üblich. Frauen werden auch mal mit → Küsschen begrüßt. Hält eine Brasilianerin Ihnen ihre Wange hin, erwartet sie keinen echten, sondern nur einen angedeuteten Kuss in die Luft. Der Freizeitlook der Einheimi-

B

schen ist leger und sehr bunt. Die Frauen zeigen sich gern körperbetont, was aber keinesfalls als Aufforderung zum Flirt missverstanden werden darf. Werden Sie als Frau „angemacht“, geben Sie sich am besten stolz und kühl abweisend. Trotz heißem Klima und freizügiger Mode: Oben ohne oder gar nackt lässt sich am Strand niemand blicken! Wer in Brasilien beruflich zu tun hat, hält sich an den auch in Europa gängigen, eher konservativen → Dresscode. Frauen sind in den Städten durchaus emanzipiert und bis ins mittlere Management anzutreffen. Im Restaurant zahlt nicht jeder sein Essen, sondern einer alles. Anschließend wird durch die Personenzahl geteilt. Zehn Prozent Trinkgeld sind angebracht. Pünktlichkeit gehört nicht zum guten Ton. Erwarten Sie eingeladene Geschäftspartner nicht pünktlich, und erscheinen Sie selbst auch immer mindestens ein paar Minuten zu spät, wenn Sie eingeladen wurden. Auch in der Berufswelt wird schnell vom Vornamen Gebrauch gemacht. Warten Sie jedoch, bis man Ihnen diesen Vorschlag unterbreitet. Titel werden zwar sehr geachtet, oft aber nicht genannt. Der Klarheit halber unterstreicht man in Brasilien den Titel oder die Bezeichnung auf der Visitenkarte, die ausgesprochen werden sollen. Andere streicht man einfach durch.

TIPP

Wenn Sie in Brasilien etwas transportieren, packen Sie es immer in eine Tasche oder wickeln es in Papier ein. Es ist nicht üblich, dass andere sehen können, was Sie mit sich herumtragen. Während des Karnevals werden keine Geschäfte gemacht, achten Sie bei der Terminabstimmung darauf. Bringen Sie keine purpurroten Blumen mit oder tragen Kleidung in der Farbe, sie gilt als Trauerfarbe. Formen Sie nicht aus Daumen und Zeige- oder Mittelfinger einen Kreis, um zum Beispiel zu signalisieren, dass das Essen ausgezeichnet ist. In Brasilien ist dies eine obszöne Geste. Und zum Schluss: Wenn Sie sich nach einer Einladung oder einem Treffen verabschieden, öffnen Sie sich bitte nicht selbst die Tür. Sie sagen damit, dass Sie gewiss nicht mehr wiederkommen möchten.

Brief

Ein Brief ist wenig vergänglich. Anders gesagt: Er macht unter Umständen über einen langen Zeitraum einen guten oder eben schlechten Eindruck. Um Letzteres zu vermeiden, muss das Papier fleckenlos und ohne Knicke sein. Es empfiehlt sich, vor dem Kuvertieren noch einmal Korrektur zu lesen. Neben richtiger Rechtschreibung, Zeichensetzung und Grammatik ist ein gut lesbarer Stil wichtig. In einen Brief gehören: vollständige Absenderangaben, Datum, komplette Empfängerangaben inklusive Vor- und Nachname des Adressaten, bei geschäftlicher Korrespondenz ein → Betreff, → Anrede, der eigentliche Text, ein Gruß, die Unterschrift und bei Bedarf auch ein → PS (Postskriptum). Bei dienstlichen oder behördlichen Schreiben kann ein Anlage- oder Verteilervermerk hinzugefügt werden.

Brille

Wer eine Brille tragen muss, sollte für feierliche Anlässe ein hochwertiges, dezentes Modell zur Verfügung haben. Die Gläser sind stets geputzt, ebenso die Nasenpads. Häufig setzt sich Staub oder Fett darauf ab. Zwischendurch wischen Sie weder mit Shirt, → Ärmel noch mit der → Krawatte auf der Brille herum. Es gibt dafür Putztücher, die Sie immer bei sich haben sollten. Zur Not ist auch ein Küchentuch in Ordnung. Wenn die Brille gerade nicht gebraucht wird, gehört sie in ein Etui. Es gehört sich nicht, damit herumzuspielen oder gar auf den Bügeln zu kauen. Eine Alternative zum Etui ist die Kette, an der die Brille vor der Brust hängen kann.

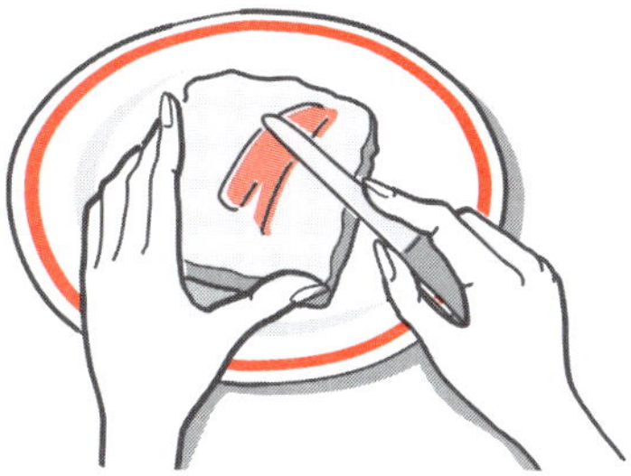

Brot

Brot zum Essen wird üblicherweise in einem Körbchen serviert. Nehmen Sie sich ein Stück, nachdem Sie anderen davon angeboten haben. Das Brot gehört auf den kleinen Teller links von Ihrem Platz. Genießen Sie das Brot, indem Sie ein Stück abbrechen, mit Butter oder → Dip bestreichen und essen. Dann ist das nächste Stückchen an der Reihe. Gibt es Grau- oder

Schwarzbrot, ist das Prozedere gleich, nur dass jeweils ein Häppchen abgeschnitten wird. Ist kein Brotteller da, wie in südlichen Ländern oft der Fall, gehört das Brot auf den Tellerrand oder auf den Tisch.

Brötchen

Im Gegensatz zum → Baguette oder Weißbrot, wird das Brötchen nicht gebrochen, sondern einmal in der Waagerechten durchgeschnitten. Eine Hälfte nach der anderen bestreichen oder belegen, in die Hand nehmen und abbeißen. Klappen Sie das belegte Brötchen nicht wieder zusammen!

Brüderschaft trinken

Das Brüderschafttrinken, in Österreich auch Bruderschafttrinken genannt, ist ein alter Brauch, um vom „Sie" zum „Du" zu wechseln. Schon im sechzehnten oder siebzehnten Jahrhundert gab es ihn, allerdings zum Zweck, eine Bruderschaft zu gründen, also sich gemeinsamen Zielen zu verpflichten. Man gelobte außerdem, seinem Gegenüber nur Gutes zu tun und Schaden von ihm fernzuhalten. Dazu wurden zusammen die Hände in Blut getaucht oder auch Blut getrunken. Jetzt ist das glücklicherweise anders! Heutzutage hat jeder ein Glas – meist mit → Wein, → Bier oder anderem Alkohol gefüllt – in der Hand. Die Arme werden ineinander verhakt. Man nennt sich dann seinen Vornamen, auch wenn der bereits bekannt ist. Die Erwähnung soll zeigen, dass das Gegenüber diesen Vornamen in Zukunft benutzen darf. Danach trinkt jeder einen Schluck in der verhakten Position. Zum Schluss küsst man sich auf den Mund. Hier ist Fingerspitzengefühl gefragt. Überlegen Sie sich gut, ob ein → Küsschen von der betreffenden Person für Sie vorstellbar ist, denn auf diesen Teil des Rituals vollständig zu verzichten, wäre eine unschöne Geste. Hält Ihnen jemand nach dem Trinken die Wange hin bzw. küsst Sie auf die Wange, bestehen Sie nicht auf den Kuss auf den Mund.

Brunch

Ein Brunch ist, wie der Name schon sagt, eine Mischung aus „Breakfast" und „Lunch“, also aus Frühstück und Mittagessen. Entsprechend vereinigt das → Buffet Elemente, wie Brot, Aufschnitt, Ei in verschiedenen Varianten und → Suppe, Hauptspeisen sowie → Desserts. Das Verhalten unterscheidet sich nicht von dem am Buffet. Für gewöhnlich zieht sich ein Brunch allerdings länger hin. Es ist durchaus üblich, erst zu frühstücken, zu sitzen und zu plaudern und später noch warm zu essen.

Buffet

Das Buffet hat den großen Vorteil, dass jeder das nehmen kann, was er am liebsten isst. Drängeln ist natürlich völlig inakzeptabel. Jeder sollte sich Zeit lassen und auch anderen Zeit geben, in Ruhe zu schauen und zu wählen. Auch wenn die begehrten Scampis gerade zur Neige gehen, ist das kein Grund, die Ellenbogen einzusetzen. Meist wird alles wieder aufgefüllt. Auch beim Buffet wird die Speisefolge eingehalten. Das heißt, dass die Vorspeise oder auch → Salat nicht mit dem Hauptgang, Fisch nicht mit Fleisch auf einem Teller landet. Ein Teller wird nur einmal benutzt. Für den nächsten Gang holen Sie sich einen frischen. → Besteck ist entweder mehrfach eingedeckt oder steht in Kästen bereit und wird ebenfalls frisch für jeden Gang mitgenommen. Nehmen Sie von allem nur kleine Mengen. Man verschätzt sich leicht und lässt dann zu viel in den Mülleimer wandern. Gerade fremde Speisen sollten Sie vorsichtig kosten. Sie können ja immer nachnehmen.

Bügelfalten

Hat eine → Hose Bügelfalten, müssen diese auch immer akkurat zu sehen sein.

TIPP

Bügelfalten lassen das Bein länger und auch ein wenig schlanker wirken. Kleine Menschen können das nutzen, um etwas größer auszusehen. Pölsterchen fallen so weniger ins Auge.

Bulgarien

Bulgaren sind ein extrem gastfreundliches Volk. Egal ob privat oder geschäftlich, wenn Sie eingeladen werden, müssen Sie damit rechnen, dass es schon vor dem Essen Schnaps gibt. Die Vorspeise ist meist Salat. Richten Sie sich darauf ein, dass das Schnapstrinken und Salatessen lange dauern kann. Sich früh zu verabschieden, wäre unhöflich. Auch wer nicht zum Essen eingeladen ist, bekommt eigentlich immer eine Kleinigkeit angeboten, sei es nur ein wenig Gebäck. Zur Begrüßung sagen Sie „Frau = Gospozha" oder „Herr = Gospodin" mit dem Nachnamen. „Fräulein" heißt übrigens „Gospozhitsa" und ist durchaus noch gebräuchlich. Vorsicht, wenn Sie auf eine Frage mit „Nein" oder „Ja" durch Kopfschütteln oder Nicken antworten möchten. Das Schütteln des Kopfes bedeutet nämlich Zustimmung. Verneinung wird dagegen mit zweimaligem Kopfnicken gezeigt.

Bundfaltenhose

Die Bundfaltenhose betont die Taille und kaschiert so kräftige Oberschenkel. Vermeiden Sie es, → Taschentuch, Hausschlüssel & Co. in den → Hosentaschen aufzubewahren. Das trägt auf und wirkt ungepflegt. Zusätzlich lässt es mollig aussehen.

Business Casual

→ „Casual" ist englisch und steht für „lässig". Mit „Business Casual" ist folglich ein Bekleidungsstil gemeint, der geschäftlich seriös, aber gleichzeitig trotzdem nicht streng konservativ, sondern eben ein bisschen lässig wirkt. Konkret heißt das: Ein Mann muss keinen Anzug tragen, sondern ist mit einer Stoffhose und → Jackett bzw. einem schicken Pullover oder auch → Hemd ohne Jacke gut bedient. Die Frau kann zwischen legerem → Hosenanzug oder → Kostüm wählen. Auch sie muss dazu keinen → Blazer tragen, eine Bluse oder ein schickes Shirt ist ausreichend.

Businessoutfit Dame

Die klassische Bekleidung einer Frau im Geschäftsleben ist das → Kostüm bzw. der → Hosenanzug in eher dunklen gedeckten Farben. Dazu darf Shirt oder → Bluse etwas mehr Farbe haben. Grelle Töne sind allerdings zu vermeiden. Die → Hose ist natürlich lang, ein → Rock endet mindestens kurz über dem Knie. Kürzere Röcke gehören in die Freizeit. Seiden- bzw. Perlonstrümpfe sind ein Muss. Die Füße stecken in geschlossenen Pumps mit kleinem oder gar keinem → Absatz. Auch ein sportlich-schicker Halbschuh ist in Ordnung.

Businessoutfit Herr

Er trägt den klassischen Nadelstreifenanzug oder einen einfarbigen schlichten Anzug. Das → Jackett ist stets geschlossen, es sei denn, der Herr trägt eine Weste darunter.

TIPP

Zum perfekten Businessoutfit des Mannes gehören dunkle → Strümpfe und → Schuhe. Die Strümpfe sind auf jeden Fall lang genug, um auch im Sitzen das stoppelige Männerbein zu verstecken.

→ Hemd und → Krawatte sind farblich und vom Material auf den Anzug abgestimmt, der übrigens umso dunkler ist, je höher der Träger in der Firmenhierarchie steht.

Busreise

→ Pünktlichkeit ist bei einer Busreise noch wichtiger als sonst. Immerhin ist stets eine ganze Reisegruppe darauf angewiesen, dass alle zur verabredeten Uhrzeit erscheinen. Hält sich jemand nicht daran, kommt es zu verzögertem Aufbruch und das führt unter Umständen zu weniger Besichtigungszeit oder gar zu Programmausfällen. Darüber hinaus sollte man immer im Hinterkopf haben, dass die gesamte Reise mehr oder weniger eng mit einer Gruppe fremder Menschen verbracht wird. Das bedeutet: Rücksicht ist gefragt. Niemand will von lauten Erzählungen, Körper- oder → Mundgeruch belästigt werden.

Button-down-Kragen

Diese Kragenform zeichnet sich dadurch aus, dass die Spitzen fest angeknöpft werden. Man kann ihn mit oder ohne → Krawatte tragen. „Erfunden“ wurde er übrigens beim Polo-Spiel. Da die Kragen der Poloshirts beim Reiten flatterten, hat man sie kurzerhand angeknöpft.

SPEZIAL

Benimm im Business

Gerade im Geschäftsleben sind ein gepflegtes Auftreten und gute Umgangsformen wichtig. Wollen Sie bei Geschäftspartnern, Vorgesetzten und Kollegen gut ankommen, achten Sie darauf, sich Ihrer Branche entsprechend zu kleiden und zu benehmen. Frauen sind im → Hosenanzug oder → Kostüm passend angezogen. Wichtig: unter Kleid oder → Rock immer → Strümpfe tragen, auch im Sommer. Tiefe Ausschnitte, kurze Röcke und schulterfreie Oberteile sind tabu. Herren sind mit Anzug oder einer Kombination aus Stoffhose und → Jackett korrekt gekleidet. Eine → Krawatte ist oft ein Muss. In vielen Unternehmen geht es aber inzwischen etwas weniger förmlich zu. Orientieren Sie sich an Ihren Vorgesetzten. Sind sie leger gekleidet, dürfen Sie es ihnen nachtun. Generell gilt: → Dresscode immer beachten! Und egal ob formell oder leger: Die Kleidung sollte sauber und in gutem Zustand sein.
Die übliche → Anrede im Berufsleben ist das „Sie" mit dem Nachnamen. Arbeiten Sie eng mit einer Person zusammen, werden Sie vielleicht in gegenseitigem Einverständnis zum „Du" übergehen. Besonders im Arbeitsleben sollten Sie auf → Pünktlichkeit achten. Bei Geschäftsessen gelten die üblichen Tischmanieren. Das → Handy gehört bei Tisch ausgeschaltet. Dies gilt natürlich auch für Besprechungen und Vorträge.

Checkliste Business-Knigge

- Dresscode Ihrer Branche und Ihres Unternehmens beachten.
- Auf ein gepflegtes Äußeres achten: gepflegte Fingernägel und Haare, saubere, fleckenfreie und gebügelte Kleidung, gepflegte Schuhe.
- Geschäftspartner und Vorgesetzte immer höflich und mit Handschlag begrüßen.
- Als Anrede „Sie" und den Nachnamen verwenden.
- Andere vorstellen: zuerst den in der Hierarchie niedriger Stehenden dem weiter oben stehenden Mitarbeiter, jüngere zuerst älteren Personen.
- Immer pünktlich sein; bei Verspätung Bescheid geben.
- Bei Geschäftsessen die üblichen Tischregeln beachten, im Zweifelsfall zurückhaltender als normal sein.
- Handy bei Geschäftsessen, Besprechungen und Vorträgen aus- oder zumindest stummschalten.
- Über Daten und Fakten aus dem Unternehmen Stillschweigen bewahren; keine Gerüchte in die Welt setzen.

C

Carpaccio

Wer Carpaccio bestellt, sollte wissen, dass es sich dabei um rohes Fleisch handelt. Es stammt ursprünglich vom Rind, kann aber auch vom Lamm oder Kalb sein. Die hauchdünnen Scheiben sind mit Zitrone, Öl, Salz und Pfeffer angemacht. Gegessen wird mit Messer und Gabel.

Casual

Das englische Wort lässt sich mit „lässig" übersetzen. Es wird immer häufiger im Bereich der Bekleidungsvorschriften genutzt, um auszudrücken, dass es ruhig etwas lockerer zugehen darf.

Champagner

Die französische Bezeichnung „Vin de Champagne" sagt aus, worum es sich bei dem Edelgetränk handelt, nämlich um → Wein, genauer Schaumwein, aus der französischen Region Champagne. Nur wenn die Trauben dort angebaut wurden, darf sich das perlende Getränk so nennen. Und auch nur dann, wenn sie von einer der erlaubten Rebsorten stammen. Das sind Pinot Noir, Pinot Meunier und Chardonnay. Lagern Sie Champagner immer liegend bei etwa zehn Grad, damit der Naturkorken nicht austrocknet. Eine lange Lagerung verbessert die Qualität übrigens nicht. Die Hersteller verkaufen Ihre Produkte „trinkfertig". Servieren Sie Champagner idealerweise in hohen tulpenförmigen → Gläsern oder wenigstens hohen schlanken Flöten, aber nicht in flachen Schalen, aus denen das Bouquet zu schnell verfliegen würde. Zum Servieren soll der Schaumwein rund sieben Grad haben. Er erwärmt sich zum Trinken auf die gewünschten zehn Grad. Schenken Sie sparsam ein und lieber öfter nach. Schon ab 12 Grad verliert der Champagner nämlich merklich an Aroma. Für das Öffnen gilt übrigens: Nur bei der Formel 1 wird ordentlich geschüttelt. Auch das Knallen der Korken gehört ausschließlich in Filme. Lösen Sie die Korken behutsam, sodass möglichst kein Schaum entweicht.

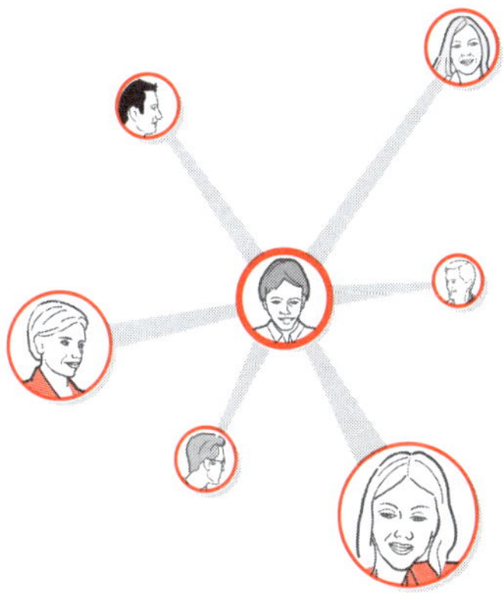

Chatten

Das Chatten gehört zur modernen Kommunikation. Was die Benimmregeln angeht, halten Sie sich an das, was Sie bei der verbalen Kommunikation auch beachten würden plus einiges, was für → Briefe gilt. Also: Achten Sie auf Ihren → Ausdruck und Ihre Rechtschreibung. Gehen Sie höflich mit Ihrem „Gesprächspartner“ um, und vergessen Sie Worte wie „bitte“ und „danke“ nicht. Darüber hinaus hat sich eine ganz eigene Sprache entwickelt, die vor allem aus → Abkürzungen besteht. „cu“ bedeutet beispielsweise „see you“ und wird als Verabschiedungsformel genutzt. Ebenso „bb“, was nichts anderes heißt als „bye bye“. „gl“ steht für „good luck“, also „viel Glück“. Es gibt auch deutsche Abkürzungen, wie etwa „HGW“ – „Herzlichen Glückwunsch“. Wenn Sie einen Chatroom nutzen, sollten Sie als Neuling zunächst beobachten, was sich so tut. Übernehmen Sie nicht gleich das Kommando, das wäre auch auf einer Veranstaltung mit Menschen, denen Sie gegenüberstehen, nicht die feine Art. Helfen Sie Anfängern, die noch keine Erfahrungen mit dem Chatten haben. Wollen Sie jemanden speziell ansprechen, ist eine → Anrede, meist „Hallo“ und der Name nötig. Namen sind übrigens in den seltensten Fällen reale Namen, sondern erdachte. Fragen Sie nicht nach dem realen Namen. Und wenn, dann erst, wenn sich bereits ein längerer Kontakt aufgebaut hat. Respektvoller Umgang mit allen

TIPP

Verkriechen Sie sich nicht in der Anonymität, sondern denken Sie immer daran, dass Ihre Chatpartner Ihnen auch gegenüberstehen könnten. Schreiben Sie so, wie Sie dann reden würden. Schimpfwörter sind nicht akzeptabel, → Humor muss als solcher zu erkennen sein.

C

Teilnehmern ist das A und O. Hält sich jemand nicht daran, lassen Sie ihn am besten links liegen. Alles andere führt nur zur Eskalation.

Chef

Stimmt das Verhältnis zum Chef nicht, kann das Berufsleben ausgesprochen anstrengend und freudlos sein. Was aber tun, wenn der Vorgesetzte wankelmütig, launisch oder durchsetzungsschwach ist? Ganz wichtig: Reden Sie mit ihm! Wenn alle Angestellten aus Furcht vor den Konsequenzen den Mund halten, kann sich nichts ändern. Leider wissen tatsächlich die wenigsten Führungskräfte, was ihre Mitarbeiter von ihnen und ihrem Führungsstil halten. Dabei ist Rückmeldung extrem wichtig. Bedenken Sie, dass auch ein Schauspieler einen Regisseur braucht, der ihm sagt, wie er wirkt. So ist es bei jedem Menschen, auch beim Chef. Für das Gespräch ist in erster Linie Diplomatie gefragt. Typische Probleme sind aufseiten des Chefs Zeitmangel für ausführliche Besprechungen oder auch zu wenig Lob für die Mitarbeiter. Sagen Sie also ruhig, dass Sie sich mehr Reaktionen auf Ihre Leistungen wünschen würden. Und zwar nicht nur auf etwaige Fehler. Wobei ein Chef nicht immer alle Leistungen jedes Mitarbeiters sehen und zuordnen kann. Sprechen Sie also ruhig darüber. Nur nicht zu plump. Oder sagen Sie, Sie wünschen sich mehr Zeit, um Dinge immer so zu besprechen, dass Sie danach auch punktgenau arbeiten können. Der beste Moment für eine solche Unterredung ist ein Zeitpunkt, an dem gute Stimmung herrscht. Und bitten Sie den Boss unbedingt um einen Termin, damit er dann auch wirklich ein offenes Ohr für Sie hat. Zwischen Tür und Angel nützt das ganze Gespräch nichts. Bereiten Sie Argumente vor. Es beeindruckt die wenigsten, wenn Sie nur mit Ihren Gefühlen kommen. Stellen Sie sich darauf ein, dass sich nicht sofort etwas ändert. Einige Menschen schalten zuerst auf stur und überlegen sich erst nach einiger Zeit, wenn sie vielleicht die Überraschung verdaut haben, dass etwas Wahres an der → Kritik sein könnte. Außerdem ist es nicht einfach, Verhaltensweisen zu ändern. Geben Sie Ihrem Chef darum Zeit, und sprechen Sie ihn, wenn nötig, irgendwann erneut an.

TIPP

Betrachten Sie Ihren Chef als Ihren Kunden. Sehen Sie in ihm nicht jemanden, der Sie quälen oder ärgern will, sondern einen, dem Sie Ihre Arbeitskraft und Leistung immer wieder verkaufen wollen. Erforschen Sie entsprechend seine Bedürfnisse, um ein gutes Produkt abgeben zu können. Sagen Sie aber auch in Ruhe und höflich, was Sie brauchen, um gut arbeiten zu können.

Eventuell finden Sie sogar Verbündete, die den Vorgesetzten auf das gleiche Problem ansprechen und Sie unterstützen können. Hierbei ist allerdings Vorsicht geboten. Wenn Sie sich jemandem anvertrauen, kann der das auch nutzen, um sich selbst beim Chef einzuschmeicheln und Sie in ein schlechtes Licht zu stellen.

Chef de rang

Der Chef de rang ist ein Kellner, der dem → Oberkellner zur Hand geht. Er kümmert sich an seinen Tischen darum, dass die Gäste stets gefüllte Gläser haben und schneidet beispielsweise Fleisch am Platz auf. Darüber hinaus beaufsichtigt er einen oder mehrere Jungkellner.

Chicken Wings

Die kleinen, oft panierten Hähnchenflügel gehören in die Kategorie Finger Food und dürfen in die Hand genommen werden.

Chile

Die Chilenen sind überwiegend konservativ. Sie schätzen Pünktlichkeit und ordentliche Kleidung. Begrüßt wird mit → Händedruck und festem Blick in die Augen. Das „Du" wird schnell angeboten. Der Europäer sollte allerdings abwarten, bis man es ihm anbietet. Frauen sind ausgesprochen emanzipiert. Sie können Ihnen auch als Geschäftspartnerinnen begegnen. Hierarchien spielen eine große Rolle, ebenso Beamte. Wenn Sie also mit Behörden zu tun haben, üben Sie sich in Geduld und zollen den Herrschaften Respekt, sonst kommen Sie unter Umständen nicht zum Ziel. Lautes, extrovertiertes Benehmen und plumpe Scherze kommen in Chile überhaupt nicht gut an. Ebenso wenig wie FKK, was nämlich untersagt ist.

Selbst oben ohne dürfen Frauen nur an speziell gekennzeichneten Stränden sonnenbaden. Im Beruf legt man auf seriöses → Businessoutfit wert. Frauen werden generell lieber im → Kostüm als in der Hose gesehen. Übrigens stehen Frauen nicht auf, wenn sie begrüßt werden, was vom Mann aber selbstverständlich erwartet wird. Achten Sie immer auf eine gute → Körperhaltung. Das macht Eindruck. Frauen sollten wissen: Chilenische Männer lieben es, den Damen den Hof zu machen. Sie sollten sich über Pfiffe nicht ärgern und sie auch nicht ignorieren, sondern diese als Komplimente nehmen. Sie können ziemlich sicher sein, dass der Chilene zwar seine Bewunderung gern zeigt, aber nicht aufdringlich wird.

China

Wer einmal in China war, weiß, wie sich ein Analphabet fühlt. Nicht nur Schrift und Sprache sind für den Europäer fremd, auch die Sitten und Gebräuche sind es. Allgemein sollten Sie sich darauf einstellen, dass die Chinesen extrem fleißig und recht offen sind. Europäische Verhaltensweisen werden sehr geschätzt und mehr und mehr über

nommen, weshalb der → Händedruck zur Begrüßung schon weit verbreitet ist. Warten Sie ab, ob man Ihnen die Hand reicht, und seien Sie darauf vorbereitet, dass der Händedruck für unsere Verhältnisse weich ausfällt. Ansonsten ist ein Nicken oder eine leichte Verbeugung die übliche Begrüßung. Dazu wird entweder nur Titel oder ersatzweise „Mr." bzw. „Mrs." und der Familienname oder der vollständige Name gesagt. Chinesen nennen zuerst ihren Nach- und dann den Vornamen. Titel spielen eine große Rolle. Im offiziellen Rahmen werden gerne → Visitenkarten überreicht. Nehmen Sie sie mit beiden Händen entgegen, bedanken Sie sich dafür, und behalten Sie sie noch einige Zeit in der Hand, um Ihre Wertschätzung ausreichend zu zeigen. Offen Kritik zu üben oder seine Wünsche und Forderungen vorzutragen, ist nicht üblich. Es wird eher ein wenig „um den heißen Brei“ geredet bzw. ein zögerliches „Ja“ oder „Wir denken darüber nach, entscheiden morgen“ gesagt, was nichts anderes als „Nein“ bedeuten kann. Werden Sie niemals laut, und drängen Sie einen Chinesen nicht zu einer klaren Aussage. Er könnte allzu schnell sein Gesicht verlieren, was sehr schlimm für ihn ist. Wenn es gemütlich wird, sollten Sie wissen: Im Restaurant bestellt der Gastgeber für alle. Die Speisen werden dann in die Mitte von Drehtischen gestellt, und jeder nimmt sich, worauf er Appetit hat. Laden Sie einen Chinesen zum Essen ein, zeigt das Preisniveau des Lokals, wie hoch Sie Ihren Gast schätzen. Lassen Sie ihn die Speisen auswählen. Nicht selten gibt es Schnaps zum Essen. Trinken Sie erst, wenn der Gastgeber dazu das Zeichen gegeben hat. Wenn Sie keinen weiteren Schnaps mögen, lassen Sie einen Rest in Ihrem Glas. Nach dem Essen werden auch die Gläser schnell abgeräumt. Geselligkeit, wie in Europa üblich, gibt es in Restaurants nicht. Man geht eventuell noch in eine Bar oder in ein Teehaus. Meistens jedoch verabschieden sich Chinesen früh, da sie auch sehr früh am nächsten Morgen zur Arbeit erscheinen müssen. Was die Kleidung betrifft, kann sie recht einfach, muss aber sauber und gepflegt sein. Vor dem Betreten eines Tempels oder auch eines Privathauses ziehen Sie die Schuhe aus. Bevor Sie öffentliche

TIPP

Was wir als Aberglaube bezeichnen würden, ist in China Alltag. Die Farbe Gelb steht einerseits für Falschheit, ist andererseits aber auch die Farbe der Kaiser. Schwarz und Weiß sind beides Farben der Trauer. Die Zahl Vierzehn bringt Unglück, Vier ist die Zahl des Todes. Bringen Sie darum keinesfalls vier Blumen mit. Lieber überreichen Sie zwei kleine Geschenke, denn Zwei ist eine absolute Glückszahl. Auf Türschwellen tritt man in China nicht, denn dann könnten böse Geister darüber gelangen. Lächeln oder lachen Sie nicht über dergleichen, sondern respektieren Sie diesen Glauben.

C

Gebäude oder Menschen fotografieren, fragen Sie besser, ob das in Ordnung ist. Akzeptieren Sie, wenn jemand das nicht möchte oder ein wenig Geld dafür verlangt. Umgekehrt kann es Ihnen passieren, dass man ein Foto mit Ihnen zusammen machen möchte. Geben Sie dieser Bitte nach. Trinkgeld wird nur bei organisierten Reisen und in Grandhotels erwartet, ist sonst aber unüblich. Unsere Angewohnheit, sich die Nase in der Öffentlichkeit und womöglich am Tisch zu putzen, wird in China als sehr unappetitlich angesehen und sollte unterlassen werden. Gehen Sie dafür lieber auf die Toilette.

Cocktailoutfit

Wird zum Cocktail geladen, trägt die Dame normalerweise ein klassisches Cocktailkleid. Das kann sowohl das „kleine Schwarze" als auch ein schlichtes Etuikleid sein. Aber auch ein → Hosenanzug oder → Kostüm ist durchaus passend. Dann sollten aber edler Schmuck, etwas mehr → Make-up als am Tag und/oder ein Seidentuch zusätzlichen Pfiff geben. Als Mann ist man mit einem Anzug genau richtig gekleidet.

Cocktailparty

Ein Cocktail oder eine Cocktailparty ist ein Stehempfang am Nachmittag. Üblicherweise beginnt sie nicht vor 17.30 Uhr, aber auch nicht nach 19 Uhr. Der Name dieser Party rührt von den servierten Cocktails her. Zusätzlich gibt es oft noch Wein und nicht alkoholische Getränke. Dazu werden nur einige Appetithäppchen gereicht, da die Party vor dem Abendessen endet. Der Cocktail kann sowohl in Privaträumen als auch in einer Hotellounge oder Bar stattfinden.

Come as you are

Die wörtliche Übersetzung für diesen → Dresscode lautet: „Kommen Sie, wie Sie sind." Und das ist auch so gemeint. Eigentlich. Im Grunde soll jeder aus seinem Arbeitsalltag oder der Freizeit zum Empfang, der Ausstellung oder sonstiger Veranstaltung kommen, ohne sich extra zurechtzumachen. Trotzdem soll der Küchenchef nicht in der Kochjacke, die Hausfrau nicht in Schürze oder Jogginganzug erscheinen. Tatsächlich müsste es heißen: „Kommen Sie, wie Sie mögen!" Ziehen Sie zu solchen Anlässen etwas an, was zu Ihnen passt, Ihnen gefällt und Ihrer Ansicht nach, einen guten Eindruck macht.

Commis

Commis ist die Berufsbezeichnung eines beruflich und von den Erfahrungen gesehen noch jungen Mitarbeiters in der Gastronomie. Je nachdem, in welchem Bereich er tätig ist, heißt er beispielsweise Commis de Rang. Seine Aufgaben sind das Servieren der Speisen und Abräumen des Geschirrs. Der Commis de Bar ist ein Thekengehilfe, der dem Barchef zur Hand geht. Der Commis de Cuisine schließlich ist am Zubereiten kalter und warmer Speisen beteiligt.

Crème brûlée

Die französische Nachspeise wird mit einer Zuckerkruste serviert. Mit einem Dessertlöffel wird diese vorsichtig eingeschlagen, bis sie bricht. Dann kann die Creme darunter und die Kruste selbst ausgelöffelt werden.

Cut

Aus dem früheren Gehrock hat sich eine kürzere Version entwickelt, der Cut. Die vollständige Bezeichnung lautet „Cutaway Coat", im Deutschen spricht man von einem Tagesfrack. Tatsächlich erinnert das edle Kleidungsstück an einen Frack. Die Jacke ist schwarz oder anthrazit. Dazu trägt der Herr eine gemusterte, meist gestreifte, → Hose, ein weißes → Hemd und eine graue Weste. Wenn Sie nicht gerade mit Blaublütigen verkehren, werden Sie selten die Gelegenheit haben, einen Cut zu tragen. Eine extrem stilvolle → Hochzeit könnte ein guter Anlass sein.

TIPP

Die deutsche Bezeichnung – Frack des Tages – sagt es schon: Der Cut ist dann die erste Wahl, wenn eine sehr schicke Veranstaltung am Tag stattfindet.

D

D

Damenwahl

Außer bei Bällen oder sehr konservativen Tanzveranstaltungen dürfen Frauen heute auch Männer zum Tanz auffordern. Wenigstens dann dürfen sie es überall, wenn eine Damenwahl ausgerufen wird. Hierbei stehen nicht etwa nur Männer zur Verfügung, die bekannt sind, wie etwa die Partner von Freundinnen. Fragen Sie einfach denjenigen, der auf dem Parkett eine gute Figur gemacht hat. Ein „Wollen wir tanzen?" und ein freundliches Lächeln für die Begleiterin sind hier angebracht. Auch eine Frau muss allerdings einen Korb akzeptieren. Kommt der Herr der Aufforderung aber nach, reicht er ihr den Arm und geleitet sie zur Tanzfläche. Selbstverständlich führt er auch während des Tanzens. Denn die Rollen werden keinesfalls komplett vertauscht.

Dänemark

Dänen sind ausgesprochen freundlich, humorvoll und unkompliziert. Ein lockeres „Hej" als Begrüßung reicht normalerweise. Manchmal, vor allem wenn es etwas formeller zugeht, wird auch die Hand gereicht. Lassen Sie sich nicht irritieren, wenn man Sie schnell beim Vornamen nennt und duzt. Worauf jedoch geradezu pingelig Wert gelegt wird, ist Pünktlichkeit. Sollten Sie sich bei einer Verabredung verspäten, lassen Sie den Betreffenden das wissen, selbst wenn es sich nur um einige Minuten handeln wird. Gehen Sie essen, brauchen Sie kein Trinkgeld zu geben. Das ist in Dänemark im Preis inbegriffen. Sind Sie in Begleitung beim Essen oder gar in ein Privathaus eingeladen, bedanken Sie sich anschließend mit einer kurzen Rede. Einige Worte genügen meist schon, kommen aber sicher sehr gut an. Bedanken Sie sich am besten mehrere Male für eine Einladung. Als → Gastgeschenk eignet sich → Alkohol immer sehr gut, da der im Land extrem teuer ist. Möchten Sie der Gastgeberin Blumen schenken, schicken Sie diese bereits am Vortag.

TIPP

Dankbarkeit lässt sich auf vielerlei Arten ausdrücken: ein freundliches Lächeln, eine Umarmung, ein kleines Geschenk, eine Einladung oder ein schlichtes Danke. Lassen Sie sich etwas einfallen, um Ihre Dankbarkeit zu zeigen!

Dankbarkeit

Wenn von Dankbarkeit die Rede ist, ist nicht nur gemeint, dass man sich artig zu bedanken hat, wenn man etwas geschenkt bekommt oder einem jemand hilft. Es ist eine Grundhaltung, positive Aspekte zu erkennen und dafür dankbar zu sein, statt sie für selbstverständlich zu halten. Ein Beispiel aus der Realität: Eine Dame hat von einem Autohersteller eine Reise nach → Korea, das Herkunftsland des Automobils, gewonnen. Mit ihr sind weitere Gewinner unterwegs, die alle in eleganten Hotels untergebracht sind und gut verpflegt werden. Auf dem Programm stehen einige Firmenbesichtigungen. Es regt sich erster Unmut darüber, in Fabrikhallen geschleppt zu werden, anstatt sich mehr von der Kultur des Landes ansehen oder am Strand liegen zu können. Die Dame, zuerst noch begeistert von der ersten Fernreise ihres Lebens, stimmt immer mehr in die Kritik ein. Ihre Dankbarkeit für das aufregende und exotische Erlebnis ist verschwunden. Indem sie nicht mehr das Positive sieht, dafür nicht mehr dankbar ist, verdirbt sie nicht nur sich selbst, sondern auch den anderen, die bisher noch zufrieden waren, die verbleibenden Tage.

Die Stimmung ist dahin. Dabei wäre das leicht zu verhindern gewesen, wenn jemand einfach nur mal an all die positiven Aspekte der Tour erinnert hätte. Zu erkennen, dass

D

es etwas ganz Besonderes ist, einen Einblick in das Leben eines Arbeiters in Korea zu bekommen, hätte gereicht, um für glänzende Laune zu sorgen. Darum: Übersehen Sie keinen Grund für Dankbarkeit. Das macht Ihnen und Ihren Mitmenschen das Leben deutlich angenehmer.

Danksagung

Dankbar zu sein, ist der erste Schritt. Wie aber zeigt man seine → Dankbarkeit am besten? Bei „Kleinigkeiten" reicht ein mündliches von Herzen kommendes „Dankeschön". Und zwar lieber einmal zu viel als zu wenig. Wenn die Kellnerin Sie darauf hinweist, dass die „Putenbrust asiatische Art", die Sie gerade bestellt haben, kein frisches Putenfleisch ist, sondern Formfleisch, ist das einen Dank wert. Sie können jetzt entscheiden, ob Sie die gewürzten und gepressten Fleischstückchen der Pute wirklich wollen oder lieber etwas anderes bestellen. Für gute Beratung, die natürlich eigentlich selbstverständlich sein sollte, für einen guten Tipp und andere Aufmerksamkeiten ist ein mündlicher Dank angebracht. Sagen Sie ruhig: „Dankeschön, dass Sie mich darauf hingewiesen haben. Das finde ich wirklich toll." Oder: „Vielen Dank, dass Sie sich für die Beratung so viel Zeit genommen haben. Ich habe mich als Kunde bestens betreut gefühlt."

TIPP

Ein kleines Geschenk ist auch dann angebracht, wenn Sie durch eine Selbstverständlichkeit einen besonders großen Vorteil hatten, bzw. wenn Ihnen etwas Negatives erspart geblieben ist. Ein Beispiel: Eine Sportlerin hat sich für einen Marathon angemeldet. Kurz vor dem großen Tag schwillt ein Bein stark an und ist feuerrot. Sie sucht Hilfe in der Apotheke, wo die Mitarbeiterin sofort eine Venenentzündung erkennt und entsprechend behandelt. Die Entzündung zieht ab, sodass die Sportlerin laufen kann.

Handelt es sich um Gefälligkeiten, die jemand für Sie erbringt, zum Beispiel das Gießen Ihrer Blumen oder Leeren Ihres Briefkastens während Sie verreist sind, sollten

Sie den mündlichen Dank durch eine kleine Aufmerksamkeit unterstreichen. Das können → Blumen sein, ein kleines Gebäck, vielleicht selbst gemacht, ein Geschenkbüchlein oder auch etwas Süßes. Wichtig: Überlegen Sie, ob derjenige überhaupt Süßigkeiten essen darf, gerne liest etc.

Demi-Chef

Er hat sich vom Jungkellner bereits hochgearbeitet und vertritt den Chef de Rang.

Dessert

Ein Dessert rundet für Süßmäuler jedes gute Essen ab. Als → Besteck kommen Löffel, Gabel und/oder Messer in Frage, jeweils in kleiner Ausführung. Nehmen Sie das Instrument, das vorrangig gebraucht wird, in die aktive Hand. Für weiche Speisen ist es natürlich der Löffel, Kuchen oder Fruchtstücke lassen sich gut mit der Gabel essen. Das Messer ist für → Obst gedacht. Haben Sie es mit einer Kombination aus weichen und festen Bestandteilen zu tun, wechseln Sie das Besteck nach Bedarf von einer Hand in die andere.

Dessertwein

Als Dessertwein werden solche → Weine bezeichnet, die sehr süß sind und nach dem Essen, oftmals eben zum → Dessert, serviert werden. Klassiker in dieser Kategorie sind der Tokajer und der Muskateller. Neben der hohen Restsüße, die übrigens natürlich ist, ist der hohe Alkoholgehalt charakteristisch. Unter anderem deshalb trinkt man keine großen Mengen Dessertwein. Serviert wird er daher auch in einem Glas mit kleinem Kelch. Achtung: Manchmal wird auch ein süßer Sherry oder ein Likörwein zum Abschluss eines Essens serviert. Dabei sollte man wissen, dass Likörweinen Zucker oder Alkohol oder beides zugesetzt worden sein kann, was beim Dessertwein niemals der Fall ist. Er erhält seine Süße aufgrund einer Traubenauslese oder des Herstellungsverfahrens, wie etwa bei Eiswein.

Digestif

Der Digestif ist das Gegenstück des → Aperitifs. Er wird nicht vor, sondern nach dem Essen getrunken. Ein → Dessertwein, der ja auch nach dem Hauptgang gereicht wird, ist kein klassischer Digestif, wird aber auch als solcher getrunken. Übersetzt man das französische Wort, wird klar, warum das so ist. Es heißt nämlich „verdauungsfördernd". Die fast immer alkoholischen Getränke können auf Wein- oder Branntweinbasis, aus Früchten oder Kräutern hergestellt sein. Sie sollen Magensäure binden und den Magen beruhigen, damit auch das umfangreichste Essen nicht belastet. Gleichzeitig sollen sie aber auch abrunden, weshalb eben auch zu süßen → Weinen oder Likören und sogar Cocktails, die Sahne enthalten, gegriffen wird. Die Regel lautet: Mehr als 7 cl trinkt man nicht. Und der Digestif darf auch nicht mehr als fünf Zutaten enthalten. Wer keinen → Alkohol trinkt, muss übrigens nicht auf den verdauungsfördernden Trunk nach dem Essen verzichten. Feinkostläden bieten Alternativen beispielsweise auf Essigbasis an.

Dip

Zu verschiedenen Speisen werden Dips gereicht. Gerne zu Chips, Nachos und → Gemüsesticks. Nehmen Sie mit einem Löffel eine kleine Portion Dip auf Ihren Teller. Tauchen alle in die gleichen Schälchen, achten Sie darauf, nicht mit den Fingern einzutauchen, keine Teile im Dip zu ertränken, und tauchen Sie auf keinen Fall etwas ein, in das Sie zuvor schon gebissen haben.

Diskothek

In verschiedenen Diskotheken gibt es unterschiedliche → Dresscodes. Und generell sollte man einige Regeln beherzigen. Zum Beispiel die, nicht zu früh am Start zu sein. Vor Mitternacht ist oft noch wenig los. Erkundigen Sie sich vorher, wann Sie am besten losziehen. Dann ist da zunächst oft ein Türsteher, an dem es vorbeizukommen gilt. Voraussetzung ist, dass Sie den Dresscode des gewählten Lokals kennen und berücksichtigen. Die Edeldiskothek mit hohem VIP-Anteil wird vermutlich um ein sexy-elegantes Outfit bitten. Mit Schlabber-Shirt und Jogginghose brauchen Sie gar nicht erst auftauchen. Überhaupt sind Jeans, Sweatshirt und Turnschuhe in vielen Diskotheken nicht akzeptiert. Damit sind Sie in Kneipen besser aufgehoben. Lässt der Türsteher Sie warten oder verweigert Ihnen den Zutritt, pöbeln Sie ihn nicht an. Auch kumpelhaft-vertrautes Verhalten und das Zustecken eines Geldscheins ist völlig jenseits aller Benimmregeln. Nehmen Sie seine Entscheidung hin. Sie müssen ja nicht zwangsläufig hier Ihren Abend verbringen.

TIPP

In vielen Diskotheken strahlen Schwarzlichtlampen die Besucher an. Wenn Sie mit weißen Tennissocken am Türsteher vorbeigekommen sind, können Sie sicher sein, jetzt von allen anderen Gästen belächelt zu werden – denn Ihre weißen Socken strahlen. Lieber als Mann dunkle → Strümpfe und als Frau Nylons tragen.

Einmal drinnen geht es vor allem um Tanzen, Musikhören und Schauen. Wer sich in Ruhe unterhalten will, ist fehl am Platz. Trotzdem kommt es natürlich vor, dass man mit jemandem ein Wort wechselt. Sprechen Sie laut, schreien Sie demjenigen aber nicht direkt ins Ohr. Flirten ist ebenfalls okay – viele kommen dafür hierher –, darf aber nicht in aufdringliches Anmachen umschlagen. Zum → Alkohol: Auch der gehört zur Diskothek dazu. Allerdings nicht für Autofahrer! Selbst bei Euro- oder Flatratepartys, bei denen entweder jeder Drink einen Euro kostet oder im Eintritt bereits Getränke ohne Limit enthalten sind, trinken Sie bitte nur so viel, wie Sie vertragen.

Distanz

Jeder Mensch hat bestimmte persönliche Distanz- oder auch Raumzonen. Das sind die Zonen um sich herum, in denen er niemanden

D

oder zumindest keine fremde Person haben mag. Diese Bereiche sind von Mensch zu Mensch, aber auch von Kulturkreis zu Kulturkreis unterschiedlich. Im westlichen Europa sind vor allem zwei Zonen von Bedeutung: Die Intimzone ist die engste. Sie reicht vom direkten → Körperkontakt, der Umarmung, bis zu einem Radius von etwa einem halben Meter. Wir akzeptieren in der Regel nur Personen in diesem Kreis, die uns sehr nahestehen. Fremde dürfen unter Umständen für wenige Sekunden oder in bestimmten Situationen in diese Zone eindringen. Es folgt die persönliche Zone, die ungefähr einen Radius von einem halben bis zu einem Meter hat. Das ist etwas mehr als eine Armlänge. Halten Sie diese Distanz bei allen Menschen ein, die Sie noch nicht gut kennen, die in der Hierarchie auf einer anderen Stufe stehen als Sie oder die Sie trotz langer Bekanntschaft auf Distanz halten wollen. Halten Sie generell diese Zonen ein und achten Sie sehr sensibel darauf, welche Bedürfnisse jemand in dieser Hinsicht hat. Wer sehr nah kommt, will entweder Nähe und Vertrautheit signalisieren oder aber seine Überlegenheit zeigen und Sie einschüchtern, indem er Ihre Raumzonen ignoriert. Wer dagegen auf Abstand geht, macht entweder deutlich, dass er Ihnen lieber nicht zu nah kommt, weil er Ihnen möglicherweise nicht traut oder Sie einfach nicht mag. Oder er zeigt seinen Respekt und billigt Ihnen mehr Distanz zu, als eigentlich üblich ist. Lernen Sie, die Unterschiede zu erkennen, die immer durch andere Verhaltensweisen unterstrichen werden. Und unterschreiten bzw. vergrößern Sie den körperlichen Abstand zu anderen nur, wenn Sie bewusst Vertrautheit oder Respekt signalisieren oder den anderen einschüchtern möchten.

Distanzlosigkeit ansprechen

Es gibt Menschen, die mit großer Nähe und → Körperkontakt selbst zu nahezu fremden Personen kein Problem haben. Sie mögen es und denken sich nichts dabei. Das ist in Ordnung. Allerdings nur dann, wenn die Mitmenschen sich nicht unangenehm berührt fühlen. Ist das bei Ihnen der Fall, sagen Sie das demjenigen klar und deutlich. Machen Sie keinen Vorwurf, sondern sagen Sie am besten: „Ich habe es nicht gern, wenn mir jemand sehr nah kommt. Das hat nichts mit dir zu tun, sondern ist bei mir einfach so. Ich wäre dir dankbar, wenn du das respektieren könntest."

Doppelnamen und „von"-Namen

Stellt jemand bei seiner Heirat dem neuen Familiennamen seinen Geburtsnamen voran, so entsteht ein Doppelname. Dieser kann – genau wie ein Name mit einem „von" – lang sein. Beispiele gibt es genug: Von der Vogelweide oder Leutheusser-Schnarrenberger. Generell ist es bei Namen so, dass die Träger in den meisten Fällen großen Wert auf die richtige Schreibweise und Aussprache legen. Für Doppelnamen oder solche mit einem „von", „von der" oder „vom" davor gilt das genauso. Lassen Sie darum nichts weg, sondern sprechen und schreiben Sie den Namen jeweils vollständig. Bei zwei sehr langen Namen, die auch noch miteinander verbunden wurden, ist es gut möglich, dass der dazugehörige Mensch selbst die Geduld verliert und Ihnen anbietet, sich auf den ersten Teil des Namens zu beschränken. Das dürfen Sie von dem Moment an sowohl in der mündlichen als auch in der schriftlichen Ansprache immer tun. Ohne Aufforderung geht jedoch gar nichts. Kommen Sie bloß nicht auf die Idee, danach zu fragen. Nicht einmal auf charmante Art und Weise.

Dresscode

Dresscode lässt sich mit „Bekleidungsvorschrift" übersetzen. Klingt streng, ist es auch. Ist nämlich schriftlich ein solcher Code angegeben, ist er für alle bindend. Auch der mündlich ausgesprochenen Bitte, sportlich-leger oder in → Abendgarderobe zu erscheinen, ist Folge zu leisten. Halten Sie sich an die Vorschriften oder verzichten Sie lieber auf eine Veranstaltung. Im Berufsleben haben Sie keine andere Wahl, als den Dresscode zu beachten.

Duzen

Wenn heutzutage auch schnell mal geduzt wird, gilt noch immer: Erwachsene, die sich nicht kennen oder beruflich miteinander zu tun haben, → siezen sich erst einmal. Ob zum „Du" gewechselt wird, entscheiden beide gemeinsam, jedoch wird im Normalfall einer dem anderen das Du anbieten. Darauf, ob die Dame dem Herrn oder der Herr der Dame das „Du" anbietet, kommt es nicht an, wohl aber auf das Alter. Dabei gilt immer noch, dass der Ältere dem Jüngeren das „Du" anbieten kann. In einer Geschäftshierarchie bietet es der Höhergestellte an – oder eben nicht. Haben Sie vergessen, ob Sie mit einem Geschäftspartner bereits per Du waren, ist es besser, charmant danach zu fragen, als das ganze Gespräch hindurch umständlich um eine direkte → Anrede herumzuformulieren. Niemand muss dem Angebot zu duzen zustimmen. So ziehen Sie sich aus der Affäre: „Ich bin ein wenig konservativ und würde gern bei dem Sie bleiben. Das drückt doch mehr Respekt aus."

TIPP

Alle oder keiner und für immer – so ist das beim Duzen. Wenn Sie jemanden duzen, müssen Sie ihm zugestehen, dass er ebenfalls „Du" sagt. Umgekehrt müssen Sie sich nicht von jemandem duzen lassen, der weiterhin von Ihnen gesiezt werden will. Und: Einmal eingewilligt, bleibt es von nun an beim Duzen. Es bleibt dem Fingerspitzengefühl des Jüngeren bzw. Rangniedrigeren überlassen, das vorübergehende Duzen zu vergessen, wenn es unter Alkoholeinfluss oder in besonderer Stimmung angeboten wurde.

E

Ehrengast

Ein Ehrengast kann zum einen ein Gast aus dem Ausland sein, der einen besonders langen Weg auf sich genommen hat und dafür besonders geehrt wird. Es kann sich aber auch um eine Person des öffentlichen Interesses handeln bzw. um jemanden, der eine bestimmte Leistung erbracht hat. In beiden Fällen kann der Ehrengast eine bevorzugte Behandlung erwarten. Achten Sie aber stets darauf, andere Gäste nicht zurückzusetzen. Für ein bisschen Sonderbehandlung hat jeder Verständnis, solange er dafür keine Nachteile für sich akzeptieren muss. Es beginnt beim Empfang. Kommt die Ehrenperson von weit her, ist es mehr als eine nette Geste, einen Empfang am Bahnhof oder Flughafen zu organisieren. Der Platz für einen Ehrengast im Auto ist grundsätzlich der Beifahrersitz, im Dienstwagen mit Chauffeur ist es der Platz hinten rechts. Lassen Sie aber die Wahl. Handelt es sich um einen Besuch inklusive Übernachtung, ist ein kleines Begrüßungsschreiben auf dem Zimmer nett. Zusätzlich können Sie dort ein kleines Geschenk hinterlegen, das vielleicht thematisch zum Besuchsanlass passt. Auch regionale Spezialitäten, → Blumen, ein Obstkorb und eine kleine feine Getränkeauswahl machen sich sehr gut. Bei dem Programm, an dem Ihr Ehrengast teilnehmen wird, sollte er stets umsorgt sein. Kümmern Sie sich im Vorfeld schon darum, dass er einen guten Platz hat. Achten Sie darauf, dass er genug zu essen und zu trinken hat und in Gespräche einbezogen wird. Handelt es sich um eine prominente Person, gehört auch Schutz, besonders der → Privatsphäre, zu Ihrem Verantwortungsbereich. Stellen Sie einen Raum zur Verfügung, in dem er sich vor der Veranstaltung und zwischendurch aufhalten kann, ohne ständig von anderen Menschen belagert zu werden. Auch der körperliche Schutz ist ein wichtiger Aspekt. Ab einem gewissen Bekanntheitsgrad oder Rang im öffentlichen Leben müssen Sie für Ihren Gast sogar für Sicherheitskräfte und Einlasskontrollen sorgen. Das Wohlergehen ihres Gastes hat immer Priorität.

E

Ehrlichkeit

Klar, man soll nicht → lügen, sondern immer schön die Wahrheit sagen. Das weiß jeder. Leider hat man heutzutage aber oft das Gefühl, der Ehrliche ist der Dumme. Sprüche wie „Glaube keiner Statistik, die du nicht selber gefälscht hast" erwecken den Eindruck, jeder „schummle eben ein bisschen". Da ist doch nichts dabei, oder? Doch! Denn wer unehrlich ist und flunkert, der verliert grundsätzlich Vertrauen. Egal ob Sie mit Freunden, Familie, Kollegen oder Kunden zu tun haben, halten Sie sich immer vor Augen, dass man in Zweifel ziehen wird, was Sie sagen, wenn Sie es schon das ein oder andere Mal mit der Wahrheit nicht so genau genommen haben. Ehrlichkeit ist aber noch mehr. Da wird zum Beispiel über ein Thema gesprochen, von dem Sie nichts verstehen. Sie könnten verschweigen, dass Sie der Konversation gerade nicht folgen können. Würden Sie einfach ab und zu zustimmend nicken oder nachdenklich schauen, würde niemand etwas merken. Besser ist es aber, ehrlich nachzufragen. Haben Sie ruhig den berühmten Mut zur Lücke und stehen Sie dazu. Sie werden nicht selten merken, dass andere in der Runde den Erklärungen, die Sie auf → Nachfragen erhalten, sehr interessiert lauschen, weil sie nämlich auch nicht alles verstanden haben. Es wirkt sehr viel besser, wenn Sie dem → Chef, der das Team zum → Hummer eingeladen hat, sagen, dass Sie noch nie ein solches Schalentier gegessen haben und gerne ein wenig abgucken würden, als wenn Sie Ihren Teller zum Kampfschauplatz machen. Natürlich ist es nicht immer leicht, ehrlich zu sein. Auch wenn jemand unangenehm riecht oder etwas nicht kann, was er aber sehr gut zu beherrschen meint, sagt sich das nicht leicht. Oder wenn Ihnen jemand eine Freude machen will, aber Ihren Geschmack völlig falsch einschätzt. Versuchen Sie, trotzdem bei der Wahrheit zu bleiben. Wichtig ist nur, dass Sie dabei taktvoll sind. Stoßen Sie niemanden vor den Kopf, indem Sie ihm sagen, dass Sie ihn für völlig talentfrei halten. Überlegen Sie sich lieber, was er Ihrer Meinung nach wirklich beherrscht, und führen Sie ihm das vor Augen. Oder sagen Sie ihm, dass er Ihren Geschmack ja nicht so gut kennen konnte, wie sehr Sie aber seine Mühe und die Gedanken, die er sich gemacht hat, zu schätzen wissen.

TIPP

Kein gutes Beispiel: In → Mexiko gibt man höchst ungern zu, wenn man etwas nicht weiß. Fragen Sie etwa, wann denn der Bus in die Stadt fährt, bekommen Sie eine Antwort, selbst wenn der Gefragte keine Ahnung hat. Hier wäre Ehrlichkeit für den Fragenden wesentlich hilfreicher.

Eier

Das gekochte Ei wird in einen Eierbecher gestellt und dann entweder mit dem Löffel vorsichtig geklopft, bis die Schale einbricht oder mit dem Messer geköpft. Letzteres probiert am besten nur derjenige in der Öffentlichkeit, der bereits Übung hat. Die mit dem Messer abgetrennte Spitze abheben oder die Schale bis zur Hälfte entfernen und das Ei auslöffeln. Ein Spiegelei wird in der Pfanne zubereitet. Das Eiweiß stockt dabei, das Gelb bleibt glänzend und flüssig. Eigentlich müsste man das Ei im Ofen zubereiten oder einen Deckel über die Pfanne legen, damit es von beiden Seiten gegart wird. So jedenfalls wird das klassische Spiegelei gemacht, sonst ist es eigentlich ein Setzei. Gegessen wird es auf jeden Fall mit Messer und Gabel. Um das Eigelb, das auf dem Teller zerläuft, genießen zu können, spießen Sie ein Stückchen → Brot auf die Gabel und wischen das flüssige Ei damit auf. Rührei darf nur mit einer Gabel, kann aber auch mit Messer und Gabel gegessen werden. Übrigens: Steht das Ei als „sunny side up“ auf der Karte, ist damit unser herkömmliches Spiegelei gemeint.

Heißt es dagegen „turned over", wurde es nach dem Braten einmal kurz gewendet und auch die Oberseite angebraten. Gegessen wird diese Variante wie üblich.

Eigenlob

Dem Sprichwort nach stinkt Eigenlob. Doch das stimmt nur zum Teil. Die andere Seite ist die, dass niemand sein Licht unter den Scheffel stellen sollte. Also: Wer über besondere Fähigkeiten verfügt oder Besonderes geleistet hat, darf und soll auch darüber reden. Zumindest im Beruf, wo es darauf ankommt, dass Ihre Leistung auch gewürdigt wird. Nur bitte nicht übertreiben. Eine bescheidene Bemerkung nebenbei wirkt besser. Ganz wichtig: Wer sich selbst lobt, muss auch die Leistung anderer sehen und verbal anerkennen.

Eindecken

Zum professionellen Eindecken gehören neben einem Teller oder → Platzteller immer → Besteck und → Gläser. Und zwar sollten für jeden Gang Messer und Gabel bzw. Löffel bereitliegen. Mehr als jeweils drei Messer und Gabeln, ein Löffel und Dessertbesteck sollten es allerdings nicht sein. Das nimmt zu viel Platz weg. Gibt es einen Weiß- und einen Rotwein, gehören dafür unterschiedliche Gläser auf den Tisch, außerdem ein Glas für Wasser. Ein Brot- oder Salatteller steht links vom Hauptteller, ein Messerbänkchen kann zusätzlich, wenn das Besteck für mehr als einen Gang benutzt wird, rechts oben platziert werden.

TIPP

Achten Sie beim Eindecken darauf, dass jeder am Tisch genug Platz und Bewegungsfreiheit hat. 60 Zentimeter in der Breite ist das Minimum, um vernünftig schneiden, essen und trinken zu können. Berücksichtigen Sie dies, wenn Sie Gäste mit mehr Leibesfülle erwarten.

Eindeutigkeit

Im Berufsleben und in privaten Beziehungen ist Eindeutigkeit sehr wichtig. Sie wollen oder können einer Bitte nicht nachkommen oder eine → Einladung nicht annehmen? Dann sagen Sie klar und unmissverständlich ab. Sie möchten jemanden um etwas bitten, oder Sie wollen → Kritik an jemandem üben? Sagen Sie es so, dass die Botschaft auch wirklich ankommt. Andeutungen helfen nicht weiter oder führen zu Missverständnissen. Niemand kann ernsthaft böse sein, wenn ein Mitmensch einen Gefallen verweigert. Hofft er aber bis zuletzt oder verlässt sich gar auf ihn, weil der sein Nein nicht klar formuliert hat, ist Ärger vorprogrammiert. Mit einer Bitte ist es genauso. Erwarten Sie von Ihrem Gegenüber nicht, dass er ein Prophet ist und weiß, was Sie von ihm wünschen. Sagen Sie es ihm klar, damit er eine Chance hat, der Bitte nachzukommen.

Einladung

Es soll gefeiert werden. Natürlich kann eine Einladung mündlich ausgesprochen werden. Dann machen Sie aber unbedingt klar, dass dies verbindlich gemeint ist, indem Sie Datum und Uhrzeit ganz konkret nennen und gleich fragen, ob Sie mit dem Kommen bzw. wann Sie mit einer Antwort rechnen dürfen. Sicherer und auch wertvoller ist die schriftliche Einladung. Sie enthält selbstverständlich auch das Datum, und zwar mit Wochentag, sowie die Anfangszeit der Veranstaltung oder Feier. Schreiben Sie „ab 19 Uhr", ist der Beginn offen. Wollen Sie eine Begrüßungsrede halten oder pünktlich zu einer bestimmten Zeit essen, sollten Sie entweder eine feste Zeit nennen, etwa „um 19 Uhr", oder Sie schreiben: „Ab 19 Uhr. Um 19:30 Uhr erwartet euch ein Drei-Gänge-Menü." Dann gehört natürlich noch der Ort in die Einladung. Falls einer der Eingeladenen ihn nicht kennen könnte, gehört außerdem eine Wegbeschreibung dazu. Manchmal ist es egal, wie viele Personen der Einladung folgen. Gerade bei Polterabenden stellt sich das Paar oft auf zusätzliche Gäste ein oder lädt gar nicht erst ein, weil einfach alle kommen sollen, die mögen. Wollen Sie von der Personenzahl her planen können, schreiben Sie: „Gebt mir/uns bitte bis zum tt.mm.jjjj Bescheid, ob Ihr kommt." Die Abkürzung „U.A.w.g." bedeutet lediglich „um Antwort wird gebeten". Sie schließt keine Frist ein. Das gilt auch für die französische Variante, die bei besonders vornehmen Veranstaltungen vielleicht gewünscht wird: „R.s.v.p. = Répondez s'il vous plaît." Ganz besonders einfach machen Sie es Ihren Gästen, wenn Sie eine Antwortkarte beilegen, die bereits adressiert und frankiert ist. Schließlich gehört noch die Angabe eines → Dresscodes in das Schreiben, wenn Sie einen vorgeben wollen. Sehr sinnvoll ist es auch, ein paar Worte über die Gegebenheiten oder den Verlauf beispielsweise der Hochzeitsfeier anzufügen, falls das für die Gäste interessant sein könnte. Wird draußen gefeiert, können sich die Eingeladenen so darauf einstellen und eine warme Jacke mitbringen. Geht die Veranstaltung früh los, sollten Sie darüber informieren, ob es etwas zu essen gibt. Bei beruflichen Einladungen empfiehlt es sich, einen Programmablauf beizulegen. Geben Sie bei Kongressen oder Konferenzen auch an, für welche Dauer diese geplant sind. Zum Schluss unterschreiben Sie als → Gastgeber die Einladung selbst. Auch ein gedrucktes Schreiben bitte per Hand unterzeichnen.

Einschenken

Die schönsten → Gläser, die höchste Getränkequalität nützen nicht viel, wenn schlampig eingeschenkt wird. Nicht für alle Getränkesorten gibt es feste Regeln. Achten Sie aber darauf, dass Sie nie randvoll gießen. Das Glas muss noch bequem zu bewegen sein, ohne dass es überläuft. Bei Flüssigkeiten mit Kohlensäure immer behutsam vorgehen, um Überschwemmungen zu vermeiden. Drinks, die sehr kalt genossen werden, schenken Sie am besten etwas sparsamer ein, da sie sonst zu schnell warm werden.

TIPP

Beim Eingießen eines Weizenbiers taucht der Flaschenhals immer in das Bier ein. Wischen Sie daher vorher die Flasche mit einem sauberen Tuch gründlich ab.

Umgekehrt sollten auch heiße Getränke nicht zu großzügig eingegossen werden. Sie könnten sonst vor dem Austrinken abkühlen. Im privaten Rahmen kommt es nicht so darauf an. Bewegen Sie sich aber in dienstlichen Kreisen oder wollen einen besonders stilvollen Abend begehen schenken Sie immer von rechts ein. Beim → Bier halten Sie das Glas leicht schräg und gießen es zu einem Drittel voll. Kurz absetzten und warten, bis der Schaum kompakt wird. Dann langsam bis oben füllen, wieder kurz warten und anschließend die Schaumkrone aufsetzen. Weizen- oder Weißbier wird in extra hohen Gläsern serviert. Halten Sie dieses sehr schräg, legen Sie den Flaschenhals an den Rand und gießen Sie langsam ein, bis nur noch ein kleiner Rest Bier in der Flasche ist. Kurz warten, dann die Flasche leicht schwenken, um die Hefe am Boden zu lösen, und den Rest einschenken. Beim → Wein dagegen kommt es zunächst darauf an, die Flasche so zu halten, dass der Gast das Etikett lesen kann. Eine → Serviette um der Weinflasche sieht gut aus und verhindert, dass es auf die Tischdecke oder auf die Kleidung Ihrer Gäste tropft. Entfernen Sie nach dem Öffnen Korkreste. Der erste Schluck gehört in Ihr eigenes Glas, damit Sie mögliche herumschwimmende Korkstückchen abfangen und Temperatur sowie Geschmack überprüfen können. Wenn ein Gast das Aroma prüfen soll, gießen Sie vorher dennoch eine kleine Menge ab, um ihm keinen Kork zuzumuten. Lassen Sie das Glas immer auf dem Tisch stehen, der Flaschenhals berührt das Glas nicht. Gießen Sie höchstens drei viertel voll, bei großen Rotweinkelchen immer deutlich weniger. Wollen Sie → Sekt oder → Champagner einschenken, nehmen Sie die Gläser übrigens in die Hand. Öffnen Sie die Flasche, indem Sie sie leicht schräg halten und ein Tuch über den Korken legen. Beachten Sie die richtige Reihenfolge beim Einschenken: Den Damen werden zuerst die Gläser gefüllt. Sind mehrere Frauen anwesend, bekommt die Älteste oder Ranghöchste zuerst etwas. Es wäre jedoch unsinnig, hin und her zu laufen, um erst der Ältesten, am Schluss der Jüngsten und dann den Männern einzugießen. Beginnen Sie bei der entsprechenden Dame, und versorgen Sie dann der Reihe nach alle Frauen und anschließend alle Männer. Bei Heißgetränken ist es so, dass die Tassen auf dem Tisch stehen bleiben. Reicht Ihnen jemand formvollendet seine Tasse inklusive der Untertasse, lassen Sie sie dort und heben sie nicht etwa an.

E

Einstand

Der Einstand ist eine Feierlichkeit, mit der ein neuer Mitarbeiter seinen Eintritt in die Firma begeht. Er ist die Gelegenheit, einander ein wenig kennenzulernen. Wie die Feier letztendlich gestaltet wird, hängt von vielen Faktoren ab. Handelt es sich um eine große oder kleine Firma bzw. Abteilung? In welcher Branche arbeiten Sie? Hier einige allgemeine Regeln: So ist der erste Arbeitstag kein guter Termin. Warten Sie lieber zwei bis drei Wochen. Sie haben dann schon die Chance, Umgangston und üblichen → Dresscode zu durchschauen. Loten Sie aus, wie üblicherweise ein Einstand im Unternehmen aussieht, und klären Sie, ob Sie das kleine Fest innerhalb der Arbeitszeit und am Arbeitsplatz veranstalten dürfen. Ein wichtiger Punkt ist, wer eingeladen werden muss. Sind es nur die Kollegen aus der Abteilung oder haben Sie in Zukunft regelmäßig mit Kollegen anderer Bereiche zu tun, die Sie gern kennenlernen würden? Übrigens: Ein wirkliches Fest ist der Einstand nicht. Man steht oder sitzt beieinander, knabbert und trinkt etwas und redet zum Beispiel darüber, wo der Neue zuvor beschäftigt war, wie er sich eingelebt hat und was in der Abteilung gerade wichtig ist. Übertreiben Sie nicht. Wenn Brötchen oder Kuchen üblich sind, lassen Sie keine Häppchen vom besten Catering-Service der Stadt auffahren. Wenn → Alkohol erlaubt ist, können Sie einen → Sekt spendieren. → Kaffee oder Kaltgetränke sind immer okay.

Einstecktuch

Das Einsteck- oder Kavaliertuch, der Franzose nennt es “Pochette“, ist ein rein dekoratives Accessoire und erfüllt keine Funktion. Am elegantesten ist es in Weiß oder cremefarben. Soll der Stoff gemustert sein, muss er unbedingt zur → Krawatte bzw. dem → Hemd passen. Zur Seidenkrawatte passt am besten ein Einstecktuch aus mattem Leinen. Ist die Krawatte aus Baumwolle, nehmen Sie ein Tuch aus Seide. Getragen wird es in der Brusttasche des → Jacketts. Es gibt für verschiedene Anlässe verschiedene Falttechniken. Universell ist die Dreiecksfaltung, bei der das Tuch als Dreieck aus der Tasche schaut. Übrigens sind immer etwa drei Zentimeter des Tuches zu sehen. Mehr nicht.

Eis

Cremiges Sahneeis oder erfrischendes Wassereis wird in der gehobenen Gastronomie in der Schale oder dem Becher serviert. Es wird gelöffelt. Das Eis am Stiel oder in der Waffeltüte schmeckt zwischendurch natürlich auch immer bestens. Setzen Sie sich auf eine Bank oder stellen Sie sich irgendwo an die Seite, um es zu genießen. Weniger günstig ist es, damit durch die Gegend zu laufen und womöglich andere Menschen zu beschmutzen. Wickeln Sie von vornherein eine → Serviette um Stiel oder Waffel, damit das schmelzende Eis nicht auf Ihre Finger laufen kann. Essen Sie einen Eisbecher mit Zutaten, werden alle mit dem Löffel gegessen. Einzig Waffeln werden in die Hand genommen. Einmal abgebissen, sollten Sie diese nicht wieder in das Eis tauchen.

E-Mail

Die „electronic mail", also elektronisch beförderte Nachricht, eignet sich ideal für die schnelle Kommunikation. Das bedeutet aber, dass Sie Ihr Postfach regelmäßig prüfen und Post gegebenenfalls beantworten sollten. Dabei gelten ähnliche Regeln wie auch beim altbewährten → Brief. → Anrede und ein Gruß zum Schluss sind auf jeden Fall Bestandteil. Im → Betreff steht eine kurze Formulierung, die dem Empfänger die Zuordnung erleichtert – auch wenn es schnell gehen soll: Vor dem Absenden immer noch einmal Korrektur lesen. Wird das Postfach nicht nur für private Nachrichten genutzt, sollte die Adresse nicht zu „spaßig" sein. Nutzen Sie auch Emoticons ausschließlich und nur sparsam in privaten Mails. Sollen Anhänge, Textdokumente oder Bilder verschickt werden, auf eine maximale Größe von 1 MB achten oder den Empfänger vorher fragen, welche Datengröße er problemlos empfangen kann.

SPEZIAL

Kommunikation

Es ist wahr: Man kann nicht nicht kommunizieren. Achten Sie also auch auf die nonverbalen Signale, die Sie aussenden. Denn Ihre → Körpersprache können Sie steuern. Halten Sie beispielsweise → Blickkontakt, blicken Sie Ihr Gegenüber freundlich an, ohne zu starren. Das signalisiert Interesse. Nehmen Sie Haltung an: Sitzen oder stehen Sie aufrecht und locker. Und überhaupt – verkrampfen Sie nicht. Ihre Hände sollten locker sein, und auch die Zähne sollten Sie besser nicht aufeinanderbeißen, das wirkt sofort angespannt. Und → lächeln Sie! Das ist freundlich und hilft immer weiter. Auch → Stimme und Aussprache sind wichtig: Egal ob am Telefon oder im direkten Gespräch – sprechen Sie immer deutlich, und achten Sie darauf, dass sich Ihre Stimme nicht überschlägt.

Höflichkeit ist bei jeder Form von Kommunikation gefragt – ob im Gespräch, beim → Telefonieren oder schriftlich per → Brief, → Fax oder → E-Mail. Halten Sie die grundlegenden Formvorgaben ein, und bringen Sie ihr Anliegen auf den Punkt – dann wird Ihre Botschaft auch richtig beim Empfänger ankommen. Und noch etwas: Man muss nicht immer und überall erreichbar sein. Das → Handy kann ruhig öfter mal ausgeschaltet werden. Es ist sehr unhöflich, wenn man ein Gespräch ständig unterbricht, um Telefongespräche anzunehmen. Denn so bekommt der Gesprächspartner den Eindruck, dass Sie nicht voll bei der Sache sind.

Checkliste Kommunikations-Knigge

- Auf eigene Körpersprache achten und diese gezielt anwenden können.
- Die Körpersprache der anderen aufmerksam beobachten und richtig deuten können.
- Bei jeder Form von Kommunikation freundlich sein und höflich bleiben.
- Das, was man sagen möchte, auf den Punkt bringen.
- Formvorgaben beim Schreiben von Briefen, Faxen und E-Mails einhalten.
- Bei Verwendung von E-Mail, Internet und Co. auf die Netiquette achten.
- Direkte Kommunikation nicht zugunsten von Anrufen auf dem Handy vernachlässigen.
- Ihren Gesprächspartnern stets die volle Aufmerksamkeit schenken.
- Eingehende E-Mails, Briefe und Faxe in angemessener Zeit bearbeiten und beantworten.

Emoticon

Die kleinen Smiley-Gesichter sollen zeigen, ob eine Aussage in → E-Mails augenzwinkernd gemeint ist. Außerdem verdeutlichen sie die Freude oder Wut des Schreibers und geben der elektronischen Nachricht den Pfiff. Vorsicht: Im Berufsleben haben sie nichts zu suchen. Es sei denn, es handelt sich um eine Branche, in der ein sehr lockerer Umgangston an der Tagesordnung ist oder um einen Empfänger, den Sie sehr gut kennen.

Energie sparen

Auch Energiesparen gehört heutzutage zum guten Ton. Immerhin geht es um den Verbrauch von Allgemeingut. Deshalb bitte kein Wasser unnötig laufen lassen, Geräte immer vollständig ausschalten, statt sie im Stand-by-Betrieb zu belassen, Energiesparlampen bevorzugen und lieber im Winter einen Pullover tragen und die Heizung zwei oder drei Grad herunterdrehen, als im T-Shirt oder in der kurzen Hose durch die Wohnung zu laufen und mehr zu heizen. Während des Lüftens wird die Heizung übrigens komplett ausgedreht. Und die Kühlschranktür bitte nur kurz öffnen, um etwas herauszunehmen. Siehe auch → Auto und → Umweltverhalten.

TIPP

Was Energie spart, spart fast immer auch Geld. Wenn Sie nicht gleich etwas Neues kaufen, sondern Gegenstände lange verwenden, spart das Material und schont Ihr Portemonnaie. Wer Lebensmittel wegwirft, wirft bares Geld weg und belastet die Umwelt.

Ente

Interessant für die Bestellung: Das Fleisch der weiblichen Ente ist saftiger, das des männlichen Tieres dafür kräftiger im Geschmack. Generell handelt es sich um ein recht fettes → Geflügel. Gegessen wird es grundsätzlich mit Messer und Gabel, auf keinen Fall aber mit den Fingern.

Entschuldigung

Die erste Regel heißt: Lieber einmal zu viel als zu wenig entschuldigen. Die zweite: Entschuldigen Sie sich von sich aus, wenn Sie einen Fehler gemacht haben. Warten Sie nicht darauf, ob man Sie zur Rede stellt bzw. zu einer Entschuldigung drängt. Die Art und Weise hängt davon ab, wofür Sie um Verzeihung bitten müssen. In den meisten Fällen reicht eine mündliche Entschuldigung. Je unbedeutender der Anlass, desto besser eignet sich die Situation für etwas → Humor.

TIPP

Hat sich jemand bei Ihnen beschwert, will er keine Rechtfertigung oder Ausreden hören. Eine Entschuldigung, eventuell eine Erklärung, wenn diese wirklich sinnvoll ist, das reicht. Es ist übrigens nicht nötig, vollständig zu Kreuze zu kriechen. Jeder macht mal einen Fehler. Ihn zu beheben und sich zu entschuldigen, gehört zum guten Ton. Unterwürfigkeit dagegen macht einen schlechten Eindruck.

Nehmen Sie sich selbst aufs Korn. Das sollte man allerdings nicht tun, wenn man sein Gegenüber nicht kennt oder wenn der Anlass des Ärgers schwerwiegender ist. Hat der Patzer einen Schaden angerichtet, jemanden sehr verletzt, oder ist er im beruflichen Umfeld geschehen, dann ist eine schriftliche Entschuldigung angebracht. Denken Sie dann sogar über ein kleines → Versöhnungsgeschenk oder eine Entschädigung nach. Dass der entstandene Schaden behoben bzw. dafür aufgekommen werden muss, versteht sich von selbst.

Erbsen

Erbsen werden auf die Gabel geschoben und dann vorsichtig zum Mund geführt. Damit sie nicht vom Besteck rutschen, einfach zusammen mit anderen Speisen, wie zum Beispiel → Kartoffel mit → Soße, aufgabeln.

Erdbeere

Die rote, saftige Frucht wird nur in die Hand genommen, wenn der Stiel zum Anfassen vorhanden ist. Ansonsten mit Dessertlöffel oder -gabel zum Mund befördern.

Erster Eindruck

Der erste Eindruck entsteht in aller Regel aufgrund des Äußeren und

E

eventuell noch der → Stimme oder womöglich des Geruchs. Das dauert nicht einmal eine Minute. Sitzt die Frisur, ist die Kleidung konservativ oder sehr bunt und schrill, was verrät die → Körperhaltung, riecht derjenige angenehm oder nicht?

TIPP

Gilt es, bei jemandem einen besonders guten Eindruck zu hinterlassen, versuchen Sie, etwas über diese Person herauszufinden. Handelt es sich um einen Fußballfan, tragen Sie dezent einen Sticker von einem Fußballverein an der Tasche oder Jacke. Mag derjenige keine langen → Haare, brauchen Sie Ihre Haarpracht nicht gleich abschneiden. Aber stecken Sie sie zu einer optisch kurzen Frisur.

Es ist eine ganze Reihe von Eindrücken, die zusammen das Bild ergeben, das ein Mensch sich von seinem bisher fremden Gegenüber macht. Ist ein Aspekt sehr dominant, etwa lange → Haare und ein zauseliger Bart bei einem Mann oder extrem dickes → Make-up bei einer Frau, so verdeckt dieser alle anderen Aspekte und macht den Gesamteindruck aus. Außerdem prägt der erste Eindruck die gesamte folgende Beziehung. Darum ist es wichtig, sich ganz bewusst auf ein wichtiges erstes Treffen vorzubereiten.

Eskalation vermeiden

Wo Menschen aufeinandertreffen, gibt es auch immer mal Unstimmigkeiten und Streit. Ob nun zu Hause mit dem Lebenspartner oder am Arbeitsplatz, versuchen Sie überall, eine Eskalation zu vermeiden. Lassen Sie aus einer Meinungsverschiedenheit keinen Streit und aus einer verbalen Reibung keine Handgreiflichkeit werden. Das ist manchmal gar nicht so einfach, denn es gibt Menschen, die „auf Krawall gebürstet“ sind, Personen, die sich quasi über Kämpfe definieren. Die Schwierigkeit liegt oft auch darin, dass eine Provokation oder ein Angriff völlig unvorbereitet kommt. Bevor Sie etwas sagen, was Sie nicht meinen, oder was falsch verstanden werden könnte, überbrücken Sie mit zweisilbigen Kommentaren ohne Inhalt, wie „Aha“ oder „Na dann“. Damit gewinnen Sie Zeit, stimmen Ihrem Kontrahenten nicht zu, bieten ihm aber auch keine inhaltliche Angriffsfläche. Vorsicht: Bei Vorgesetzten könnte diese Taktik als Respektlosigkeit ausgelegt werden. Die zweite Strategie lautet: sachlich bleiben. Lassen Sie sich nicht mitreißen, und werden Sie nicht emotional. Argumente helfen eher. Wenn Sie zu aufgeregt sind, um sachlich zu argumentieren, bitten Sie sich Zeit aus. Sagen Sie, dass Sie den Ton für nicht angebracht halten und keinen unnützen Streit, sondern sinnvolle Lösungen wollen. Schlagen Sie vor, später in Ruhe weiterzureden. Handeln Sie im Zweifelsfall ruhig nach dem Motto: „Der Klügere gibt nach." Ganz wichtig: Nehmen Sie Angriffe nicht persönlich, und reagieren Sie auch nicht mit persönlichen Angriffen. Wärmen Sie keine alten Geschichten auf, die neuen Zündstoff in die Situation bringen. Und: Verallgemeinern Sie nicht. Sätze, wie „Mit dir kann man ja nie reden" oder „Du achtest doch sowieso immer auf deinen Vorteil" sind die besten Brandbeschleuniger, wenn Sie es auf eine Explosion anlegen. Stellen Sie Ihr Gegenüber auf keinen Fall bloß. Vermeiden Sie es, weitere Personen in den Konflikt einzubeziehen. Übrigens: Um von Ihrer Seite das Risiko einer Eskalation bei angekündigten Konfliktsituationen von vornherein möglichst gering zu halten, sollten Sie unbedingt positiv in diese hineingehen.

Espresso

Kleiner, sehr starker → Kaffee. Er wird mit oder ohne Zucker nach dem Essen getrunken. Meist wird ein Glas Wasser dazu serviert.

Essen unterwegs

Auf Stadtfesten, Märkten oder beim Einkaufsbummel werden viele schnelle Köstlichkeiten angeboten, die rasch unterwegs gegessen werden können. Von der Bratwurst bis zur Pizza gibt es alles „auf die Hand". Aber Achtung: Zwar ist das Mitnehmen praktisch, doch sollte nicht „im Galopp" gefuttert werden. Schnell landet die Gurke des Hot Dogs auf der Jacke eines

Passanten. Besser: Dezent an den Rand gehen und essen, dann weiter durch die Menge eilen.

Essensrest

E

Es gab Zeiten, da gehörte es zum guten Ton, einen sogenannten Anstandsrest auf dem Teller zu lassen. Das ist heute nicht mehr so. Was zurückgeht, landet im Müll. Daran sollte man immer denken und möglichst wenig Essensreste „produzieren". Selbst die Salatgarnitur ist zum Essen da. Gleichzeitig ist aber auch der strenge Grundsatz „Was auf dem Teller ist, wird gegessen" überholt. Wer satt ist oder etwas überhaupt nicht mag, braucht sich nicht quälen.

Estland

Zwischen 1941 und 1944 war Estland von deutschen Truppen besetzt. Da es durchaus noch viele Überlebende dieser Zeit gibt, sollten Deutsche sich besonders zurückhaltend präsentieren und Verständnis für Ablehnung oder zumindest Skepsis mitbringen. Allgemein sind die Esten jedoch freundlich, wenn auch ein wenig scheu. Im Restaurant werden Sie bedient, wie Sie es aus anderen Ländern kennen. Für Cafés gilt das nicht. Dort ordert man am Tresen und nimmt das Bestellte selbst mit an seinen Platz. Rechnen Sie nicht damit, dass ein Einheimischer Sie darauf aufmerksam macht, wenn Sie wartend am Tisch sitzen. Man ist zu schüchtern, um einen Fremden anzusprechen. Sind Sie geschäftlich im Land unterwegs oder lernen doch nach einiger Anlaufzeit privat Esten kennen, ist der → Handschlag die übliche Begrüßung. Sie sollten ein wenig über Kultur und Geschichte wissen, denn darauf ist man sehr stolz. Machen Sie sich also keinesfalls lustig, sondern zeigen Sie Interesse.

TIPP

In Großstädten sollten Sie nicht Ihre Handtasche oder Geldbörse offen herumliegen lassen. Wo viele Menschen und besonders Touristen sind, sind auch Gauner. Doch in Estland ist dort auch die Präsenz von Polizei und Sicherheitsleuten hoch. Im europaweiten Vergleich ist die Kriminalität im Land sehr gering.

F

Fachwörtergebrauch

Der Gebrauch von Fachwörtern, die nur von einer bestimmten Gruppe verstanden werden, ist zu vermeiden oder stark einzuschränken. Es ist unhöflich, Menschen auszugrenzen, die bestimmte Vokabeln nicht kennen und auch nicht kennen können. Lässt sich die Anwendung von Fachvokabular nicht umgehen, sollte eine einfache, kurze Erklärung selbstverständlich sein. Achten Sie dabei darauf, nicht arrogant zu wirken. Im Zweifel fragen Sie kurz, ob ein Begriff bekannt ist. Anders ist es natürlich unter Fachleuten. Mediziner dürfen selbstverständlich ihre Fachwörter gebrauchen, wenn sie unter sich sind.

Faden verlieren

Wer häufig vor anderen Menschen sprechen muss, kennt das Problem des Blackouts. Plötzlich stockt der Redefluss, der Faden ist weg. Jetzt ist → Ehrlichkeit gefragt. Ein schlichtes „Jetzt habe ich gerade den Faden verloren" kommt besser an, als der Versuch, die Situation zu überspielen. Meistens funktioniert das nicht. Noch besser, wenn Sie humorvoll reagieren können. Zum Beispiel: „Falls hier jemand einen Faden liegen sieht, bitte mir geben. Ich habe ihn nämlich leider gerade verloren."

TIPP

Je besser Sie sich auf einen Vortrag oder eine Rede im privaten Rahmen vorbereiten, desto kleiner ist die Gefahr, den Faden zu verlieren. Lesen Sie den Text nicht nur stumm mehrfach durch, sondern sprechen Sie ihn laut mit Betonung. So kann er sich besser setzen.

Fahrstuhlverhalten

Beim Betreten eines Fahrstuhls werden bereits Anwesende gegrüßt. Ist der Lift schon voll, nicht um jeden Preis hineindrängeln, sondern lieber auf den nächsten warten. Steigt jemand zu, wird ein Schritt zur Seite gemacht, um dem „Neuen" einen bequemen Stand ohne unerwünschten → Körperkontakt zu ermöglichen.

F

Farbwahl

Im Berufsleben gelten recht klare Regeln: Gedeckte Farben sind angesagt. Je höher jemand in der Firmenhierarchie steht, desto dunkler sollte seine Kleidung sein. Im privaten Umfeld und auch in Branchen, die weniger konservativen Grundsätzen folgen, sieht das anders aus. Erlaubt ist, was gefällt, trifft aber auch nicht uneingeschränkt zu. Natürlich sollen Sie sich in Ihrer Kleidung wohlfühlen und auch Ihren eigenen Stil darin ausdrücken. Andererseits sollen die Farben natürlich auch zu Ihrem Typ, also zu Haar-, Haut- und Augenfarbe passen. Außerdem müssen Sie sich bewusst sein, dass Sie mit Ihrer Farbwahl Signale senden. Es hat Vorteile, wenn Sie diese auch kennen und dahinterstehen. Grelle, extrem intensive Farben ziehen beispielsweise den Blick auf Sie. Möchten Sie eher im Hintergrund bleiben, treffen Sie damit die falsche Wahl. Wer umgekehrt gesehen werden und im Gedächtnis bleiben will, greift lieber nicht zu gedeckten Tönen oder Grau in Grau.

TIPP

Zu Fast Food wird meist gegriffen, wenn es schnell gehen soll. Entsprechend zügig wird die Nahrung auch verschlungen. Achtung: Das sieht nicht nur unappetitlich aus und erhöht das Kleckerrisiko, sondern es schadet auch noch der Gesundheit.

Fast Food

Bei Fast Food, also „schneller Nahrung", handelt es sich um Speisen, die innerhalb kürzester Zeit zubereitet werden. Viele Ketten haben Burger auf Vorrat fertig, sodass Sie gar nicht warten müssen. Auch Bratwurst und Hot Dog können oft sofort über die Theke wandern. Ansonsten dauert es bei der Bestellung von Currywurst & Co. durchschnittlich nicht länger als zehn Minuten, bis der Konsument zu essen anfangen kann. Nicht alles, was so schnell zum Verbraucher kommt, ist automatisch von minderer Qualität. Denken Sie zum Beispiel an frischen oder geräucherten Fisch im Brötchen. Fast immer werden die flotten Speisen aber in Einwegverpackungen verkauft. Auch aus umwelttechnischen Überlegungen sollten Sie den Konsum von Fast Food eventuell einschränken. Auf jeden Fall gehört die Verpackung nach dem Essen in den Mülleimer und wird nicht einfach aus dem Autofenster geworfen oder liegen gelassen, wie es leider oft zu beobachten ist. Darüber hinaus ist nicht viel zu beachten. Fast Food darf in der Regel immer mit den Fingern gegessen werden, wobei Sie die kleinen Plastik- oder Holzgabeln mit zwei Zinken ruhig für Pommes frites und geschnittene Currywurst benutzen sollten, um klebrige und fettige Finger zu vermeiden.

Fax

Das Fax ist gewissermaßen der Vorläufer der → E-Mail. Sie brauchen Ihre Nachricht jedoch nicht zwingend auf Briefpapier mit vollständigem Absender schreiben. Ansonsten wird das Fax so aufgebaut und geschrieben wie ein normaler → Brief. Denken Sie unbedingt daran, dass Sie keine vertraulichen Informationen faxen, da diese offen aus dem Gerät des Empfängers flattern. Das geht also nur, wenn Sie wissen, dass ausschließlich der Adressat Zugang dazu hat. Für die Lesbarkeit ist ein kräftiger Druck oder Stift wichtig. Markierungen mit einem Leuchtstift erscheinen auf dem Fax als schwarze Balken, machen also markierte Textpassagen unleserlich.

TIPP

Endlos-Faxe vermeiden! Schicken Sie nur dann viele Seiten, wenn es gar nicht anders geht. Klären Sie am besten vorher mit dem Empfänger, ob das in Ordnung ist, und geben Sie ihm die Chance, rechtzeitig Papier nachfüllen zu können.

Fehler

Jeder Mensch macht Fehler. Ausnahmen gibt es nicht. Bleiben Sie also locker, wenn Ihnen einer unterläuft. Entschuldigen Sie sich, beheben Sie ihn, wenn das möglich ist, und gehen Sie dann zur Tages-

F

ordnung über. An grundsätzlichen Fehlern, wie Unpünktlichkeit oder Unzuverlässigkeit, sollte jeder arbeiten. Was jedoch einen einmaligen Fauxpas betrifft, richten Sie Ihren Blick lieber in die Zukunft und vergessen ihn ganz schnell. Umgekehrt ist es übrigens genauso. Ist jemandem ein Fehler unterlaufen, haben Sie einfach dafür Verständnis, anstatt ihn an die große Glocke zu hängen.

Feige

Feigen werden oft schon halbiert oder geviertelt serviert. Ist das nicht der Fall, schneiden Sie sie mit dem Dessertbesteck einmal durch und löffeln das körnige Fleisch aus. Sie können die lila oder grüne Frucht auch aufspießen, die äußere Haut vorsichtig entfernen und dann das Fleisch mit Messer und Gabel essen.

Fettnäpfchen

Sie sprechen jemanden mit falschem Namen an oder ziehen über die dicke Frau im Schwimmbad her, ohne zu ahnen, dass Sie mit ihrem Sohn reden. Fettnäpfchen lauern überall. Im Grunde ist es ähnlich wie mit den → Fehlern. Entschuldigen Sie sich, und gehen Sie schnellstens darüber weg. Wird über Sie und Ihr Fettnäpfchen gelacht, stimmen Sie am besten kurz mit ein. Nicht immer ist es einem bewusst, dass man gerade einen Sprung in einen Fettnapf gemacht hat. Bei dem Beispiel aus dem Schwimmbad ist schließlich nicht gesagt, dass der Sohn seine Mutter direkt vorstellt. Gut möglich, dass er einfach nur stiller wird oder plötzlich unfreundlicher ist als zuvor. In solchen Situationen ist Taktgefühl gefragt. Finden Sie heraus, warum jemand von einem Moment auf den anderen „umschaltet", und entschuldigen Sie sich, wenn Sie wissen, was los ist.

Feuer geben

Früher gaben selbstverständlich nur Männer den Frauen Feuer. Und dann bitte mit einem edlen, möglichst individuell gravierten, Feuerzeug. Heutzutage können auch Frauen Männern Feuer geben. Die Betonung liegt auf „geben". Jemandem einfach Streichhölzer oder ein Feuerzeug in die Hand zu drücken, ist nicht die feine Art. Übernehmen Sie das Entzünden selbst und halten Sie, wenn es windig ist, Ihre zweite Hand zum Schutz um die Flamme.

Feiertage

Erkundigen Sie sich vor dem Besuch einer Region oder eines Landes nach politischen und religiösen Feiertagen. Falls Sie dort Geschäfte machen oder etwas besichtigen wollen, kann es an diesen Tagen zu Einschränkungen und damit zu Unzufriedenheit kommen. Informieren Sie sich auch über passende Verhaltensweisen. Nationalfeiertage werden oft fröhlich und laut begangen, und Fremde sind dabei herzlich willkommen. Anders kann es bei religiösen Anlässen sein. Zeigen Sie auf jeden Fall Respekt und verhalten sich dezent, wenn es gefragt ist.

Fingerfood

Geht es rustikal zu, ist meist klar, dass Würstchen oder Pommes in die Finger genommen werden

TIPP

Diese Feiertage sollten Sie auf jeden Fall kennen:
Jom Kippur ist ein bedeutender jüdischer Feiertag und findet im September oder Oktober statt. Es ist ein Fastentag, an dem auf keinen Fall gearbeitet wird.
Im → Islam ist der erste Tag des Fastenbrechens nach dem Ramadan wichtig. Er heißt Zuckertag. Die Muslime besuchen die Moschee, ihre Toten auf dem Friedhof und dann Freunde und Familie. Gemeinsam werden, vor allem süße, Speisen eingenommen. Der zweite Tag ist der Höhepunkt der Wallfahrt nach Mekka. An diesem sogenannten Opfertag töten viele Muslime ein Schaf.
Vesakh ist das wichtigste Fest der Buddhisten. Es wird meist im Mai, selten auch Anfang Juni gefeiert.
Fronleichnam ist neben Ostern und Weihnachten ein wichtiges christliches Fest, das am Donnerstag nach dem Dreifaltigkeitsfest zwischen dem 21. Mai und 24. Juni gefeiert wird. In katholischen Gegenden gibt es Prozessionen.
Hier einige Nationalfeiertage: Frankreich – 14. Juli; Irland – 17. März; Italien – 25. April und erster Sonntag im Juni; Schweiz – 1. August.

dürfen. In feineren Restaurants oder auf Empfängen erkennen Sie Fingerfood daran, dass kein Besteck angeboten wird. Dafür steht eine Schale mit Wasser und meist etwas Zitrone zum Fettlösen darin bereit. Oder es werden kleine, einzeln verpackte Reinigungstücher zur Verfügung gestellt. Auch wenn es stets rustikal wirkt, wenn Essen in die Hand genommen werden darf, bitte nicht die Finger ablecken oder die vor Soße triefende Gurkenscheibe aus dem Hot Dog mit den Fingern in den Mund befördern.

Fingernägel

Ob lang oder kurz, rund oder eher eckig geschnitten, ist eine Frage der Mode und des eigenen Geschmacks. → Sauberkeit ist dagegen Pflicht. Abgekaute Nägel machen einen ebenso schlechten Eindruck wie solche, von denen der Lack bereits stellenweise abgeplatzt ist. Übrigens ist es schlechter Stil, sich in der Öffentlichkeit die Nägel zu säubern oder zu feilen.

Fingerschale

Sie wird zu allen Gerichten gereicht, die mit den Fingern gegessen werden dürfen. Oft ist eine Scheibe Zitrone im Wasser, damit das Fett von der Haut gelöst wird. Tauchen Sie die Finger in die Schale und reiben Sie sie aneinander. Das Wasser dann vorsichtig über der Schale abschütteln, ohne die Umsitzenden zu bespritzen. Die Finger anschließend mit der → Serviette oder, wenn vorhanden, mit dem eigens dafür angebotenen Tuch abtrocknen.

Finnland

Skandinavier bestehen auf Pünktlichkeit, die Finnen ganz besonders. Sie sind hartnäckig, sehr sozial eingestellt und lassen sich Zeit beim Sprechen. Fallen Sie einem Finnen dann keinesfalls ins Wort, sondern warten Sie seine langen Pausen geduldig ab. Allgemein wird es nicht sehr geschätzt, wenn jemand wie ein Wasserfall redet. Begrüßungen verlaufen wie in Deutschland. Die zum Beispiel in Frankreich beliebten Wangenküsse sind vollkommen unüblich. Was Kleidung anbelangt, können Sie sich ebenfalls an in Deutschland üblichen Regelungen orientieren. Herren tragen in guten Restaurants bitte eine → Krawatte. Apropos Essen: In Finnland sollten Sie gar nichts mit den Fingern und nichts auf offener Straße essen. Eine Einladung in die → Sauna ist weder ungewöhnlich noch anstößig. Wenn Sie absagen wollen, sollten Sie sich eine plausible Erklärung überlegen, anstatt sich einfach zu zieren oder zu erwähnen, dass Sie Sauna nicht mögen. Trinkgeld ist in Preisen enthalten und wird nicht gezahlt. Der 50. Geburtstag ist der vielleicht wichtigste Tag im Leben des Finnen. Vergessen Sie ihn also bloß nicht und überreichen Sie eine Kleinigkeit.

Firmenwagen

Ein Firmenwagen ist nicht nur ein Prestigeobjekt, sondern mehr und mehr auch eine Möglichkeit für Firmen, gute Mitarbeiter zu locken und zu halten. Klären Sie die Bedingungen vor Übernahme des Autos genau. Sie müssen wissen, ob Sie es nur für Dienstfahrten oder auch privat, und wenn ja, zu welchen Konditionen, benutzen dürfen. Vollkommen unstrittig ist, dass Sie mit dem Fahrzeug gut umzugehen haben. Es ist nicht Ihr Eigentum und sollte sauber gehalten und gepflegt werden. Denken Sie daran, dass jederzeit ein Kollege oder vielleicht sogar der → Chef bei Ihnen einsteigen könnte. Vorbildlich sollten Sie sich auch im Straßenverkehr immer verhalten. Wenn auch in Europa, wie häufig in den → USA, Telefonnummern, bei denen andere, über Ihren Fahrstil verärgerte Verkehrsteilnehmer anrufen können, noch nicht auf Dienstwagen prangen, macht es doch keinen guten Eindruck, wenn Sie zweimal in der Woche ein Knöllchen bekommen. Das landet nämlich in der Firma.

Fisch

Wer Fisch oder Meerestiere isst, hat oft Abfall, wie Gräten, Schalen und Flossen. In Restaurants bekommen Sie meist einen Extrateller, der nur dafür bestimmt ist, oder der eigentliche Speiseteller ist so groß, dass Sie die Abfälle bequem am Rand lassen können. Filet zu essen, ist kein Problem. Allerdings nur, wenn der Fisch gründlich filetiert wurde. Geraten Ihnen trotzdem

F

einmal Gräten zwischen die Zähne, die nicht so weich und klein sind, dass man sie gefahrlos schlucken kann, schieben Sie diese mit der Zunge behutsam an die Lippen. Versuchen Sie, die Gräte mithilfe der Zunge von etwaigen anderen Speisebestandteilen zu befreien. Große Exemplare werden auf die dicht unter die Lippen gehaltene Gabel geschoben und dann auf den Tellerrand gelegt. Kleinere Gräten müssen Sie mit Daumen und Zeigefinger greifen, nachdem sie ein Stück aus dem Mund schauen. Sorgen Sie immer dafür, dass die Plagegeister unauffällig vom Mund zum Tellerrand gelangen. Nur gebratener oder gekochter Fisch wird übrigens immer mit Fischbesteck gegessen. Für Räucherware oder marinierte Fische verwenden Sie die herkömmliche Gabel mit passendem Messer. Schalentiere verlangen nach speziellem Besteck. Siehe dazu → Hummer oder → Garnelen.

Fischbesteck

Zu erkennen ist das Fischbesteck an dem stumpfen breiten Messer, das mehr zum Schieben als zum Schneiden gedacht ist. Es kommt bei gekochtem, gebratenem oder gegrilltem Fisch, nicht aber bei Fischstücken, Rollmops und Ähnlichem zum Einsatz. Siehe → Fisch.

Fleischspieß

Ein Fleisch- oder auch Fischspieß ist eine kleine Herausforderung. Nehmen Sie ein Ende in die Hand, und stellen Sie das andere, spitze auf den Teller. Dann schieben Sie das unterste Stück vorsichtig mit der Gabel vom Spieß. So verfahren Sie am besten bis alle Stückchen auf Ihrem Teller liegen. Nun kann der Stab auf dem Tellerrand oder einem extra Abfallteller deponiert und die einzelnen Stücke können mit Messer und Gabel gegessen werden.

Flexibilität

Flexibel statt stur zu sein, erleichtert das Zusammenleben vieler Menschen ungemein. Versuchen Sie daher, sich auf neue Situationen einzustellen, auch wenn diese ganz anders sind, als Sie es erwartet hatten. Prüfen Sie jedoch für sich, wie weit die Flexibilität geht, und wo für Sie Verbiegen oder Unterwürfigkeit beginnt.

TIPP

Das ist Flexibilität: Ein Hotelgast kommt mit seinem → Dessert vom → Buffet zurück, und sein Tisch ist besetzt. Die neuen Gäste, die dort Platz genommen haben, behaupten, sie hätten nicht sehen können, dass der Tisch schon besetzt sei. Da der Nachbartisch frei ist, setzt sich der Hotelgast dorthin, anstatt auf „seinen" Tisch zu bestehen.

Fliege

Die Fliege oder Schleife kann eine nette Abwechslung zur → Krawatte sein. Zum → Frack trägt der Herr eine weiße, zum → Smoking eine schwarze Fliege. Übrigens passt die Fliege besonders gut zum → Kent-Kragen.

Flirten

Was in heutiger Zeit „flirten" heißt, nannte man früher „den Hof machen". Das aufrichtig gemeinte Umwerben eines Menschen ist auch heutzutage noch gefragt. Plumpes, aufdringliches „Anbaggern" dagegen erntet von vornherein die rote Karte. Der erste Schritt ist immer der → Blickkontakt. → Lächeln Sie, und senden Sie Körpersignale aus, die auch verstanden werden. Fährt er sich zum Beispiel spielerisch durch die Haare oder lehnt sich ein wenig in ihre Richtung, wirft sie das lange Haar zurück oder berührt ihre Lippen, zeigt das Flirtbereitschaft. Dann dürfen Sie den zweiten Schritt machen und den Auserwählten ansprechen. Verzichten Sie darauf, falls schon die → Körperhaltung Ablehnung ausdrückt oder der Blickkontakt nicht erwidert wird. Bei der Wortwahl ist Originalität hilfreich. Wenn Sie aber keine besonders guten Ideen haben, bleiben Sie lieber bei unverfänglichen freundlichen Sätzen anstatt gequält einfallsreich zu wirken. Entspannen Sie sich, sonst wirkt alles verkrampft. Lassen Sie sich auf nichts ein, was Sie nicht möchten. Manchmal erscheint ein Zugeständnis verlockend, weil man glaubt, den Flirtenden damit erst einmal loszuwerden. Doch das rächt sich. Das heißt aber nicht, dass Sie jemanden grob zurückweisen sollen, der Ihnen höflich näherkommen möchte. Machen Sie unmissverständlich aber freundlich klar, dass Sie kein Interesse haben. Umgekehrt müssen Sie natürlich ein „Nein" akzeptieren. Kommt der Flirt in Gang, ist es wichtig, den anderen ausreden zu lassen und ihm zuzuhören. Andererseits sollen Sie aber nicht nur stumm lauschen, sondern auch erzählen. Ihre Menschenkenntnis ist dabei gefragt, um den Typ Ihres Gegenübers einzuschätzen und sich darauf einzustellen. Und eins mag wohl niemand: Gleich beim ersten zarten Flirt nach intimsten Dingen und Einzelheiten des gesamten Lebens gefragt zu werden.

Floskeln

Floskeln sind Redewendungen, die meistens nicht viel aussagen bzw. eingesetzt werden, ohne dass der Redner über die Bedeutung nachdenkt. Was meint jemand zum Beispiel mit „Man sieht sich"? Will er den anderen wirklich wiedersehen? Meint er, es lässt sich nicht vermeiden? Wer viele Floskeln verwendet, erweckt den Eindruck, nur so „daherzureden". Wenn Sie welche benutzen, wählen Sie diese gründlich aus, und sehen Sie Ihrem Gegenüber dabei in die Augen, sodass derjenige merkt, dass Sie wirklich meinen, was Sie sagen. Zum Beispiel bei: „Schön, Sie kennenzulernen."

Flugzeug

Begrüßen Sie Ihre Sitznachbarn. Wer nicht gerade erste Klasse oder Business Class fliegt, muss sich auf einen engen Sitz mit unfreiwilligem → Körperkontakt zum Nebenmann gefasst machen. Entsprechend gehört es sich nicht, beide Arme ausladend auf die Lehnen zu legen. Nehmen Sie Rücksicht. Stopfen Sie die Gepäckfächer nicht mit Ihren Taschen, Tüten und Jacken voll, sondern behalten Sie lieber etwas bei sich, oder schieben Sie es unter den Sitz Ihres Vordermannes. Bei längeren Flügen ist es natürlich in Ordnung, die Rückenlehnen etwas schräg zu stellen. Nur ist der Moment nach der Essensausgabe kein geeigneter Zeitpunkt dafür. Besonders höflich ist es, seinen Hintermann kurz zu warnen, bevor der die Lehne auf den Schoß bekommt. Wenn Sie aufstehen möchten, ziehen Sie sich nicht an der Lehne des Vordermannes hoch bzw. warnen Sie ihn ebenfalls kurz vor, falls Sie nicht in der Lage sind, anders aus Ihrem Sitz zu kommen. Übrigens: Das Klatschen nach der Landung ist nun wirklich hoffnungslos aus der Mode.

TIPP

Erkundigen Sie sich vor Abflug nach den aktuellen Bestimmungen für Handgepäck. Sie machen sich den Ablauf einfacher, wenn Sie auf diese achten und vor der Handgepäckkontrolle bereits sämtliche Gegenstände aus den → Hosentaschen nehmen, die Uhr abbinden und eventuell auch den Gürtel aus den Schlaufen ziehen.

Fondue

Beim Fondue tauchen mehrere Personen Fleisch, Fisch oder Gemüse in einen Topf mit heißem Fett oder heißer Brühe (Fondue Chinoise) und garen die Happen darin. Es ist erlaubt, zwei Stückchen Fleisch oder Fisch gleichzeitig aufzuspießen, obwohl man sich Zeit lassen sollte. Außerdem hat meist jeder zwei Fonduegabeln zur Verfügung. Ist das Gargut fertig, wird es mit der normalen Gabel von der Fonduegabel geschoben, mit der Speisegabel aufgespießt, in → Soße getunkt und gegessen. Verschiedene Soßen und → Dips gibt man vorher auf den Teller. Achtung: Nie von der Fonduegabel direkt essen. Das gilt auch für Käsefondue, bei dem Weißbrot und manchmal auch Obst- oder Gemüsestückchen in flüssigen Käse getaucht werden.

Forelle

Es gibt verschiedene Forellenarten, allesamt Süßwasserfische. Auf der Karte finden Sie meist „Forelle Müllerin“ und „Forelle blau“. Die erste Variante ist gebraten, die zweite in einem Kräutersud gekocht, in dem Essig enthalten ist. Das ist der Grund, weshalb sich die Haut blau färbt. Entfernen Sie zuerst sämtliche Flossen. Schneiden Sie auf dem Rücken einmal vom Kopf bis zum Schwanz in das Fleisch, ziehen Sie die Haut ab, und lösen Sie das obere Filet mit dem Messer von der Gräte. Essen Sie das erste Filet, entfernen Sie dann die Gräte, und verspeisen Sie die zweite Hälfte, die Sie von der Haut schieben. Ist der Teller groß genug, heben Sie zunächst die obere Hälfte ab, beseitigen die Gräte. Drehen Sie dann die zweite Hälfte um, häuten Sie die Forelle und beginnen Sie dann erst zu essen.

F

TIPP

Unter den Augen von Fischen liegen Wölbungen wie Wangen. Sie können mitgegessen werden. Einige Fischliebhaber schätzen diese kleinen Teile sogar als Delikatesse. Übrigens ebenfalls die krosse Haut der „Forelle Müllerin", die – im Gegensatz zu anderen Forellenvariationen – mitgegessen wird.

Frack

Ein Frack ist für die meisten Anlässe heutzutage übertrieben und unpassend. Es sei denn, Sie gehen auf einen Staatsempfang oder zum Wiener Opernball. Zwingende → Accessoires: eine elegante Uhr, eine weiße Fliege, klassische Frackschuhe (mit Schleife) und Frackhose mit zwei Seidenstreifen an der äußeren Naht. Dazu wird ein weißes → Hemd mit Klapp- bzw. Stehkragen getragen.

Fragetechnik

Die Art Fragen zu stellen, hat großen Einfluss auf den Fortgang der Unterhaltung. Bei → Small Talk kommt es darauf an, ein Gespräch in Gang zu bringen und zu halten. Darum eignen sich sogenannte offene Fragen, auf die niemand nur mit „Ja" oder „Nein" antworten kann. Sie sollten so gestellt sein, dass der Gefragte erzählen muss. Zum Beispiel: „Was haben Sie in dieser Hinsicht für Erfahrungen gemacht?" Oder: „Warum gefällt Ihnen gerade Italien so gut?" Geht es um → Besprechungen oder auch Kritikgespräche, die möglichst konstruktiv sein sollen, sind Suggestivfragen zu vermeiden. „Sie denken doch auch, dass ..." oder „Sind Sie etwa nicht der Meinung, dass ..." drängt den anderen schnell in eine Haltung, die ihn entweder zur Gegenwehr anstachelt oder ihn gegen seine Überzeugung zustimmen lässt. Das schafft schlechte Stimmung und auch fragwürdige Ergebnisse der Unterredung.

Frankreich

Franzosen haben überwiegend eine locker-leichte Lebensart, legen aber dennoch sehr großen Wert auf Stil und gute Sitten. Gerade was die Kleidung angeht, darf es etwas mehr sein. Wählen Sie hochwertige Materialien. Begrüßen Sie Personen, deren Namen Sie nicht kennen, mit „Bonjour, Monsieur" bzw. „Bonjour, Madame". Kennen Sie den Familiennamen, nennen Sie auch ihn, ebenso etwaige Titel, die sehr geschätzt werden. Dazu reicht man einander übrigens die Hand. Die für die „Grande Nation" so typischen Wangenküsse werden erst ausgetauscht, wenn man sich etwas besser kennt. Dann wird auch zum „Du" gewechselt. Beim Essen ist es fast so, wie Sie es von Ihrer Heimat kennen. Jedoch darf → Soße mit → Baguette aufgetunkt werden. Einen Suppenteller anzuheben dagegen gehört sich nicht. Es bleibt lieber ein Rest darin zurück. → Käse nach dem Essen ist geradezu klassisch. Nehmen Sie nicht mehr als drei Stückchen. Bei Verabredungen können Sie damit rechnen, dass der Franzose locker eine Viertelstunde zu spät erscheint. Dieses Recht dürfen Sie sich gern auch herausnehmen. Länger sollte die Verspätung aber nicht dauern. Im Restaurant werden zehn bis 15 Prozent Trinkgeld erwartet. Lassen Sie diese einfach auf dem Tisch liegen, wenn Sie gehen. Falls Sie privat eingeladen werden, ist das eine Ehre. Dem Franzosen ist seine → Privatsphäre nämlich nahezu heilig. Bringen Sie auf jeden Fall eine Kleinigkeit mit. Das kann eine Flasche → Wein oder → Champagner oder auch Pralinen sein.

TIPP

Wer in Frankreich mit der Bahn unterwegs ist, muss einen Adressanhänger an jedem Gepäckstück befestigen. Denn Gepäckanhänger sind in Frankreich Pflicht!

Fräulein

Dieser Ausdruck für eine unverheiratete Frau ist veraltet. Viele Frauen fühlen sich sogar angegriffen bzw. beleidigt, wenn sie so tituliert werden. Für Männer gilt daher: Einfach auf die Bezeichnung verzichten und alle Damen mit „Frau" ansprechen. Frauen sollten dagegen nicht empfindlich reagieren, wenn sie von einem älteren Herrn doch noch das „Fräulein" hören. Das ist sicher nicht böse gemeint, sondern einfach eine alte Gewohnheit.

Frühstück

Beim Frühstück in Gesellschaft sind selbstverständlich Tischmanieren gefragt. → Brot und → Brötchen dürfen in die Hand genommen werden. Ein gekochtes Ei gehört in einen Eierbecher. Rühr- oder Spiegelei, Omelett, Speck und andere warme Speisen werden mit Messer und Gabel gegessen. Möchten Sie noch etwas → Kaffee oder → Tee, reichen Sie die Tasse samt Untertasse. Ein Teebeutel gehört auf die Untertasse, wenn es keinen eigens dafür bestimmten Behälter gibt. Der Teelöffel wird, auch nach dem Umrühren von Kaffee, auf die Untertasse gelegt, ohne ihn abgeleckt zu haben. Ist das Getränk noch sehr heiß, dürfen Sie dezent pusten.

Fußgänger

Als Fußgänger sollte man zur eigenen Sicherheit auf Autos und andere stärkere Verkehrsteilnehmer achten. Benutzen Sie Ampeln und Zebrastreifen, und blicken Sie zusätzlich immer nach links und rechts. Auto- und Zweiradfahrern sei geraten, jedoch auch gut auf Fußgänger zu achten. Pkws sind heutzutage sehr leise, und nicht jeder ist immer so konzentriert, wie er sein sollte. Nehmen Sie daher Rücksicht, und machen Sie ein deutliches Handzeichen, wenn Sie den Vortritt gewähren. Der Fußgänger hat keine Knautschzone!

TIPP

Vermeiden Sie im Straßenverkehr Verwirrungen: Bleiben Sie als Fußgänger nicht für ein Päuschen so am Straßenrand – oder sogar am Zebrastreifen – stehen, dass andere Verkehrsteilnehmer denken müssen, Sie wollen die Fahrbahn überqueren.

G

Gähnen

Lässt sich ein Gähnen gar nicht unterdrücken, gehört die Hand vor den Mund.

Gambas

Spanische Bezeichnung für → Garnelen.

Gans

Wie die → Ente ist auch die Gans sehr fetthaltig. Sie wird ebenfalls mit Messer und Gabel gegessen. Ob die Haut verzehrt wird, ist reine Geschmackssache.

Gänseleberpastete

Die Pastete wird aus der Fettleber einer Gans hergestellt. Damit das Tier die überhaupt bekommt, wird es gestopft. Das heißt, Futter wird ihm durch einen Schlauch zwangsweise „hineingestopft", der Hals dann zugebunden. Aufgrund dieser grausamen Vorgehensweise ist die Pastete in den → USA verboten. Gegessen wird sie mit der Gabel bzw. auf Brot.

Garderobe

Der Begriff kommt aus dem Französischen und sagt, übersetzt man ihn, sehr gut aus, was sich dahinter verbirgt: eine Kleiderverwahrung. „Garder" könnte man auch als „wachen über" auslegen, was allerdings nur an kostenpflichtigen Garderoben auch umgesetzt wird. Ansonsten werden Sie meist ein kleines Schild entdecken, das die Haftung für Ihre Jacke samt Inhalt ausschließt. Lassen Sie darum weder Portemonnaie noch Schlüssel oder Mobiltelefon in der Jackentasche. Nehmen Sie sich einen Bügel. Ist keiner mehr frei, halten Sie nach einem freien Haken Ausschau und hängen Ihren Mantel darüber. Verwenden Sie dafür die Öse. Dann können auch andere noch Ihre Kleidungsstücke über Ihres hängen. Achten Sie beim Aufhängen und Abnehmen darauf, dass keine fremden Jacken, Tücher oder Ähnliches herunterfallen und beschmutzt werden. Geben Sie auch acht, dass alles möglichst an seinem Platz bleibt, damit niemand stundenlang seinen Mantel suchen muss. Ist eine Garderobiere vorhanden, die Ihren Mantel oder Ihre Jacke annimmt, erhalten Sie eine Marke, die Sie bei Abholung abgeben müssen. Im → Theater oder nach dem → Konzert brechen alle Zuschauer gleichzeitig auf. Haben Sie Geduld, wenn Sie ein wenig warten müssen. Helfen Sie der Garderobiere, falls Sie ein Tuch, einen Schirm oder eine → Kopfbedeckung mit abgegeben haben, und sagen Sie ihr das.

Garnelen

Sind die Krustentiere bereits nackt, werden Sie mit der Gabel gegessen. Oft müssen sie jedoch erst ausgepackt werden. Dazu wird der Kopf mit einer Drehbewegung abgetrennt. Anschließend den Panzer durch Druck mit den Daumen aufbrechen und entfernen. Das freigelegte Fleisch dürfen Sie sich direkt in den Mund schieben. Oder Sie pulen erst einige Tiere aus und essen danach alles mit der Gabel. Mit etwas Übung können Sie auch → Besteck verwenden. Den Schwanz mit der Gabel fixieren, den Kopf abschneiden. Dann den Panzer einschneiden und das Fleisch herauslösen. Der Darm ist ein dünner dunkler Faden, der nicht gegessen wird.

TIPP

Welch Namensvielfalt! Als Garnelen werden Krebse unterschiedlicher Familien zusammengefasst. Sie haben verschiedene Bezeichnungen, je nachdem, wo Sie sind bzw. wie groß die Exemplare sind. In Frankreich sagt man „Crevette", in Italien „Gamberi", in Spanien „Gambas". Sogenannte Geißelgarnelen sind als „Shrimps" oder „Prawns" im Handel. Nordseegarnelen heißen auch „Nordseekrabben", „graue Krabben", „Granat" oder „Strandgarnelen".

Gäste Ankunft

Unabhängig von allen anderen Regeln darf der → Gastgeber seinen Gästen die Hand reichen. Je nachdem, wie lang die Anreise war, sollte zunächst die Möglichkeit angeboten werden, sich frisch zu machen. Auch ein Getränk und möglicherweise ein kleiner Snack sind angebracht. Nehmen Sie etwaiges Gepäck ab und tun Sie alles, damit die Gäste sich zurechtfinden und wohlfühlen können.

Gastgeber

Ein Gastgeber ist für das Wohl seiner Gäste verantwortlich. Und zwar für das sämtlicher Gäste. Es gehört sich nicht, einen zu bevorzugen und den anderen links liegen zu lassen. Niemand hat etwas dagegen, wenn der Gastgeber mit guten alten Freunden enger umgeht, als mit jemandem, den er zum ersten Mal eingeladen hat. Nur nicht übertreiben, bitte. Versuchen Sie immer, alle Gäste in Gespräche einzubinden. Wenn Sie in ein Lokal einladen und die komplette Rechnung übernehmen wollen, können Sie die Kosten ein wenig dadurch steuern, dass Sie ein Fleisch-, ein Fisch- und ein vegetarisches Gericht empfehlen. Alles sollte etwa ein Preisniveau haben. Ihre Gäste können sich dann daran orientieren. Kann jemand diesen dezenten Hinweis nicht richtig deuten, ist die Chance trotzdem groß, dass es ihm peinlich wäre, etwas erheblich Teureres zu bestellen.

G

Gästebuch

Es macht sehr viel Freude, nach Jahren in einem Gästebuch zu blättern. Legen Sie also eines aus, und weisen Sie darauf hin, dass Sie sich über einen Eintrag freuen würden. Drängen Sie aber keinesfalls penetrant dazu. Wenn Sie sich in einem solchen Buch verewigen, denken Sie daran, dass Ihre Worte auch nach Jahren noch gelesen werden. Schreiben Sie sauber, und wählen Sie die Sätze mit Bedacht. Ein Zitat ist oft schön oder ein ehrlich gemeinter Dank mit ganz persönlichem Bezug zu der gemeinsam verbrachten Zeit. Auf keinen Fall ist ein Gästebuch das richtige Forum, um → Kritik am Gastgeber oder der Veranstaltung zu üben.

Gastgeschenk

Wirklich Pflicht ist das sogenannte Gastgeschenk nur in der Politik

SPEZIAL

Die Welt der Gastlichkeit

Auch so etwas Selbstverständliches wie Gästeempfangen oder Zu-Gast-sein will gekonnt sein. Und gerade bei Feiern tritt man schnell mal ins Fettnäpfchen, denn hier gibt es Einiges zu beachten.
Laden Sie als Gastgeber rechtzeitig ein, und sagen Sie als Gast genauso rechtzeitig zu oder ab. Die Fristen für Zu- und Absagen sind je nach Anlass sehr unterschiedlich, auf jeden Fall sollte man sich aber an den auf der Einladung gesetzten Termin halten. Das Gleiche gilt auch für das Outfit: Halten Sie sich an den angegebenen → Dresscode Gibt es offiziell keinen oder sind Sie sich unsicher, fragen Sie besser nach. Ein originelles → Gastgeschenk kommt immer gut an. Ansonsten eignen sich Blumen, Pralinen, Wein, Bücher oder regionale Produkte.
Empfangen Sie Ihre Gäste persönlich und herzlich. Je nach Anlass sollte sich die → Tischordnung nach der formellen Rangfolge oder, im privaten Bereich, nach Freundschaften und Interessen der Tischnachbarn richten. Eine kurze Begrüßungsrede von Seiten des Gastgebers kommt immer gut an. Dieser gibt auch das Zeichen, dass mit dem Essen begonnen werden kann, zum Beispiel indem er die Serviette vom Tisch nimmt. Verabschieden Sie sich persönlich, aber unauffällig. Wenn Sie bei großen Veranstaltungen früh gehen, ohne sich zu verabschieden, bedanken Sie sich am nächsten Tag für die Einladung und erklären Sie das zeitige Heimgehen.

Checkliste Gastgeber- und Gäste-Knigge

- Gäste rechtzeitig einladen.
- Dresscode beachten, eventuell nachfragen, wenn Sie sich unsicher sind.
- Pünktlich zu- oder absagen.
- An Gastgeschenk wie Blumen, Pralinen, Wein, Bücher, regionale Produkte oder etwas Persönliches denken.
- Gäste persönlich begrüßen und verabschieden.
- Als Gastgeber möglichst allen Gästen gleich viel Aufmerksamkeit schenken.
- Bei Tischordnung formelle Rangfolge bzw. im Privaten Freundschaften und Interessengebiete der Gäste beachten.
- Auf Zeichen des Gastgebers warten, dass mit dem Essen begonnen werden kann.
- Sich am nächsten Tag für Einladung bedanken und Erklärung geben, falls man früher und ohne Verabschiedung gegangen ist.

G

bei Staatsbesuchen. Aber auch im erheblich weniger bedeutenden dienstlichen oder im privaten Rahmen macht es durchaus einen guten Eindruck, wenn Sie Ihrem → Gastgeber etwas mitbringen. Was und wie teuer das → Mitbringsel sein darf, hängt sehr von der Art der Einladung ab. Fahren Sie in eine Verschwisterungsgemeinde im Ausland und werden dort von einer Familie mehrere Tage aufgenommen und verköstigt, sollten Sie auf keinen Fall geizig sein. Einige Spezialitäten aus Ihrer Region und möglicherweise ein Bildband Ihrer Heimat eignen sich gut. Sind Sie dagegen „nur" zum Essen bei Freunden eingeladen, reicht durchaus eine Kleinigkeit. Nach vorheriger Absprache kann das auch das → Dessert zum gemeinsamen Essen sein. Klassische Gastgeschenke sind Bücher und immer mehr auch Hörbücher. Erkundigen Sie sich vorher bei Angehörigen, Kollegen oder Sekretärin, was der Betreffende gerne liest oder schon hat. Neuerscheinungen minimieren das Risiko, etwas doppelt zu schenken. Auch → Blumen, Süßigkeiten, CDs und → Wein, → Sekt oder Brände werden gerne überreicht. Auch hierbei ist es sinnvoll, Vorlieben oder Abneigungen zu kennen. Es wäre sehr taktlos, einem trockenen Alkoholiker Likör mitzubringen. Eine gute Figur macht, wer dem Diabetiker eine auch für ihn geeignete Torte schenkt. Etwas origineller und persönlicher sind → Gegeneinladungen. Binden Sie zum Beispiel eine Schleife um ein Päckchen Nudeln, und befestigen Sie daran die Einladung zum italienischen Abend.

Geburtstagsfeier

Bei → Kindern wird jeder Geburtstag richtig gefeiert. Später beschränkt sich das auf besondere, meist runde Geburtstage. Es gibt keine festen Regeln. Wer nicht feiern will, lässt es eben bleiben. Wer jedes Jahr zu seinem Ehrentag einladen möchte, soll das gern tun. Die Familie auszuschließen, wäre unhöflich. Wenn Sie mit Freunden eine rauschende Party machen wollen, laden Sie Ihre Eltern getrennt zum Essen oder zum Kaffee ein. Ohne Ihre Eltern gäbe es an Ihrem Geburtstag schließlich nichts zu feiern. Schenken Sie Ihrer Mutter an diesem Tag also ruhig mal → Blumen, oder bringen Sie der Mutter eines Geburtstagskindes welche mit, wenn Sie eingeladen sind. Wenn Sie Ihre Nachbarn nicht einladen möchten, sollten Sie auch nicht an deren Feiern teilnehmen, falls man Ihnen das anbietet.

Geflügel

Bei Geflügel wird zwischen dem unterschieden, was mit → Besteck und dem, was mit den Fingern gegessen wird. Im Zweifel dürfen Schenkel und Flügel in die Hand genommen werden, wenn eine Fingerschale bereitsteht bzw. wenn es sich um ein sehr rustikales Ambiente handelt. Einige Geflügelarten werden jedoch auch in derber Umgebung mit Messer und Gabel verzehrt, wie zum Beispiel → Ente und → Gans.

Gegeneinladung

Früher war es immer so, dass eine → Einladung unweigerlich eine Gegeneinladung nach sich gezogen hat. Damit nicht genug, sie hatte auf dem gleichen Niveau zu sein. Wer sich also auf ein Fünf-Gänge-Menü hat einladen lassen, konnte nicht nur zu Kaffee und Kuchen bitten. Heute ist das ein bisschen anders. Hat jemand viel Platz und vielleicht viel Zeit, hin und wieder ein nettes Beisammensein zu organisieren, wird man öfter bei ihm zu Gast sein, als er eingeladen wird. Und auch der Wert kann durchaus differieren. Haben die Nachbarn den teuersten Catering-Service der Stadt engagiert, kann da nicht jeder mithalten. Es ist völlig okay, bei der Gegeneinladung ein selbst gemachtes kleines → Buffet zu präsentieren. Trotzdem: Viele Menschen, gerade der älteren Generation, gehen auch heute noch davon aus, dass auf die Einladung irgendwann die Revanche folgt. Es wird sonst als mangelndes Interesse oder mangelnde Sympathie Ihrerseits ausgelegt. Vielleicht lädt jemand auch noch ein zweites Mal ein. Dann sollte aber unbedingt eine Gegeneinladung folgen. Was

G

den Zeitraum angeht, bietet es sich an, nach einem Monat oder einem Vierteljahr einen Termin vorzuschlagen. Zieht es sich ein halbes Jahr oder länger hin, ist es nett, wenn Sie zwischendurch signalisieren: Ich habe es nicht vergessen, dass ich Ihnen noch eine Einladung „schulde". Übrigens: Wer als Dankeschön für einen Gefallen zu einer kleinen Feier oder einem Essen eingeladen wird, braucht sich natürlich nicht zu revanchieren.

Gehaltsverhandlung

Das Verhandeln um das, was man monatlich auf sein Konto bekommt, ist den meisten eine eher lästige Pflicht. Doch die Realität zeigt: Nur wer immer mal wieder verhandelt, klettert die Einkommensstufen hinauf. Zumindest, wenn er sich richtig verhält. Bedenken Sie: Im Grunde stehen sich Ihre Bedürfnisse und die Ihres Arbeitgebers vollkommen gegensätzlich gegenüber. Sie wollen möglichst viel haben, er möglichst wenig geben. → Jammern Sie ihm nicht vor, wie hoch Ihre Ausgaben sind. Das interessiert ihn nicht, sondern wird ihn eher gegen Sie aufbringen. Auch Drohungen, womöglich mit der → Kündigung oder schlechterer Leistung, sind indiskutabel. Besser: Informieren Sie sich vorher, was in Ihrer Position durchschnittlich verdient wird, um realistische Forderungen stellen zu können. Warten Sie einen Zeitpunkt ab, an dem die Firma nicht gerade einen hohen finanziellen Verlust einstecken muss, sondern womöglich gerade einen Erfolg zu feiern hat. Bitten Sie um ein Gespräch. Zwischen Tür und Angel führt man keine Gehaltsverhandlungen. Kommen Sie nicht sofort auf den Punkt. Es ist schlauer, Ihrem Vorgesetzten zunächst Ihre aktuellen Leistungen ins Gedächtnis zu rufen. Idealerweise haben Sie Vorschläge, wie Sie in Zukunft mehr Verantwortung übernehmen oder sich weiterbilden können.

Das wäre ein gute Basis für mehr Geld. Versetzen Sie sich in die Lage Ihres Arbeitgebers und bleiben Sie höflich, falls er Ihnen nicht mehr zahlen kann oder will. Überlegen Sie sich dann in Ruhe, welche Konsequenzen Sie ziehen wollen.

Geldgeschenk

Ein Geldgeschenk überreicht man am besten in einem geschlossenen Umschlag mit einem Kärtchen darin, damit der Beschenkte die Summe später noch dem Schenkenden zuordnen kann. Auch eine fantasievolle Gestaltung, die einen Bezug zum Anlass oder zum Zweck des Geldes herstellt, ist immer sehr schön. Auf keinen Fall darf der Betrag den Empfänger beschämen.

Gemüsesticks

Die kleinen Stäbchen aus Karotten, Gurken, Paprika oder auch Kohlrabi werden roh serviert. Sie werden grundsätzlich mit den Fingern gegessen und in verschiedene → Dips und → Soßen getaucht. Immer nur einmal eintauchen und abbeißen. Das verbleibende Stück essen Sie ohne Dip. Oder geben Sie vorher etwas Soße auf einen Teller, wenn Sie einen haben. Dann dürfen Sie den Stick auch nach dem Abbeißen nochmals eintunken.

Genesungswünsche

Die Grippewelle rollt und erwischt eine Freundin. Rufen Sie an, und wünschen Sie ihr baldige Genesung, am besten in Ihren eigenen Worten. Natürlich können Sie am Ende eines Gesprächs „Dann weiterhin gute Besserung" sagen. Schöner ist es aber, auf → Floskeln zu verzichten. Erfahren Sie davon, dass ein Ihnen bekannter Mensch eine schwere Krankheit hat, kommen solche Phrasen gar nicht in Frage. Wünschen Sie ihm Kraft, das schwere Schicksal zu tragen. Lassen Sie ihn wissen, dass Sie ihm zur Seite stehen wollen, wenn Sie

G

dazu auch wirklich bereit sind. Ist es nichts Schwerwiegendes, übermitteln Sie Ihre Genesungswünsche am besten telefonisch oder statten, wenn keine große Ansteckungsgefahr besteht, mit einem Blumenstrauß einen kurzen Besuch ab. Ist es sehr ernst, senden Sie die Wünsche schriftlich. Nehmen Sie sich Zeit, Ihre Worte sorgfältig zu wählen, lassen Sie sich aber keine Zeit, Ihr Schreiben abzusenden. Der Kranke braucht schnell das Gefühl, dass Menschen an ihn denken. Erkundigen Sie sich in seinem Umfeld, ob ein → Krankenbesuch angebracht ist. Bieten Sie auch an, Besorgungen zu übernehmen, wenn der Kranke niemanden hat, der das für ihn erledigen kann. Richten sich schriftliche Genesungswünsche übrigens an einen Mitarbeiter oder Geschäftspartner, nehmen Sie nicht das übliche Briefpapier, sondern eines, auf dem lediglich das Logo, die Adresse und Ihr Name mit Funktion stehen. Bringen Sie einmal zum Ausdruck, wie sehr Sie die Zusammenarbeit schätzen und sich darauf freuen, wieder mit dem Kranken zu arbeiten oder auch zu verhandeln. Ist nicht klar, ob der Betroffene je wieder in den Arbeitsprozess zurückkehren kann, lassen Sie diesen Punkt offen. Geben Sie ihm dann einfach nur das Gefühl der Wertschätzung und ein paar Worte des Trostes.

Gepäck

Auf → Reisen ist das Gepäck Teil des äußeren Eindrucks. Es sollte daher sauber und gut in Schuss sein. Gepäckstücke, die häufiger für Flüge aufgegeben werden, leiden oft unter der ruppigen Behandlung. Beseitigen Sie ab und zu die Spuren, sofern das möglich ist. Wenn mehrere Menschen sich einen kleinen Raum für Gepäck teilen müssen, etwa bei einer gemeinsamen Auto- oder → Busreise, ist es nett, nicht den XXL-Koffer zu packen. Zur eigenen Sicherheit und um Menschen die Arbeit zu erleichtern, die eventuell mit Ihrem Gepäck zu tun haben, gehört Ihr Name und Ihre Anschrift sichtbar an Koffer und Reisetasche angebracht. Ein Zettel mit diesen Angaben, der zusätzlich innen auf die Kleidung gelegt wird, erhöht die Sicherheit.

Geschäftsessen

Ein Geschäftsessen ist viel mehr als pure Nahrungsaufnahme. Man unterscheidet zwischen einem Essen mit Geschäftspartnern und einer → Besprechung beim Essen. Im ersten Fall sind geschäftliche Themen eher Nebensache, stören oft sogar die angenehme Atmosphäre. Im zweiten Fall wird das Essen selbst zur Nebensache. In jedem Fall werden Tischmanieren groß geschrieben. Seien Sie pünktlich, achten Sie auf eine dem Lokal und dem → Dresscode Ihrer Firma entsprechende Kleidung. Bestellen Sie etwas, das Sie kennen und essen können. Wenn Sie eingeladen sind, sollte es nicht das teuerste Gericht der Karte sein. Gut möglich, dass der → Gastgeber mehrere Vorschläge macht. Die gelten Ihnen dann als preisliche Richtlinie. Ein Glas → Wein oder → Bier ist – je nach Tageszeit und Umständen – in Ordnung. Halten Sie sich aber zurück. Unterdrücken Sie auch den Alleinunterhalter in Ihnen. Der ist ebenso fehl am Platz, wie der wortkarge Einsiedler. Gefragt ist eher der zurückhaltende Plauderer.

Geschäftskorrespondenz

Zunächst gelten grundsätzlich die Formalien des → Briefes. Der Geschäftsbrief sollte immer sachlich und klar sein. Gleichzeitig darf aber auch der Unterhaltungswert nicht vollständig fehlen. Vergessen Sie nicht: Mit einem geschäftlichen Schreiben stellen Sie sich und Ihr Unternehmen dar. Sie wollen zwar einerseits informieren, andererseits aber auch interessieren und eine positive Verbindung zum Empfänger herstellen.

Geschäftsreise

Heute ist es üblich, global zu arbeiten. Geschäftsreisen werden immer mehr Alltag. Wichtig: Sie repräsentieren während der gesamten Zeit Ihre Firma bzw. Ihren Auftraggeber. Achten Sie entsprechend penibel auf Ihr Benehmen, und bereiten Sie sich auf Ihre Aufgaben gründlich vor. Klären Sie außerdem im Voraus, welche Kosten von der

G

Firma übernommen werden, falls nicht alles für Sie organisiert wird. Nehmen Sie die → Bahn oder das Flugzeug? Dürfen Sie erster Klasse reisen? All das muss klar sein. Halten Sie sich an die Regeln, und nutzen Sie Spielräume nicht bis zum Äußersten aus. Handeln Sie immer im Sinne des Unternehmens, sparen Sie also auch sein Geld, wo es geht. Private Ausflüge oder Vergnügungen haben während der Geschäftsreise keinen Platz. Wenn Sie an dienstliche → Besprechungen im Ausland ein Urlaubswochenende anhängen möchten, weil Sie in einer attraktiven Gegend zu tun haben, sprechen Sie vorher mit Ihrem Arbeitgeber darüber. Bei Geschäftsreisen ins Ausland ist es selbstverständlich, sich vorher über die Gepflogenheiten – auch die geschäftlichen – der betreffenden Nation zu informieren.

Geschirr

Zu einer perfekt gedeckten Tafel gehört das passende Geschirr. Für einige Gerichte gibt es spezielle Teller oder Schalen. → Spaghetti zum Beispiel sind in großen, sehr tiefen Tellern gut aufgehoben. Für Fondue gibt es Teller mit kleinen Einbuchtungen für die verschiedenen → Soßen bzw. Beilagen. Stimmen Sie das Geschirr vor allem auf das Ambiente ab. Fast Food passt nicht auf Teller mit Goldrand.

Geschlechtsspezifische Formulierungen

Um weder Frau noch Mann zu diskriminieren, werden heutzutage immer beide Geschlechter angesprochen. In einer kurzen Rede ist das einfach. Sprechen Sie die Zuhörer mit „Sie“ an, und sagen Sie immer mal wieder „meine Damen und Herren“. Wenn Sie in der indirekten Rede sprechen, sagen Sie beispielsweise: „Das gilt für alle Kollegen und Kolleginnen.“ Oder: „Wir haben für unsere Mitarbeiter und die geschätzten Kolleginnen folgende Lösung gefunden.“ Handelt es sich um eine lange Ansprache mit vielen Gelegenheiten, das Geschlecht zu erwähnen, sagen Sie am besten zu Beginn, dass Sie nur die männliche Form als allgemein gültig verwenden werden, aber selbstverständlich auch immer die Damen meinen. Bei schriftlichen Formulierungen ist es das Gleiche. In kurzen Texten können beide Formen ausgeschrieben oder mit

Schrägstrichen hintereinander gesetzt werden, bei längeren Texten ist eine einmalige Klärung am Anfang vorzuziehen.

Gesprächseröffnung

Um die Weichen für ein angenehmes Gespräch zu stellen, eignet sich bestens eine Frage nach dem Befinden. Besser als ein schlichtes „Wie geht es Ihnen?" ist allerdings ein aktueller Bezug. Zum Beispiel: „Wie war die Anreise?" Oder auch die Frage nach einem Ereignis, das Ihr Gegenüber bei Ihrem letzten Treffen noch vor sich hatte. Auch immer gut, wenn gleich eine angeregte Unterhaltung entstehen soll: Schneiden Sie ein Thema an, dass Ihren Gesprächspartner interessiert. Sprechen Sie mit einem Maler über die aktuelle Vernissage oder mit einer Leseratte über Bücher.

Gesprächsfluss

Gerade im Umgang mit fremden Menschen ist es nicht einfach, ein Gespräch am Laufen zu halten. Wer sich für sein Gegenüber interessiert, hat es leichter. Fragen, auf die der andere nicht einsilbig antworten kann, sind gut, um die Konversation im Fluss zu halten. Mindestens ebenso wichtig ist das → Zuhören. Erwähnt der Gesprächspartner in einem Nebensatz ein Hobby oder einen Ort, den er gerade besichtigt hat, ist das ein guter Anknüpfungspunkt. Zeigen Sie dezenten → Humor, und wenden Sie sich positiven Themen zu, die von allgemeinem Interesse sein könnten. Politische oder religiöse Themen sind tabu. Überhaupt sollten Sie taktvoll dem Gespräch eine andere Richtung geben, wenn Sie merken, dass Ihr Partner sich über etwas zu sehr aufregt oder etwas als peinlich empfindet.

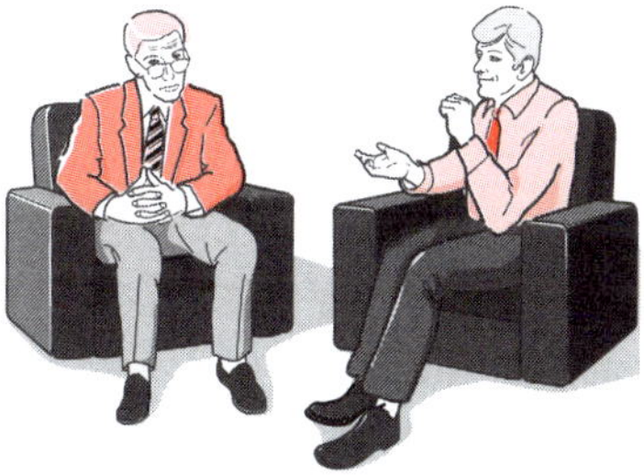

Gestik

Die → Körpersprache ist eine Ausdrucksform, die dem Betrachter, wenn auch unbewusst, ebenso viele Signale sendet, wie das gesprochene Wort. Eine gerade Haltung drückt Selbstbewusstsein aus.

G

Ständiges Zupfen an den Haaren oder Spielen mit den Fingern dagegen signalisiert Unsicherheit. Leichtes Nicken mit dem Kopf bedeutet Zustimmung, wiegen Sie ihn dagegen hin und her, zeigt das Skepsis oder Nachdenklichkeit. Setzen Sie Gestik immer gezielt und kontrolliert ein, unterstreichen Sie mit den Händen das, was Sie sagen, ohne ständig wild mit ihnen herumzufuchteln.

G

Getränkefolge

Die Getränkefolge richtet sich nach der Speisenfolge. Zu einem Menü lautet die klassische Reihenfolge: → Aperitif, Weißwein, Rotwein und schließlich ein → Digestif. Zum Abschluss gibt es noch einen → Kaffee oder → Tee. Wasser wird meist parallel während des gesamten Essens angeboten. Bei umfangreicheren Menüs kann es zwischen dem Weiß- und Rotwein auch noch einen Rosé geben. Man beginnt stets mit leichten Sorten und geht später zu den kräftigeren → Weinen über. → Bier kommt in der traditionellen Getränkefolge nicht vor. Es wird meist als Ersatz für Wein generell gewählt. Der Biertrinker bleibt dabei einer Sorte treu.

Getränkewahl

Bei der Auswahl der Getränke dient normalerweise die klassische Folge als Richtlinie. Darüber hinaus sollte man den → Wein auf die jeweiligen Speisen abstimmen, damit die Aromen optimal miteinander harmonieren. Nichtweintrinker, die weder → Bier bevorzugen noch den ganzen Abend bei Wasser verbringen möchten, sind mit Saftschorlen gut beraten. Purer Fruchtsaft oder gar Limonaden sind zu süß und beeinträchtigen den Genuss feiner Gewürze. Die ganz allgemeine Regel bei der Weinwahl lautet: Rot zu Fleisch, weiß zu Fisch. Doch das ist wirklich nur grob. Zu → Gans oder → Ente passen kräftige Weißweine oder auch ein Bordeaux. Bei Huhn wird zwischen gebratenem und gekochtem unterschieden. Ist das Fleisch gebraten, wählen Sie einen leichten Rosé, einen Weiß- oder Grauburgunder oder auch einen Chardonnay. Bei gekochtem Huhn liegen Sie mit Riesling oder Silvaner richtig. Wild und auch Kalbfleisch harmonieren ebenfalls gut mit einem Weiß- oder Grauburgunder, aber auch mit einem leichten Rotwein. Stehen Rind und Lamm auf der Karte, muss es ein Rotwein mit vollem Aroma sein. Fische und Krustentiere werden am besten von einem säurearmen Weißwein begleitet. Ist ein Fischgericht mit Wein zubereitet, findet sich im Glas die gleiche Sorte. Ist der Fisch gebraten, darf auch ein leichter Rotwein dazu serviert werden. Zu → Austern ist der Klassiker ein gut gekühlter Muscadet. Wird auch zum → Dessert Wein serviert, ist er immer süß. Er sollte immer süßer als die Nachspeise sein. Eine gute Alternative ist auch ein Likör oder klassisch auch der halbtrockene → Champagner.

Gläser

Sind mehrere Gläser eingedeckt, werden diese von rechts nach links verwendet. Weingläser sind immer aus dünnem farblosem Glas. Kelche für Weißwein sind kleiner als die für Rotwein. Das liegt daran, dass weißer → Wein kühler getrunken wird. Serviert man ihn quasi in kleinen Portionen, bleibt die gewünschte Temperatur erhalten. Generell können Weingläser recht groß sein. Sie werden trotzdem nicht „bis oben hin" eingeschenkt. Das Aroma bzw. das Bouquet, wie man es nennt, soll sich entfalten können. Echte Weinkenner bevorzugen verschiedene Formen. Ist ein Glas eher tulpenförmig, also am oberen Rand leicht nach außen gewölbt, betont es die süßen, spritzigen Anteile des Weines. Herbe oder bittere Aromen erreichen erst später die Geschmacksknospen. Port- und Dessertweingläser sind daran zu erkennen, dass sie deutlich kleiner sind. → Sekt oder → Champagner wird üblicherweise aus der Flöte getrunken, die nur zu einem Drittel gefüllt wird. Übrigens wirkt jedes Glas auf einer festlichen Tafel nur gut, wenn es auf Hochglanz poliert ist. Sobald es benutzt wird, leidet es optisch natürlich ein wenig. Fassen Sie Gläser, die einen Stiel haben auch daran an. Das vermeidet nicht nur den Abdruck fettiger Finger, sondern erhält auch die gewünschte Temperatur länger. Andere Exemplare werden am unteren Drittel gehalten. Bevor Sie einen Schluck nehmen, empfiehlt es sich, kurz den Mund abzutupfen, damit danach keine → Soße oder gar Speisereste am Rand des Glases kleben.

Glückwünsche

Ob zum Geburtstag, Hochzeitstag oder Jubiläum, jeder freut sich über möglichst viele Glückwünsche. Aber: Abgedroschene Phrasen will niemand mehr hören. Der Nervfaktor überdeckt die Freude, wenn Sie ständig hören: „Herzlichen Glückwunsch. Na, wie fühlt man sich mit 36, mit 37, mit 38?" Geben Sie sich deshalb ein bisschen mehr Mühe, wenn Sie jemandem gratulieren wollen. Finden Sie zum Beispiel einen Bezug, der Sie und den Jubilar verbindet. Das kann ein gemeinsames Hobby oder ein zusammen unternommener Ausflug sein. Geben Sie Ihrer Hoffnung Ausdruck, auch in Zukunft viele schöne Erlebnisse teilen zu können. Eine andere Idee ist, ein wenig über das betreffende Datum zu recherchieren und aus dem Material den Glückwunsch zu kreieren. Hat etwa ein Prominenter am gleichen Tag Geburtstag? Oder ist an diesem Tag etwas politisch oder kulturell Bedeutsames geschehen? Grundsätzlich soll man dem Glückwunsch ansehen und anmerken, dass er von Herzen kommt. Schreiben Sie darum ehrlich, ordentlich, sauber und fehlerfrei. Erinnern Sie an ein Erlebnis, das auch Sie wirklich begeistert hat, und achten Sie darauf, dass die Karte oder das Briefpapier einwandfrei ist. Am schönsten ist immer ein handgeschriebener Gruß. Falls Sie die ausgedruckte Variante bevorzugen, unterschreiben Sie bitte mit der Hand, sonst wirkt das ganze sehr unpersönlich.

Gotteshaus

Die Gotteshäuser verschiedener Religionen laden zu Gottesdiensten und manchmal auch einfach zur Besichtigung oder stillen Einkehr ein. Doch wie verhält man sich dort richtig? Die evangelische Kirche ist recht tolerant, gerade was die Kleidung angeht. Jeder ist zu jeder Zeit willkommen. Klatschen ist sozusagen ein hörbar gemachtes „Amen“ und ist erlaubt. Da viele ältere Gottesdienstbesucher daran noch nicht gewöhnt sind, sollten Sie sich aber zurückhalten. Tuscheln und Kommentieren der Predigt wird nicht gern gesehen. Das Geld für die Kollekte bitte passend mitbringen. Die Frage nach Wechselgeld gehört sich ebenso wenig, wie das Herausnehmen von Kleingeld aus dem Klingelbeutel. Die katholische Kirche ist durchaus strenger. Sie bittet um angemessene Kleidung, was im Falle des Petersdoms heißt: keine kurzen Hosen und unbedingt bedeckte Schultern. → Kopfbedeckungen werden nur Mädchen bzw. Frauen zugestanden. Klatschen wird nicht akzeptiert, auch nicht das Herumkauen auf einem → Kaugummi. Um sich mit Weihwasser zu bekreuzigen, werden nur die Kuppen von Zeige- und Mittelfinger eingetaucht. Zum Besuch einer Moschee wird stets der Kopf bedeckt. In Moscheen, die viel von Touristen besichtigt werden, liegen oft Tücher am Eingang bereit. Netter ist es, immer ein eigenes griffbereit zu haben. → Kurze Hosen und nackte Schultern gehören nicht hierher. Die Schuhe werden vor dem Betreten ausgezogen. Für einen Besuch „zum Gucken“ eignet sich der Freitag nicht, weil er offizieller Gebetstag ist. Egal an welchem Tag: Betende dürfen natürlich nie gestört werden. Im Falle der Muslime heißt das, dass Sie nicht vor ihnen lang gehen sollen. Eine Synagoge wird man eher selten zum Anschauen besuchen. Falls Sie dort an einem Gottesdienst teilnehmen möchten, fragen Sie vorher, ob das für Nichtjuden in Ordnung und wann es am günstigsten ist. Männer tragen eine Kopfbedeckung (bitte keine Baseballkappe oder gar einen Motorradhelm) und Frauen einen → Rock. → Handy, → Haustiere, Essen, Trinken und → Rauchen haben in keinem Gotteshaus etwas verloren.

TIPP

In evangelischen Kirchen wird es jungen Müttern zugestanden, ihren Säugling zu stillen, wenn es nötig ist. Besonders gern gesehen wird das aber nicht. Es wäre taktvoller, das vorher draußen zu erledigen.

G

Grabschmuck

In Sachen Grabschmuck gibt es keine festen Regeln. Jeder führt ihn nach seinem persönlichen Geschmack oder den Vorlieben des Verstorbenen aus. Dennoch sollten Sie bedenken, dass ein Grab eine eigene Sprache spricht. Seien Sie sicher, dass andere Friedhofbesucher einen Blick darauf werfen und aus dem Zustand schließen, wie sehr Sie den Toten ehren oder eben nicht. Das sollte Sie nicht dazu treiben, die Stätte zu überladen. Wichtig ist nur, dass sie gepflegt ist. Buchsbaum, Zwergwacholder und Bodendecker wie Kleines Immergrün oder Efeu symbolisieren ewiges Leben und Verbundenheit über den Tod hinaus. Zu besonderen Festtagen, wie Totensonntag, Allerheiligen oder auch dem Geburts- oder Todestag des Verstorbenen, eignen sich der Jahreszeit angepasste Gestecke oder Sträuße. Natürlich ist es auch schön, die Lieblingsblumen des Verstorbenen auf das Grab zu legen. Grablichter sind öffentlicher Ausdruck der Trauer. Außerdem ergibt sich ein tröstendes Bild, wenn bei Einbruch der Dunkelheit der Friedhof allmählich in das Licht flackernder Kerzen getaucht wird.

Grapefruit

Vorab sei gesagt: Wenn Sie im Restaurant eine Grapefruit mit Obstbesteck bekommen, haben Sie eine echte Herausforderung vor sich. Ohne Spritzer geht es nämlich kaum ab. Es sei denn, es handelt sich um eine Pampelmuse, deren Fruchtfleisch weniger saftig ist. Die Grapefruit ist eine Kreuzung aus Pampelmuse und Orange. Am sichersten ist es, die Zitrusfrucht mit dem Obstmesser vom Stielansatz bis zur Gegenseite mehrfach einzuritzen, sodass die Frucht hinterher ein senkrechtes Streifenmuster hat. Die Schalenstreifen werden mit dem Messer abgezogen. Wer kann, zerteilt die Frucht mit dem Besteck in einzelne Spalten und isst diese mit der Gabel. Einfacher

– und auch erlaubt – ist es mit den Fingern. Die Alternative geht so: Schneiden Sie die Frucht waagerecht in zwei Hälften. Schneiden Sie nun die einzelnen Fruchtstückchen so ein, dass Sie sie anschließend mit dem Löffel herausheben und essen können. Es gibt auch spezielle Löffel, die kleine Zähne am Rand haben. Das erspart Ihnen das vorherige Einschneiden und Sie können direkt löffeln. Diese Variante hat – mit oder ohne Grapefruitlöffel – den großen Nachteil, dass Sie dabei fast mit Sicherheit sich und vermutlich auch Ihre Tischnachbarn bespritzen.

Gratulation

Streng genommen unterscheidet sich die Gratulation nicht vom → Glückwunsch. Allerdings gibt es auch Anlässe zum Gratulieren, die eher etwas mit Pflicht als mit Herzlichkeit zu tun haben. Meistens sind sie mit Leistungen anderer verbunden, die Ihnen nicht immer wirklich Freude bereiten. Gut möglich, dass Sie sogar als direkter Konkurrent einen zweiten Platz belegt haben und nun dem Ersten gratulieren müssen. Tun Sie es trotzdem. Es zeigt charakterliche Größe. Bei sportlichen Wettkämpfen reicht normalerweise ein Handschütteln mit kurzen Worten. Der Sieger weiß ganz genau, dass Sie die Rollen lieber tauschen würden. Sehen Sie ihm trotzdem in die Augen, und versuchen Sie, ein → Lächeln zustande zu bringen. Bei Tennisspielen sieht man häufig, dass die Hand über das Netz gereicht wird, während der Blick bereits in die andere Richtung geht. So etwas macht keinen guten Eindruck. Im beruflichen Zusammenhang ist es übrigens im Prinzip genauso. Wird ein Kollege befördert, den Sie aber für nicht besonders kompetent oder freundlich halten, gehört es sich dennoch, ihm persönlich oder schriftlich zu gratulieren.

Griechenland

In dem beliebten Urlaubsland können Sie nicht besonders viel falsch machen, wenn Sie sich an die Ihnen bekannten Benimmregeln halten. Frauen sollten beachten, dass die Männer in Griechenland noch immer das Sagen haben. Ziehen Sie sich nicht besonders aufreizend an. In ländlichen Gegenden sind Sie mit einem Rock, der über die Knie geht, auf der sicheren Seite. Falls Sie geschäftlich im Land unterwegs sind, werden Ihnen Frauen selten begegnen. Jedenfalls nicht in Führungspositionen. Sind Sie irgendwo privat eingeladen, vergewissern Sie sich mehrfach, dass diese Einladung ernst gemeint ist. Fragen Sie einfach öfter nach, ob die Uhrzeit stimmt und Sie sich den richtigen Tag gemerkt haben. Die Aufforderung, einen Griechen zu Hause zu besuchen, wird nämlich recht schnell ausgesprochen, ist aber nicht immer gleich mit einem konkreten Zeitpunkt verbunden. Eine Einladung auszuschlagen, wäre unhöflich. In Restaurants winken Sie den Kellner heran, indem Sie den Arm ausstrecken. Die Handflächen deuten zum Boden, und Sie ziehen die Fingerkuppen zu sich heran. Trinkgeld wird nicht erwartet, denn es ist im Preis enthalten. Wenn Sie sehr zufrieden waren, können Sie einige Münzen auf dem Tisch liegen lassen. Sie sollten aber drei Prozent des Rechnungsbetrages nicht übersteigen. Zur Kommunikation: Nickt Ihnen jemand zu, heißt das „Nein“, Wiegen des Kopfes signalisiert Zustimmung. „Nä“ ist nicht etwa mit dem deutschen „Nee“ zu verwechseln, sondern heißt „Ja“. Wird irgendwo getanzt, dürfen Sie sich ruhig anschließen. Es wird sehr geschätzt, wenn Sie sich bemühen, die typischen Volkstänze mitzumachen. Bevor Sie jemanden fotografieren, fragen Sie ihn bitte um Erlaubnis. Die Themen Zypern und → Türkei sollten Sie auf keinen Fall anschneiden. Achtung bei Einladungen! Wenn Sie ein Bild oder Ähnliches loben, wird man es Ihnen schenken. Versuchen Sie bei der Verabschiedung, es zu „vergessen“. Nehmen Sie es mit, sollten Sie ein Geschenk von gleichem Wert folgen lassen. Und auf eine Einladung eine Gegeneinladung nach Deutschland auszusprechen, ist eine sehr nette Geste, sollte aber nur geschehen, wenn Sie sich wirklich über den Besuch freuen würden. Denn Sie müssen davon ausgehen, dass der

Grieche irgendwann die Einladung annimmt.

Großbritannien

Die Briten gelten als das Volk mit dem besten Benehmen. Und natürlich ist ihr → Humor legendär. Lachen Sie gerne mit einem Briten, versuchen Sie aber bloß nicht, ihn an Witzigkeit zu übertrumpfen. Scherze über das englische Königshaus lassen Sie aus. Selbst wenn der Brite darüber witzelt, dürfen Sie es noch lange nicht. Übrigens: Bringt jemand einen Toast auf die Queen aus, erheben Sie sich wie alle anderen. Eine weitere Eigenschaft ist das sogenannte Understatement, also die „Untertreibung". Damit ist gemeint, sich bescheiden zu geben, obwohl man kurz darauf seine Fähigkeiten und Talente aufblitzen lässt. Übernehmen Sie dieses Verhalten und Sie werden einen guten Eindruck hinterlassen. Einen Unterschied zwischen „Du" und „Sie" gibt es in der englischen Sprache nicht. Auch wird rasch der Vorname benutzt. Warten Sie ab, bis man es Ihnen anbietet. Begrüßt wird mit → Handschlag, höchst selten mit Umarmung. Selbst das Händeschütteln ist vielen Briten schon zu viel → Körperkontakt und wird nach der ersten Begegnung weggelassen. Zu persönlichen Einladungen

TIPP

Aufgepasst! Die zum V gestreckten Zeige- und Mittelfinger werden im Königreich als extreme Beleidigung verstanden. Wenn Sie in der Kneipe zwei Getränke bestellen wollen, halten Sie lieber Daumen und Zeigefinger in die Höhe. Drängeln Sie sich niemals vor. Verwechseln Sie Großbritannien nicht mit England. Auch die Iren, Waliser und Schotten sind Briten, aber gewiss keine Engländer.

bringen Sie etwas mit. Entscheiden Sie sich für Blumen, werden diese im Papier überreicht oder am Vortag bzw. nächsten Tag geschickt. Teurer → Wein kommt übrigens besser an. Zu persönlich sollte ein Geschenk nicht sein. Auch die Konversation bleibt – jedenfalls zu Anfang – etwas oberflächlich. Fragen Sie nicht nach der Familie, wenn Sie diese nicht bereits kennengelernt haben. Grundsätzlich kleiden Sie sich am besten ein wenig konservativer und benehmen sich ein wenig höflicher, als Sie es vielleicht in Südeuropa dürfen, dann liegen Sie richtig. Rechnen Sie im Restaurant oder bei der Taxifahrt mit zehn bis 15 Prozent Trinkgeld.

Grüßen

Während früher nur Personen gegrüßt wurden, die man zuvor kennengelernt hatte, gehört es heutzutage zum guten Ton, unter bestimmten Bedingungen auch Fremde zu grüßen. Natürlich können Sie nicht durch eine Großstadt laufen und jedem freundlich „Guten Tag" sagen. Betreten Sie aber einen Fahrstuhl, ein → Wartezimmer, ein Zugabteil oder andere eher kleine Räume mit einer überschaubaren Anzahl Menschen darin, dann grüßen Sie. Auch wenn zwei Hundehalter einander beim Gassigehen begegnen, ist ein Gruß ein Zeichen guten Benehmens. Darüber hinaus ist das Grüßen oft auch ein Einstieg in ein kurzes Gespräch mit Fremden. Wenn Sie den Busfahrer oder eine Verkäuferin etwas fragen wollen, sagen Sie zunächst „Guten Tag". Handelt es sich nicht oder nicht nur um Fremde, gibt es einige Regeln zu beachten. Derjenige, der den anderen zuerst sieht, grüßt auch zuerst. Selbstverständlich wird das immer erwidert. Sitzt bereits jemand im → Wartezimmer, grüßt der Ankommende. Genauso ist es, wenn Sie auf einer Party erscheinen. Grüßen Sie bei ihrer Ankunft in die Runde, und warten Sie nicht darauf, dass die Anwesenden Sie zuerst mit einem Gruß willkommen heißen. Zuletzt: Haben Menschen beruflich miteinander zu tun und begegnen sich etwa auf dem Flur, grüßt der Rangniedere immer zuerst. Für alle gilt außerdem: → Lächeln und dem anderen kurz ins Gesicht schauen!

Grußwort

Wenn Sie gebeten werden, ein Grußwort für eine Festschrift zu verfassen oder bei einer Veranstaltung vorzutragen, ist das zunächst eine Ehre. Lehnen Sie diese nicht ab. Nehmen Sie sich Zeit für diese schwierige Aufgabe, denn wieder einmal muss gesagt werden, dass die Verwendung von → Floskeln tödlich ist. Der zweite Fehler, der lauert, ist fehlende Information. Erkundigen Sie sich über Vereins- oder Firmengeschichte über Inhalte und Details zur Veranstaltung. Kritische Töne sind übrigens auf keinen Fall gefragt. Man erwartet von Ihnen, dass Sie Lob aussprechen, weiterhin Erfolg und ein langes Bestehen wünschen. Wenn Sie das nicht aus vollem Herzen können, ist das ein Grund, um die ehrenvolle Aufgabe doch auszuschlagen. Sind Sie irgendwo Gast und jemand trägt sein Grußwort vor, gähnen Sie nicht, und tuscheln Sie nicht mit Ihrem Sitznachbarn. Auch dann nicht, wenn der Betreffende viel zu lange spricht. Denn auch das ist eine Regel des guten Grußwortes: Man kann über alles reden, aber nicht über fünf Minuten.

Gürtel

Hat ein Kleidungsstück Gürtelschlaufen, gilt generell: Hier gehört auch immer ein Gürtel hinein. Denn alles andere wirkt nachlässig. Der Gürtel ist mehr als ein Hilfsmittel, das → Hose oder → Rock hält, er ist ein modisches Accessoire und sollte deshalb farblich und vom Stil immer zur Kleidung passen. Und: Sind die Gürtelschlaufen sehr breit, sollte es auch der Gürtel sein.

Guten Appetit

Nach aktuell geltenden Benimmregeln sagt man nicht mehr „Guten Appetit“ und schon gar nicht „Mahlzeit“. Ein freundliches Kopfnicken zum Start des Essens ist vollkommen ausreichend. Wer dennoch zu einem besonderen Mahl etwas sagen möchte, kann zum Beispiel die folgende Formulierung wählen: „Genießen wir es!“

H

Haar

Es ist allein Ihre Entscheidung, welche Frisur Sie tragen. Natürlich sollte sie zu Ihrem Typ passen, und hier tut dem einen oder anderen etwas Beratung gut. Grundsätzlich ist wichtig, dass überhaupt ein Schnitt zu erkennen ist. Also nicht „rauswachsen" lassen, sondern regelmäßig zum Friseur gehen. Dann ist selbstverständlich die Pflege von Bedeutung. Außer regelmäßigem Waschen, um keine strähnige Haartracht zu haben, stehen auch ab und zu Packungen oder Spülungen auf dem Programm, damit das Haar nicht wie Stroh aussieht. Wenn die ersten grauen Strähnen zu sehen sind, müssen Sie nicht unbedingt färben oder tönen, können Ihrem natürlichen Ton aber gern auf die Sprünge helfen. Falls Sie eine ganz andere, richtig schrille Farbe wollen, sollten Sie vorher klären, ob dies in Ihrem Job gern gesehen wird. Bei gefärbten Haaren immer auf die Ansätze achten. Es wirkt ungepflegt, wenn der Scheitel braun ist, der Rest jedoch platinblond. Das gilt auch für Dauerwellen. Im Berufsleben ist ein hübscher Pferdeschwanz oder eine Hochsteckfrisur bei langen Haaren angebracht. Männer mit langen Haaren sind nicht in jeder Branche gern gesehen. Außerdem gehört der Bart auch zu den Haaren und sollte genauso gepflegt sein.

Hähnchenschenkel

Essen Sie das Hühnerbein nicht überall ganz selbstverständlich mit den Fingern! Diese Sitte beschränkt sich auf den einfachen Imbiss, wo Sie vermutlich Pommes frites und sonst nichts dazu essen. Im Restaurant jedoch gibt es meist Gemüse, → Kartoffeln und vor allem auch → Soße dazu. Dann nehmen Sie natürlich Messer und Gabel.

Haifischkragen

Der Haifisch- oder auch Cutawaykragen fällt dadurch auf, dass die beiden Spitzen extrem weit auseinanderliegen. Das hat den großen Vorteil, dass Krawattenknoten bestens zur Geltung kommen. Ohne → Krawatte wird ein → Hemd mit dieser Kragenform nicht getragen. Es passt perfekt zum → Business-outfit. Gute Qualität erkennen Sie oft daran, dass im Kragen lose Taschen eingearbeitet sind, in denen Kragenstäbchen für den richtigen Sitz sorgen.

Hamam-Besuch

Ein Hamam ist ein Dampfbad. Wichtigste Verhaltensregel, wenn es sich nicht gerade um eine Einrichtung in einem deutschen Wellness-Tempel handelt: Frauen und Männer gehen in getrennte Schwitzräume. Außerdem werden Badesachen, also Badehosen oder Badeanzug bzw. Bikini getragen. Nur in den wenigsten Einrichtungen ist man unter einem speziellen Handtuch nackt. Erkundigen Sie sich sicherheitshalber am Eingang. Außerdem bringt man Badesandalen mit. Am Eingang bekommen Sie meist ein Handtuch aus Baumwolle, das Sie sich vor Eintritt in den Dampfraum um den Körper schlingen. Drinnen darf das Tuch dann abgenommen werden, um sich mit Wasser zu übergießen. Dafür stehen kleine Schalen bereit. Danach ruhen Sie auf einer warmen steinernen Liege. Anschließend ist die Badefrau oder bei Männern natürlich der männliche Kollege zur Stelle, um Sie mit einem groben Seidenhandschuh abzureiben und danach mit viel Schaum zu waschen. Der Abschluss ist eine Massage und noch einmal Ruhe auf der Steinliege. Wer nur Eintritt zahlt, ohne eine Anwendung zu reservieren, begießt sich eben nur mit Wasser und schwitzt auf den Steinen liegend.

Hamburger Sie

Das sogenannte Hamburger Sie hat sich in vielen Firmen eingebürgert, in denen ein enger Kontakt unter den Mitarbeitern und von den Vorgesetzten zu den Mitarbeitern herrscht, ein lockerer Umgangston jedoch nicht an der Tagesordnung ist. Man siezt sich, nennt sich jedoch beim Vornamen.

Hamburger / Hot Dog

Hot Dogs werden ausschließlich mit Fingern gegessen. Meist bekommen Sie ihn in einer → Serviette, die Sie auch brauchen. Der Hamburger oder Cheeseburger – die Variante mit Käse – ist in Schnellrestaurants ebenfalls ein klassisches Fingergericht. Bestellen Sie im Restaurant jedoch einen Burger, wird er oft gleich mit Pommes und kleiner Salatgarnitur und mit → Besteck serviert. Merke: Wird das Brötchen mit Frikadelle auf einem Teller gebracht, greifen Sie zu Messer und Gabel.

Händedruck

Der Händedruck sagt viel über einen Menschen aus. Ist er sehr lasch, signalisiert das Unsicherheit und mangelndes Durchsetzungsvermögen. Greifen Sie also ruhig kräftig und beherzt zu, ohne dabei jedoch Ihrem Gegenüber die Knochen zu zertrümmern. Ist es warm, oder sind Sie sehr aufgeregt, wischen Sie bitte vorher diskret die Hände trocken.

Handicap

Menschen mit einem Handicap, also einer körperlichen Behinderung, begegnen uns in allen Bereichen des Lebens. Natürlich, denn sie leben mit uns wie jeder Mensch ohne Handicap auch. Und sie sind genauso unterschiedlich. Darum gibt es auch keine generellen Verhaltensregeln. Fast. Ausgegrenzt werden will bestimmt keiner. Versuchen Sie darum, aller eventuell vorhandenen Unsicherheit zum Trotz, unverkrampft mit diesen Menschen umzugehen. Sparen Sie sich Ihr Mitleid, das Sie vielleicht tatsächlich empfinden. Es hilft niemandem, sondern führt nur zu einer unangenehmen Stimmung. Gehen Sie erst einmal davon aus, dass der Betreffende in seinem Leben sehr gut zurechtkommt, was häufig der Fall ist. Manchmal stehen Menschen mit Handicap jedoch vor einem Problem, weil die Umwelt nicht ideal für sie eingerichtet ist. Sehen Sie, dass sich ein Mensch im Rollstuhl mit dem Öffnen einer Tür abmüht oder dass ein Blinder an einem Fahrkartenautomaten hilflos ist, dann sprechen Sie denjenigen freundlich an und bieten Sie Ihre Hilfe an. Behandeln Sie jedoch niemanden wie ein Kind, nur weil er körperlich eingeschränkt ist. Drängen Sie sich nicht auf und bevormunden Sie nicht. Der Betroffene weiß besser als Sie, was er kann und was nicht.

Handkuss

Der gute alte Handkuss ist aus der Mode gekommen. Früher galt: Nur verheiratete Damen oder solche über 30 werden mit dem Handkuss bedacht. Dies allerdings nur in geschlossenen Räumen oder auf dem Bahnsteig. Heute ist diese Form noch in Polen und weniger auch in Italien, Frankreich und Österreich anzutreffen. Der Herr hebt die Hand der Dame sanft an, sodass der Handrücken nach oben zeigt. Er neigt sich zu ihr herunter und deutet einen Kuss nur an. Die Lippen berühren den Handrücken nicht. Übrigens: Wer eine Frau so begrüßt, muss es heutzutage mit allen anwesenden Damen so machen.

Handschlag

Umfragen zeigen, dass der Handschlag, scheint er auch ein wenig aus der Mode gekommen zu sein, nach wie vor sehr geschätzt wird. Er drückt mehr persönlichen Bezug und Höflichkeit aus als ein „aus der Ferne" gesagtes „Guten Tag". Wer wen zuerst → begrüßt ist eine Sache, wann der Handschlag weggelassen werden kann, eine andere. Sie können sich merken: Wenn die Situation ungünstig ist, Ihr Nachbar Ihnen beispielsweise schwer mit Einkaufstaschen bepackt begegnet, dann lassen Sie den Handschlag weg. Auch wenn Sie gerade keine Hand frei haben, brauchen Sie zunächst nicht alles abzustellen. Selbst dann nicht, wenn es Ihr → Chef ist, den Sie → grüßen. Aber Achtung: Reicht Ihnen der Chef die Hand, obwohl

Sie Aktenberge balancieren, oder stellt sich der neue Nachbar vor, sollten Sie Akten oder Einkäufe kurz zur Seite legen. Personen, die Sie kaum kennen, werden in der Regel nur mit einem Gruß ohne Handschlag bedacht, wenn man Ihnen irgendwo begegnet. Und auch diejenigen, die man sehr regelmäßig trifft, wie zum Beispiel Kollegen, müssen nicht immer aufs Neue per Hand begrüßt werden.

TIPP

Beachten Sie regionale Unterschiede! In Ostdeutschland wird mehr Wert auf den Handschlag gelegt als im Westen des Landes. Wobei in Deutschland im Allgemeinen mehr zugegriffen wird als in den meisten anderen Ländern.

Reichen Sie die Hand, sollte das „Wie“ stimmen. Hierzu mehr beim Stichwort → „Händedruck“. Dass oft vom Schütteln der Hände gesprochen wird, führt auf eine falsche Fährte, denn Schütteln ist absolut untersagt. Bleiben Sie ganz ruhig in der Schulterpartie, und strecken Sie den Unterarm nur aus dem Ellenbogen vor, um die andere Hand zu drücken.

Handschrift

Die Handschrift sagt einiges über einen Menschen aus. Selbst dann, wenn sie nicht professionell tiefenpsychologisch gedeutet wird. Ob jemand sehr klein oder groß, rund oder kantig, gleichmäßig oder keiner Linie folgend schreibt, hinterlässt bei dem Betrachter immer einen Eindruck. Wenn Sie jemandem eine Nachricht schreiben, geben Sie sich darum immer Mühe. Verwenden Sie einen Füllfederhalter oder anderen Stift mit gutem Schriftbild. Streichen Sie nicht einfach ein Wort durch, und malen Sie auch nicht nachträglich noch einen Buchstaben dazwischen. Nehmen Sie sich Zeit, denn eilig hingekritzelte Zeilen sehen auch so aus. Versuchen Sie, einen möglichst gleichmäßigen Schwung einzuhalten. Wichtige berufliche Schreiben werden heutzutage fast immer per Computer angefertigt und ausgedruckt. Wird jedoch ausdrücklich ein → Lebenslauf oder Ähnliches handschriftlich verlangt, müssen

Sie sich natürlich besonders bemühen. Aber versuchen Sie nicht, Ihre Schrift zu verstellen. Man wird Ihnen auf die Schliche kommen.

Handy

Mobiltelefone haben sich zur Plage entwickelt. Sie sind immer und überall. Das kann sehr stören. Im Restaurant gehört es zum guten Ton, das Handy stumm zu schalten, im → Kino, im → Theater oder im → Konzert hat es vollständig ausgeschaltet zu sein. Klingelt es doch mal im unpassenden Moment, entschuldigen Sie sich, schalten es dann sofort aus oder entfernen sich kurz, um ein Gespräch anzunehmen. Originelle Klingeltöne mögen Spaß machen, sie dürfen aber nicht so laut sein, dass ein kompletter Bahnhof über den eingehenden Anruf informiert wird. Auch die Lautstärke, in der ein Gespräch geführt wird, sollte immer dezent sein. Nicht jeder will alles mithören. Übrigens gibt es auch Orte, an denen das Mobiltelefon verboten ist. Das ist zunächst am Steuer eines Kraftfahrzeugs, an Bord eines Flugzeugs und in Krankenhäusern. Was viele nicht wissen oder ernst nehmen, ist das Verbot an Tankstellen. Man will vermeiden, dass Ihnen Ihr Telefon aus der Hand rutscht und auseinanderfällt. Der Akku könnte dabei Funken werfen und den Treibstoff entzünden. Nehmen Sie bitte alle Verbote ernst und halten sich der Sicherheit zuliebe daran!

Happy Hour

In der Happy Hour gibt es zumeist alle oder zumindest eine bestimmte Auswahl alkoholischer Getränke wie Cocktails zum halben oder ermäßigten Preis. Auch wenn es eine tolle Gelegenheit ist, exotische Mixgetränke für wenig Geld zu genießen, sollten Sie nicht innerhalb von kürzester Zeit Unmengen herunterstürzen. Und schon gar nicht immer gleich zwei auf einmal bestellen. Die Gefahr ist groß, dass Sie danach nicht mehr gerade stehen können. Es schickt sich auch

H

nicht, kurz vor Ende der Happy Hour mehrere Getränke zum ermäßigten Preis zu bestellen und davon den Rest des Abends zu zehren. Versuchen Sie nicht, die Bedienung dazu zu überreden, Ihnen auch nach Ablauf der „fröhlichen Stunde“ die Getränke für weniger Geld zu servieren. Drängeln an der Bar ist natürlich genauso wenig angesagt wie sonst auch.

Haustiere

Mit dem Menschen leben auch zahlreiche Tiere in deutschen Haushalten. Wollen Sie als Mieter einen Nager oder Vierbeiner anschaffen, klären Sie erst, ob Sie das dürfen. Kleintiere, also etwa Hamster oder Vögel, dürfen Sie sich immer zulegen, selbst wenn der Mietvertrag etwas anderes sagt. Das ist die gesetzliche Regelung. Hundehaltung kann ausgeschlossen werden. Ist im Vertrag nichts zu diesem Thema festgehalten, sind Kleintiere und Katzen erlaubt. Trotzdem macht es einen guten Eindruck, wenn Sie vorher mit Ihrem Vermieter darüber sprechen. Grundsätzlich müssen Sie sicherstellen, dass niemand von Ihrem Tier belästigt wird. Im Mehrfamilienhaus sollte die Katze nicht in fremde Wohnungen spazieren. Halten Sie Katzentoilette und Hamsterkäfig immer sauber, sodass kein Geruch ins Treppenhaus zieht. Speziell für Hunde gelten weitere Regeln. Sie können durch das Bellen leicht zur Lärmbelästigung werden. Erziehung ist bei ihnen also ganz wichtig. Draußen sollten Sie Ihren Vierbeiner an die Leine nehmen, wenn Sie mit ihm unter Menschen unterwegs sind. Will ein Jogger oder ein Spaziergänger an Ihnen vorbei, rufen Sie Ihren Hund heran, und vermitteln Sie dem Passanten ein Gefühl von Sicherheit. Treffen Sie auf andere Hundehalter, klären Sie erst ab, ob die beiden sich beschnuppern oder gar miteinander spielen dürfen. Auf Kinderspielplätzen, in Parkanlagen und auf fremden Privatgrundstücken haben Hundehaufen nichts zu suchen. Gehen Sie mit Ihrem Hund dort hin, wo er sich erleichtern kann, ohne jemanden mit seinen Hinterlassenschaften zu ärgern, oder halten Sie eine kleine Tüte bereit, und entfernen Sie den Kot.

Hemd

Das Wort hat sich vom althochdeutschen Begriff „Hemedi“ entwickelt, was „Haut“ heißt. Und eine zweite Haut ist es im Prinzip auch. Vor allem für Geschäftsmänner, die zum Anzug selbstverständlich immer ein Hemd tragen. Wichtig ist eine gute Qualität. Greifen Sie lieber zu guten Materialien, oft an hochwertigen Knöpfen zu erkennen. Das Kleidungsstück soll weder an Ihnen hängen noch über dem Bauch spannen. Achten Sie besonders auf den Sitz am Hals. Die richtige Kragenweite haben Sie, wenn nichts schnürt, der Ausschnitt aber auch nicht lasch hängt. Ein Finger soll bequem zwischen Hals und Kragen passen. Hemdärmel und Kragen schauen etwa einen Zentimeter über den Anzug heraus. Die klassische Farbe ist weiß, die Auswahl jedoch riesig. Im Berufsleben sind auch Rosa und Hellblau gängig. Stimmen Sie die Farbe auf jeden Fall auf die Anzugfarbe und Ihren Typ ab. Klar, dass das Oberhemd immer einwandfrei sauber und gut in Schuss sein muss. Sind die → Manschetten oder der Kragen aufgeraut, sollte es schnell aussortiert werden.

Hering

Hering wird fast immer mit Messer und Gabel gegessen, die auch für Fleisch eingedeckt werden. Nur bei grünen Heringen, das sind frisch gebratene Heringe, benutzen Sie das Fischbesteck.

Hochzeit

Egal, ob Sie als Gast eingeladen sind oder selbst zum Altar schreiten, es gelten an diesem besonderen Tag die gleichen Höflichkeitsregeln wie sonst auch. Und noch einige zusätzlich. So richtet sich die Kleiderfrage nach den Wünschen des Brautpaares. Halten Sie sich an den → Dresscode, den Sie im Zweifel erfragen sollten. Grundsätzlich soll das Paar im Mittelpunkt stehen. Darum nicht zu heftig stylen und als Frau nicht ganz in Weiß erscheinen, wenn die Braut selbst in Weiß heiratet! Der erste Tanz, oft ein Walzer, gehört übrigens auch dem Hochzeitspaar ganz allein.

→ Pünktlichkeit ist noch bedeutender als sonst. Gerade bei kirchlichen Hochzeiten. Stören Sie nicht die Zeremonie, indem Sie nach Beginn noch in die Kirche schleichen. Nach der eigentlichen Trauung gratulieren Sie zuerst Braut und Bräutigam und dann deren Eltern. Falls Sie die noch nicht kennen, stellen Sie sich nach dem Glückwunsch kurz vor und sagen in einem Satz, in welcher Beziehung Sie zu dem Paar stehen. Lassen Sie nahen Verwandten unbedingt den Vortritt. Das Geschenk kann entweder ein Sachpräsent oder auch Geld sein. Beides sollte liebevoll verpackt und mit einer Karte versehen werden.

Sie müssen davon ausgehen, dass erst am Folgetag ausgepackt wird. Das Brautpaar gibt übrigens das Zeichen, wann das → Buffet eröffnet ist bzw. wann mit dem Essen begonnen wird. Und erst wenn der Bräutigam sein → Jackett ablegt, dürfen die anderen männlichen Gäste das auch. Falls Ihnen etwas nicht gefällt, das Essen nicht schmeckt, die Musik nicht nach Ihrer Vorstellung ist, behalten Sie das für sich. Es soll der schönste Tag für die Gastgeber sein, den man einfach nicht durch Gemecker verdirbt. Behalten Sie das auch im Kopf, wenn Sie „lustige Streiche" planen. Eine Brautentführung über mehrere Stunden sprengt die Party. Und wenn das Paar müde ins Bett fallen will, aber nicht kann, weil die Wohnungstür zugemauert ist, finden das die wenigsten komisch.

Hongkong

Hongkong erfreut sich wachsender Beliebtheit bei Touristen, ist aber auch gerade für Geschäftsleute aus ganz Europa häufiges Ziel. Was Benehmen und Sitten angeht, handelt es sich dort um einen Mix aus chinesischen und westlichen Regeln. Machen Sie sich, bevor Sie reisen, mit den Gebräuchen in → China vertraut. Und beachten Sie besonders die Unterschiede. Die beginnen beim Essen. Oft wird nämlich mit Messer und Gabel bzw. mit Löffel gegessen und nicht, wie in China üblich, mit → Stäbchen. Die Amtssprache ist nicht Mandarin sondern Kantonesisch. Gut zu wissen: In Hongkong stellt man sich immer an und drängelt sich auf keinen Fall vor. Frauen dürfen sich etwas lockerer geben und auch kleiden. Zu tiefe Ausschnitte und kurze Röcke sind aber auch hier nicht gern gesehen. Und auch hier hat der Mann noch immer das Sagen, wenn man das jungen Hongkongchinesinnen auch nicht anmerkt. Glücksspiel und Wetten sind unglaublich beliebt. Kritisieren Sie das auf keinen Fall. Auch nicht, wenn jemand in Ihren Augen „angibt". Man ist hier sehr stolz auf das, was man erreicht hat, und spricht gern darüber. Achtung: Wer Zigarettenstummel oder Abfälle auf die Straße wirft, muss mit einer Strafe rechnen.

Hose

Zunächst einmal: → Kurze Hosen sind der Freizeit vorbehalten und passen nicht zum Business-Dress. Selbst in der Freizeit der gute Rat, Ihren Mitmenschen den Anblick von kurzer Hose plus Socken womöglich in → Sandalen zu ersparen. Entscheiden Sie sich: Socke oder Shorts! Und zwar für Männer und Frauen. Eine lange Hose sollte immer die richtige Länge haben. Das hängt zum Teil von der Mode ab. Sogenannte Capri- oder Dreiviertelhosen reichen nicht bis auf den Schuh. Wer es mag, trägt es in der Freizeit. Bleiben Sie für den Job bei Hosen, die zwei Drittel des Schuhs bedecken und auch in Bewegung den Kontakt mit den Schuhen nicht ganz verlieren.

Logisch, dass das Beinkleid sauber zu sein hat. Alle Knöpfe müssen da, der Reißverschluss heil sein. Gewollte Löcher oder Flicken passen natürlich nicht in den Dienst. Bügeln Sie Ihre Hose. Die Bügelfalte gehört mittig über das Knie. Aufschläge

H

verbessern manchmal den Sitz. Sie sollen dezent, also nicht besonders breit sein und gehören nicht zum vornehmen Abendanzug. Wenn Sie wissen wollen, ob eine Hose gut sitzt, hilft nicht nur der Blick in den Spiegel. Ziehen Sie sie zur Probe ohne → Gürtel an. Wenn Sie dann locker aber zuverlässig sitzt, liegen Sie richtig.

H

Hosenanzug

Der Hosenanzug ist neben dem → Kostüm das klassische → Business-outfit für die Dame. Natürlich kann er auch darüber hinaus zu vielen Anlässen getragen werden, wie etwa ins → Theater, ins Museum oder zu → Einladungen. Denn mit ihm ist man immer gut angezogen. Er besteht aus → Hose und → Blazer. Wählen Sie zum Blazer eine → Bundfaltenhose oder eine gerade geschnittene Hose. Letztere lässt Sie ein wenig größer erscheinen. Eine deutliche Bügelfalte verstärkt diesen Effekt und kaschiert zudem kleine Pölsterchen. Achten Sie beim Kauf des Hosenanzugs vor allem auf Qualität des Materials und der Verarbeitung. Und: Wer viel verreist, wählt besser einen Stoff, der wenig knittert.

Hosentaschen

Die Hosentaschen sind dafür gedacht, kleine Dinge zu transportieren, die man schnell zur Hand haben will, wie etwa ein → Taschentuch. Stopfen Sie die Taschen aber nicht so voll, dass sie ausbeulen. Schlüssel und Kleingeld sorgen in kurzer Zeit für Löcher und klappern unschön beim Gehen. Und: Ihre Hände sollten Sie dort auf keinen Fall unterbringen.

Hosenträger

Hosenträger sind kein modisches Detail, sondern viel mehr eine nützliche Alternative zum → Gürtel. Wo Schlaufen sind, gehört auch ein Gürtel hinein. Für → Hosen ohne diese Vorrichtung, die rutschen, sind die Hosenträger da. Sie sind ein wenig aus der Mode gekommen, gehören andererseits zu bestimmten Trachtenhosen. Wer sie heute als tragendes Hilfsmittel benutzt, versteckt sie unter dem → Jackett. Hosenträger zum klassischen Anzug sollten nicht zu sehen sein. Kommen Sie auf keinen Fall auf die Idee, bunte, mit Comicfiguren bedruckte Exemplare zu kaufen und ständig mit den Daumen vom Körper zu schieben.

Hotelbenehmen dienstlich

Das Benehmen entspricht dem des privaten Hotelaufenthaltes. Zusätzlich sollten Sie immer darauf achten, dass Ihr Zimmer aufgeräumt ist. Es kann sein, dass ein Kollege aus irgendwelchen Gründen kurz einen Blick darauf werfen kann. Außerdem: Das Zimmer wird vermutlich vom Arbeitgeber bezahlt. Das schließt die → Minibar nicht ein. Klären Sie die Kostenübernahme vorab, falls Sie etwas daraus konsumieren möchten. Ansonsten bitte beim Auschecken eine getrennte Rechnung dafür verlangen und selbst bezahlen.

Hotelbenehmen privat

Zwar haben Sie dafür bezahlt, im Hotel zu übernachten, trotzdem verhalten Sie sich am besten, als seien Sie bei Freunden zu Besuch, die Sie auch in Zukunft noch besuchen möchten. Damen benutzen zum Abschminken nicht etwa das Handtuch. Mit sandigen Füßen geht niemand ins Bett. Gerade in trockenen, heißen Regionen sollte immer Wasser gespart werden, anstatt womöglich kaltes Wasser laufen zu lassen, um Getränke zu kühlen. → Grüßen Sie das Personal – und bei kleinen Hotels auch die anderen Gäste – freundlich. Nehmen Sie auch Rücksicht auf andere Hotelgäste. Oft sind die Zimmer recht hellhörig. Stellen Sie den Fernseher also nur auf Zimmerlautstärke, und unterhalten Sie sich in den Fluren nicht laut, wenn Sie erst nachts auf Ihr Zimmer gehen.

H

TIPP

Sind die Flure, die an den Zimmern vorbeiführen, aus Stein oder gefliest, sollten Frauen mit klappernden Absätzen auf Zehenspitzen gehen oder die Schuhe ausziehen, wenn sie nachts im Hotel unterwegs sind.

Hotelzimmer

Die Ausstattung eines Hotelzimmers steht dem Gast für die Dauer seines Aufenthaltes zur Verfügung. Das heißt, Möbel und Co. sind so zu behandeln wie ein geliehener Gegenstand. Kleine Kosmetikpackungen, wie Duschgel oder Körperlotion, dürfen normalerweise mitgenommen werden, es sei denn, es steht ein Preis darauf.

Überlegen Sie aber, ob Sie die kleinen Fläschchen wirklich benötigen. Wer alles mitnimmt, erzeugt höhere Kosten für das Hotel und vor allem mehr Abfall. Handtücher und Bademantel verbleiben übrigens im Zimmer.

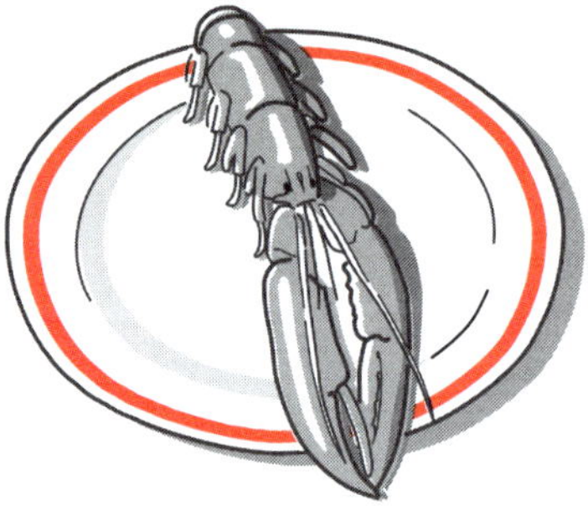

Hummer

Einen Hummer zu essen, erscheint vielen als die große Herausforderung in puncto Tischsitten. Manchmal bekommen Sie das Fleisch bereits verzehrfertig auf den Teller. Dann essen Sie ganz einfach mit dem üblichen Fleischbesteck. Ist das Tier dagegen lediglich halbiert, gehen Sie folgendermaßen vor: Knacken Sie die Scheren mit der Hummerzange, indem Sie diese mittig ansetzen. Es ist im Grunde so, als ob Sie eine Nuss knacken. Halten Sie den Körper fest, und ziehen Sie anschließend das Fleisch mit der Hummergabel aus der Schere. Mit den Beinen machen Sie es genauso. Drehen Sie diese vom Körper ab, und knacken Sie sie vorsichtig auf. Der Darm ist als schwarzer Faden am Schwanz zu erkennen. Entfernen Sie ihn. Waschen Sie sich jetzt in einer Fingerschale die Hände, und trocknen Sie sie ab, bevor Sie nun den Rest mit Messer und Gabel essen. Die Hummergabel hat übrigens zwei nutzbare Seiten. Mit den kleinen Zinken spießen Sie Fleisch auf und ziehen es beispielsweise aus den

TIPP

Wussten Sie das? Hummer sind vom Aussterben bedroht. Denken Sie auch daran, dass Sie fast immer einen qualvollen Transport und eine ebensolche Tötung hinter sich haben und in freier Wildbahn doch so alt wie ein Elefant werden könnten. Dann fallen Ihnen vielleicht andere Delikatessen ein, die Sie lieber verspeisen mögen als das Krustentier.

Scheren, mit der löffelartigen anderen Seite kratzen Sie den Panzer aus bzw. lösen das Fleisch aus ihn heraus.

Humor

Menschen, die Humor haben, kommen immer gut an. Eine witzige Anekdote oder ein herzhaftes Lachen können das Eis zwischen Fremden brechen und eine zähe Unterhaltung in Gang bringen. Besonders nett ist es, wenn man auch über sich selbst lachen kann. Über andere Menschen oder deren Missgeschicke darf ruhig auch geschmunzelt und gewitzelt werden. Dazu gehört allerdings eine große Portion Feingefühl. Vermeiden Sie dagegen auf Kosten anderer schallend zu lachen. Das stellt Sie ins Abseits. Berücksichtigen Sie auch Tabuthemen. In den meisten Ländern wird es nicht akzeptiert, wenn Sie Ihren Humor auf die Hymne, die Regierung oder nationale Helden konzentrieren. Ebenso wenig zieht man Tragödien durch den Kakao. Denken Sie doch nur an den 11. September. Selbst die eigentlich witzigste Pointe würde in diesem Zusammenhang zur Geschmacklosigkeit verkommen.

Hut

Früher war ein Mann nicht komplett gekleidet, wenn er keinen Hut trug. Das hat sich sehr geändert. Aber natürlich ist diese → Kopfbedeckung auch heute noch sehr schick. Das Lüpfen, um jemanden zu grüßen, ist nicht mehr nötig. Tun Sie es höflicherweise nur dann, wenn ein älterer Herr es Ihnen vormacht. In geschlossenen Räumen wird der Hut abgenommen. Bei Frauen sieht das anders aus. Gehört er zum Kleid, darf er sogar während des Essens auf dem Haupt bleiben. In aller Regel handelt es sich nicht um riesige Exemplare, die den Sitznachbarn behindern. Einzige Ausnahme sind Bräute. Tragen die einen ausladenden Hut, dürfen Sie ihn so lange aufbehalten, wie sie möchten. Im → Kino oder → Theater sollten auch Frauen ihre Kopfbekleidung absetzen.

H

Indien

Die Menschen in Indien sind so unterschiedlich, wie ihr Land groß ist. Das heißt, ein Gast sollte immer ein wenig abwarten und beobachten, um sich angemessen zu benehmen. So sind zum Beispiel knapp 15 Prozent der Einwohner Muslime, was einen entsprechenden Verhaltenskodex verlangt. Dann gibt es viele Hindus, die häufig Vegetarier sind. Grüßen Sie in der nördlichen Hälfte des Landes mit „Namaste" und im Süden mit „Namaskaram". Dazu legen Sie die Handflächen wie zum Gebet aneinander – die Fingerspitzen nach oben zeigend – und verbeugen sich ein wenig. In der Stadt und unter jungen Leuten wird Ihnen unter Umständen auch die Hand gereicht und ein einfaches „Hello" gesagt. Erwidern Sie diesen westlichen Gruß dann. Bekommen Sie bei einem gesellschaftlichen Ereignis einen Blumenkranz umgehängt, nehmen Sie ihn ab und halten ihn in der Hand. Falls Sie als Frau einen Tempel besuchen, bedecken Sie auf jeden Fall Ihren Kopf. Zeigen Sie sich nicht freizügig, sondern bedecken Sie Ihre Haut selbst bei großer Hitze. Wenn Sie essen gehen, schauen Sie, ob Besteck auf dem Tisch liegt. Essen alle mit den Fingern, tun Sie das auch. Schauen Sie bei den Einheimischen ab, wie das gemacht wird. Inder sind eher zurückhaltende, sehr tüchtige Menschen. Sie drängen Ihnen nicht ihre Meinung auf. Halten Sie sich darum auch zurück. Das Thema „Kastensystem" klammern Sie am besten ganz aus, wenn Sie sich nicht unbeliebt machen wollen. Wie in vielen Ländern gelten Fußsohlen auch hier als unrein und werden keinesfalls einem Menschen entgegengestreckt.

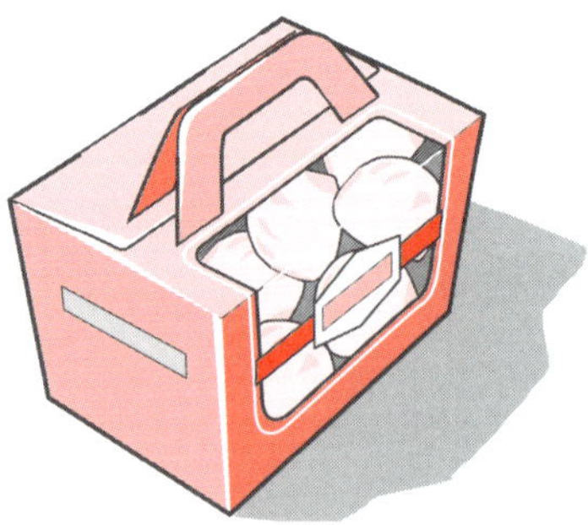

Wenn Sie eingeladen werden, bringen Sie am besten hochwertige Pralinen oder auch Schreibgeräte mit. Blumen werden eher nicht verschenkt. Das typische Wiegen mit dem Kopf kann „Nein“ bedeuten, heißt aber ebenso „Ja“ oder „Vielleicht“ oder signalisiert einfach nur Aufmerksamkeit.

Indonesien

Zunächst einmal gelten im Land die Grundsätze des → Islam, da die meisten Indonesier Muslime sind. Zum anderen werden Achtung vor den Mitmenschen und Ehre ganz groß geschrieben. Seien Sie in dieser Hinsicht also lieber ein wenig zu vorsichtig als zu locker. Bei der ersten Begrüßung wird man Ihnen vermutlich die Hand reichen. Geben Sie Ihre rechte Hand, und legen Sie sie anschließend kurz auf Ihr Herz. Man sagt „Madam“ – wobei Frauen nur per → Handschlag begrüßt werden, wenn sie dazu auffordern – oder „Sir“. Ist Ihnen der Name Ihres Gegenübers bekannt, grüßen Sie mit „Bapak“, was Herr und „Ibu“, was Frau bedeutet, und dem Namen. Titel sind wichtig und werden nicht unterschlagen. Gut beraten sind Sie, wenn Sie viel lächeln und stets freundlich und ruhig bleiben. Ärger wird dezent behandelt, niemals laut. Berühren Sie nie den Kopf eines Indonesiers, auch nicht den eines Kindes. Es ist der Sitz der Seele, der von Fremden nicht berührt werden darf. Achten Sie darauf, dass Ihre Kleidung nicht freizügig ist. Weiß ist die Trauerfarbe. Die Schuhe werden ausgezogen, bevor Sie heilige Stätten, festliche Räume oder solche mit Teppichboden betreten. Trägt Ihr Gastgeber keine Schuhe, ziehen Sie Ihre ebenfalls aus. Einladungen und auch spontane Besuche sind übrigens weit verbreitet. Lehnen Sie nicht ab! Kommen Sie eine halbe Stunde nach der vereinbarten Zeit, setzen Sie sich, wenn Sie dazu aufgefordert werden. Betritt Ihr Gastgeber den Raum, erheben Sie sich immer, um Ihre Wertschätzung zu zeigen. Als → Gastgeschenk eignet sich sogar Geld, das Sie aber diskret verpacken sollten. Ganz gleich, was Sie mitbringen, Ihr Gastgeber schaut erst nach, wenn Sie gegangen sind. Denken Sie beim Überreichen des Päckchens daran, dass die linke Hand als unrein gilt. Benutzen Sie ausschließlich die rechte, auch zum Essen, wenn Sie auf etwas zeigen oder auch wenn Sie einen Gegenstand entgegennehmen.

Informal

Dieser → Dresscode wird oft auch als „Day informal" oder manchmal „Business Suit" bezeichnet. Er gilt vor allem bei → Geschäftsreisen. Ist jemand also beruflich unterwegs, trägt er einen dunklen Anzug, meist grau oder auch dunkelblau mit einem schlichten → Hemd und eher schlichten → Schuhen. Auch die → Krawatte gehört zwingend dazu. Die Frau greift zum dezenten Kleid oder → Kostüm. Auch ein → Hosenanzug ist okay. Absolutes Muss: die eleganten geschlossenen Schuhe. Dieses Outfit ist übrigens ein offizielles Tagesoutfit, mit dem Sie auch zu geschäftlichen Verabredungen außer Haus gehen können.

Interesse zeigen

Interesse an anderen Menschen zu zeigen, ist die Voraussetzung für gelungene Kommunikation. Sowohl im privaten Bereich als auch im Geschäftsleben. Natürlich können Sie auch von sich erzählen, hören Sie aber auch anderen Menschen zu und fragen nach deren Erfahrungen, Erlebnissen und Meinung.

Internetforum

Ein Internetforum oder auch eine Newsgroup, also ein Forum, in dem Neuigkeiten zu einem bestimmten Thema ausgetauscht werden, schafft Kontakte und versorgt Sie mit Informationen. Auch hier kommen Sie mit gutem Benehmen weiter. Zunächst: In Deutschland hat sich das „Du" in solchen Foren eingebürgert. Lesen Sie erst einige Beiträge. Nur wenn gesiezt wird, tun Sie das auch. Wie auch beim → Chatten sollten Sie sich immer klarmachen, dass Sie es hinter den Computern mit realen Menschen zu tun haben. Bleiben Sie also stets höflich und respektvoll. Achten Sie darauf, dass die Beiträge unmissverständlich, für mehrere Personen interessant und nicht zu lang sind. Denken Sie bei den Formulierungen und dem Inhalt daran, dass Sie sich damit darstellen. Schreiben Sie stets so, dass Sie gern mit dem Text in Verbindung gebracht werden wollen. Sehr häufig gibt es Diskussionen. Tragen Sie Ihren Teil dazu bei, dass der Ton höflich bleibt. Kontrollieren Sie auch, ob Ihre Argumente vielleicht schon genannt wurden, und ersparen Sie dann allen Lesern eine Wiederholung. Humor ist im Internet eine schwierige Sache. Machen Sie unbedingt klar, wenn Sie etwas ironisch oder witzig meinen.

TIPP

Früher galt es als unhöflich, sich nicht mit dem echten Namen im Forum anzumelden. Etwa seit dem Jahr 2000 hat es sich eingebürgert, dass sich jeder ein Pseudonym oder einen sogenannten Avatar, also eine Kunstfigur als grafischen und namentlichen Vertreter, für seine Kommunikation wählt.

Antworten Sie auf eine Frage nicht mit einem ausführlichen Zitat von einer Website oder aus einem Buch. Damit können Sie Urheberrechte verletzen. Klären Sie das vorher, oder verweisen Sie auf einen Link bzw. einen Buchtitel. Ebenso versteht es sich von selbst, dass Sie niemanden namentlich verunglimpfen oder angreifen.

Internetnutzung

Das World Wide Web ist aus unserem Alltag nicht mehr wegzudenken. Nutzen Sie seine Vorteile, aber seien Sie sich bewusst, dass Profis auch auf Ihren Rechner zugreifen können. Während der Arbeitszeit ist das Surfen im Internet zu privaten Zwecken übrigens nicht erlaubt. Sie können dafür sogar eine Abmahnung bekommen. Glauben Sie nicht, man käme Ihnen nicht auf die Schliche. Arbeitgeber sind berechtigt, bei Verdacht Ihre Onlineaktivitäten regelmäßig zu kontrollieren. Das Intranet ist gewissermaßen der kleine Bruder des Internets. Es handelt sich dabei um ein firmeninternes Netzwerk, in dem Sie beispielsweise auf Datenbanken zugreifen können. Sie bekommen dafür Zugangsdaten, die auf keinen Fall an andere weitergegeben werden dürfen.

Iran

Der Iran ist ein islamisches Land mit den entsprechenden Regeln. Im Iran leben vor allem Schiiten. Das ist die neben den Sunniten kleine Hauptgruppe des → Islam. Schiiten sind nicht Anhänger des Propheten Mohammed selbst, sondern von dessen Schwiegersohn und Cousin. Was die Imame, die Nachfolger des Propheten, sagen, ist Gesetz. Männer, die in das Land reisen wollen, haben es nicht sehr schwer. Sie tragen einfach Anzug, bei Geschäftsterminen sogar ohne → Krawatte, und benehmen sich zurückhaltend. Frauen dagegen dürfen nur Hände und Gesicht nackt zeigen. Der restliche Körper wird am besten unter einem langen weiten Mantel verborgen. Make-up ist verboten, Schmuck nicht gern gesehen. Eine lange Hose und ein langärmeliges, hochgeschlossenes Oberteil gehen auch, solange beides nicht figurbetont ist. Besser: Tragen Sie immer einen weiten Mantel oder ein Tuch bei sich, um sich darin verhüllen zu können, wenn es gewünscht wird. Zur Begrüßung reichen Männer sich oft und lange die Hand. Frauen begrüßen in dieser Art höchstens Frauen. Falls Sie privat eingeladen werden, gehen Sie auf jeden Fall hin. Bringen Sie Blumen – niemals gelbe – oder Pralinen ohne → Alkohol mit. Die Frau des Hauses wird maximal knapp begrüßt, ohne dass Sie ihr dabei in die Augen sehen. Danach ignorieren Sie sie am besten und fragen auch nicht nach ihr, falls sie nicht anwesend ist. Ganz wichtig: Sprechen Sie als Mann auch auf der Straße unter keinen Umständen eine Frau an. Sie bringen nicht nur sich selbst, sondern auch die Betreffende in Schwierigkeiten. Gibt es zum Essen kein Besteck, benutzen Sie ausschließlich Ihre rechte Hand. Sie dürfen auch Brot zum Aufheben von Speisen vom Teller verwenden. Tee trinken Sie richtig, indem Sie einen Würfelzucker zwischen die Zähne setzen und den Tee hindurchschlürfen. Ein Trinkgeld wird im Restaurant nicht erwartet, aber gern genommen. Es sollte immer nur eine Kleinigkeit sein.

Irland

Im Grunde gelten fast die gleichen Regeln, wie Sie sie aus → Großbritannien kennen. Nur sind die Iren einerseits zwar weniger steif, andererseits von ihrem tiefen katholischen Glauben geprägt. Scheidungen sind erst seit Mitte der 1990er-Jahre überhaupt erlaubt. Das Frauenbild ist generell noch recht konservativ. Wenn Sie essen gehen, schauen Sie bei den anderen ab. Oft holt man sich seine Speisen und Getränke selbst am Tresen. In dem Fall gibt man kein Trinkgeld. In Restaurants, in denen Sie bedient werden, geben Sie zwischen zehn und 15 Prozent. → Wein ist sehr teuer, denn er wird in Irland nicht angebaut. Wenn Sie in das Haus eines Iren geladen werden, bringen Sie am besten eine Flasche Wein mit. Die Dame des Hauses bekommt dazu Pralinen, Blumen oder auch einen kleinen kunsthandwerklichen Gegenstand aus Ihrer Heimat. Meiden Sie in Gesprächen sehr persönliche Themen und die politische Situation Irlands sowie Vergleiche mit Großbritannien. Lehnen Sie keinen Drink ab, wenn Sie nicht einen guten Grund dafür haben, und revanchieren Sie sich mit einer Einladung.

Islam

Der Islam ist, nach der Zahl der Anhänger gerechnet, die zweitgrößte Religion der Welt. Die Anhänger nennen sich Muslime bzw. Moslems, nicht aber Mohammedaner, was leicht als Beleidigung aufgefasst werden kann. Wenn Sie als Nichtmoslem in ein islamisches Land reisen, sollten Sie einiges beachten. Frauen müssen zum Beispiel wissen, dass sie nicht so selbstbewusst auftreten können wie zu Hause. Kleiden Sie sich am besten schlicht und so, dass Ihre weibliche Figur eher versteckt wird. Arme und Beine verschwinden unter Stoff. Lieber etwas mehr verhüllen als zu wenig. Binden Sie Ihre Haare zusammen, oder stecken Sie sie hoch. In einigen Ländern wird außerdem erwartet, dass Sie ein Tuch darüber tragen. Beim Besuch einer Moschee ist das sowieso obligatorisch.

TIPP

Sie sollten in islamischen Ländern generell Augenkontakt vermeiden. Blickt eine Frau einem Mann dort direkt in die Augen, ist das eine eindeutige sexuell gemeinte Aufforderung.

Allein als Frau zu reisen, ist nicht günstig. Lässt es sich nicht vermeiden, zeigen Sie Zurückhaltung und nehmen Sie hin, wenn Sie in Geschäften oder Restaurants nicht oder erst spät bedient werden.

Umgekehrt sprechen Männer muslimische Frauen nicht von alleine an oder berühren sie gar. Auch hier ist Zurückhaltung gefragt. Die linke Hand wird als unrein angesehen, was daher kommt, dass es nicht überall Toilettenpapier gibt, sondern Wasser und eben Ihre linke Hand. Wenn Ihnen jemand die Hand reicht, geben Sie darum immer Ihre rechte. Damit wird natürlich auch gegessen oder ein Geschenk überreicht bzw. angenommen. Mit einem Finger auf jemanden zu zeigen, gehört sich nicht. Muslime essen in der Regel kein Schweinefleisch und trinken keinen → Alkohol. Gerade was den Alkohol angeht, werden Sie vielleicht überrascht feststellen, dass es Ausnahmen gibt. Warten Sie immer ab, und bestellen Sie sich nicht Wein oder Schnaps, sofern Ihr muslimischer Begleiter das nicht tut. Und bieten Sie beides nie von sich aus an. Während des Fastenmonats Ramadan wird von Sonnenauf- bis Sonnenuntergang weder gegessen noch getrunken oder geraucht. Respektieren Sie diese Zeit, und legen Sie wichtige Termine auf den Abend. Bevor Sie eine Moschee oder ein Privathaus betreten, schlüpfen Sie aus Ihren Schuhen. Wer als Paar reist, sollte in der Öffentlichkeit auf den Austausch von Zärtlichkeiten verzichten. Wenn Sie eine Moschee besuchen, werden Sie manchmal in getrennte Räume gehen müssen.

Israel

In Israel begrüßt man sich gern mit → Handschlag und dem Wort „Shalom“, was „Frieden“ heißt. Dazu ist man im Privatleben meist schnell mit dem Vornamen, im beruflichen Zusammenhang zunächst mit vollständigem Namen und Titel, dabei. Seien Sie sich im Klaren, dass das Verhältnis zwischen Israelis und Deutschen aufgrund der Geschichte belastet ist. Das heißt nicht, dass Sie nicht herzlich empfangen werden. Sie sollten nur Verständnis aufbringen, wenn jemand seine Abneigung oder zumindest Skepsis nicht ganz unterdrücken kann. Vor allem aber sollten Sie unbedingt gut über die Nazizeit und den Holocaust informiert sein. Die Einheimischen heißen Israelis und sind zum Teil Juden. Es gibt aber auch Anhänger anderer Religionen im Land. Falls Sie jemanden einladen, lassen Sie ihn das Restaurant wählen, oder erkundigen Sie sich vorher nach koscheren Lokalen. Was koscher ist, was nicht und was neutral, ist nicht leicht zu durchschauen. Verlassen Sie sich darum lieber auf die Einheimischen. Im Restaurant ist Trinkgeld Pflicht. Geben Sie etwa 15 Prozent. Manchmal ist der Service enthalten. Runden Sie dann dennoch den Betrag auf, und lassen Sie die Münzen auf dem Tisch liegen. Die Mitarbeiter leben überwiegend davon. Werden Sie nach Hause eingeladen, brauchen Sie nicht auf die Minute pünktlich sein. Bringen Sie eine Kleinigkeit mit, und bedenken Sie dabei unbedingt auch die Kinder des Hauses. Findet das Treffen abends in einem Privathaus statt, können Sie nicht automatisch davon ausgehen, etwas zu essen aufgetischt zu bekommen. Frauen stehen in Israel auch im Berufsleben. Im gehobenen Management werden Sie sie aber eher selten antreffen. Als Frau dürfen Sie keinen strenggläubigen Juden berühren, ihm nicht einmal die Hand geben. Sie erkennen ihn an den markanten Locken an den Schläfen, dem Bart und der typischen dunklen Bekleidung. Der jüdische Alltag ist von recht strengen Sitten geprägt. Zeigen Sie Verständnis dafür, und passen Sie sich an. Die Situation der Palästinenser und generell Kritik am Staat Israel sind keine glücklichen Gesprächsthemen.

Italien

Glauben Sie nicht, Italiener seien extrem locker in allen Belangen. Zwar sind sie temperamentvoll und herzlich, im Süden jedoch ist man auch konservativ, im Norden modern und sehr elegant. Bei der namentlichen Begrüßung werden Titel genannt. In Firmen haben Mitarbeiter meist nur begrenzte

I

Mitsprache – der Chef hat das Sagen. Als Tourist dürfen Sie ein wenig freizügiger und der teilweise großen Hitze angepasst → auftreten. Übertreiben Sie es aber nicht, und achten Sie trotzdem auf eine ordentliche Erscheinung. FKK ist überall verboten. Selbst das Sonnen oben ohne, an Touristenstränden weit verbreitet, wird überhaupt nicht gern gesehen. Wenn Sie als Geschäftsmann oder -frau in Italien sind, ist das klassische → Businessoutfit Pflicht. Essen ist sehr wichtig und kann dauern. Bestellen Sie nicht nur Nudeln. In Touristengegenden wird das inzwischen zwar hingenommen, es handelt sich – zumindest in der gehobenen Gastronomie – jedoch nur um eine Vorspeise. Vorsicht Fettnäpfchen: → Spaghetti werden ausschließlich mit der Gabel gegessen. Rollen Sie sie am Tellerrand auf, und verzichten Sie auf einen Löffel. Sie zu schneiden, kommt einer Todsünde gleich. Parmesan gehört auf viele Speisen. Wird er gereicht, nehmen Sie im Zweifel nur einen Hauch, aber lehnen Sie ihn lieber nicht ab. Cappuccino dürfen Sie zum Frühstück oder, wenn es denn sein muss, zwischendurch in einer Bar trinken. Nach dem Essen passt nach Ansicht der Italiener ausschließlich Espresso, der in Italien „caffè" heißt. Geben Sie im Restaurant bis zu 15 Prozent Trinkgeld. Rechnungen werden übrigens niemals getrennt verlangt. Teilen Sie mit Ihren italienischen Freunden oder Geschäftspartnern die gesamte Summe durch die Anzahl der Personen. Sind Sie mit anderen Deutschen unterwegs, rechnen Sie gegebenenfalls hinterher einzeln miteinander ab, nur belästigen Sie auf keinen Fall den Kellner damit.

TIPP

Der Italiener hat eine starke familiäre Bindung, ihm ist die Familie heilig. Darum ist es immer nett, ihn nach ihr zu fragen und seinen Geschichten aufmerksam zu lauschen. Zeigen Sie gern auch Bilder von Ihren Kindern. Das kommt gut an und bricht das Eis. Apropos: Kinder dürfen in Italien nahezu alles. Akzeptieren Sie es, wenn diese schreien oder herumtoben.

J

Jackett

Das Jackett, oft auch Sakko genannt, ist eine Anzugjacke. Es kann nicht nur mit der dazugehörigen → Hose, sondern auch als Jacke zu einer anderen passenden Hose getragen werden. Bei der Qualität des Stoffes und der Verarbeitung sparen Sie lieber nicht. Das Kleidungsstück kann schlicht einfarbig sein oder auch Nadelstreifen oder Fischgrätmuster haben. Der Kragen schließt im Nacken ab. Ein Hemdkragen steht rund einen Zentimeter darüber. Auch die → Ärmel des → Hemdes schauen etwa einen Zentimeter unter dem des Jacketts hervor. Sitzt das Hemd perfekt, können Sie die optimale Ärmellänge für das Sakko einfach daran abmessen. Die Jacke reicht in der Gesamtlänge, wenn Sie aufrecht stehen und die Arme locker hängen lassen, bis zu den Daumengelenken. Was den Umfang betrifft, darf das Jackett an keiner Stelle spannen und soll auch dann noch bequem sein, wenn Sie sich darin bewegen. Gleichzeitig soll es nicht wie ein Zelt um Sie herum hängen. Ob es ein Exemplar mit einem, keinem oder gar zwei Schlitzen sein soll, ist Geschmackssache. Kein Schlitz sorgt für eine schmale Erscheinung, verlangt aber, dass Sie das Sakko öffnen, bevor Sie sich setzen. Eine große Rolle spielen generell die Knöpfe. Handelt es sich um einen → Zweireiher, bleibt der immer geschlossen! Selbst, wenn Sie sich setzen. Einreiher können dann immer komplett aufgeknöpft werden. Sie sollten jedoch das Schließen nicht vergessen, bevor Sie aufstehen.

Bei Einreihern haben Sie folgende Wahl: Bei zwei Knöpfen können Sie entscheiden, welchen Sie schließen wollen. Sind drei Knöpfe vorhanden, schließen Sie entweder nur den mittleren oder die beiden oberen. Die beiden mittleren oder die drei oberen Knöpfe werden bei der Vierer-Variante geschlossen. Ab fünf Knöpfen – es können bis zu zehn sein – lassen Sie nur noch den unteren geöffnet.

J

Jammern

Jammern ist eine Unart, die nie und nirgends gefragt ist. Eine Beschwerde sollte direkt beim passenden Ansprechpartner vorgebracht werden. Natürlich ist es auch in Ordnung – gerade gegenüber vertrauten Personen – Kummer zur Sprache zu bringen. Jammern jedoch bringt niemanden weiter.

Japan

In Japan gibt es jede Menge zu beachten. Zum Beispiel, dass die Menschen nicht nur ausgesprochen ehrgeizig, sondern auch diszipliniert sind. Von Ihnen erwartet man, wenn Sie geschäftlich mit Japanern zu tun haben, das Gleiche. Warten Sie ab, wie die Begrüßung ausfällt. Vermutlich wird man Ihnen als Europäer die Hand reichen. Ergreifen Sie sie, drücken Sie aber nicht fest zu. Dazu verneigen Sie sich ganz leicht, wenn Ihr Gegenüber das auch macht. Meist sind es mindestens drei kleine Verbeugungen nacheinander.

Sprechen Sie den Japaner mit seinem Namen an, wenn Sie ihn kennen. Man sagt dort nicht „Herr Müller", sondern gewissermaßen „Müller-san", hängt also ein „san" an den Namen des japanischen Herrn. Titel sind wichtig und werden genannt. Falls Sie in ein Privathaus eingeladen werden, bringen Sie Kuchen oder Obst mit. Die Schuhe werden in einem Vorraum ausgezogen und mit den Spitzen zum Ausgang zeigend aufgestellt. Sie bekommen Pantoffeln. Bietet man Ihnen etwas zu essen an, sagen

Sie nicht gleich begeistert „Ja", sondern zieren sich etwas. Gesessen wird meist auf dem Boden. Die Pantoffeln werden vor dem Essen wiederum am Eingang des Zimmers stehen gelassen. Zeigen Sie niemandem Ihre Fußsohlen, und drehen Sie dem Japaner nicht den Rücken zu. Wenn Sie zwischendurch mal die Toilette benutzen müssen, ziehen Sie die dort stehenden Pantoffeln an, und lassen Sie sie danach dort. Abgeschlossen wird nicht. Klopfen Sie an. Erwidert niemand das Klopfen, ist frei. Sie sitzen übrigens im japanischen Privathaus normalerweise mit Blick zum Wasserkasten auf der Toilette. In den allermeisten Fällen wird man Sie eher in ein Restaurant einladen, da der private Wohnraum extrem begrenzt ist. Auch dort sitzt man häufig auf Strohmatten, die Schuhe bleiben immer draußen. Das Essen mit → Stäbchen ist nicht schwer. Tauchen Sie sie nur niemals senkrecht in Ihr Essen und geben Sie nichts von Ihren Stäbchen zu denen einer anderen Person weiter. Beides sind Handlungen, die nur in buddhistischen Zeremonien vorkommen dürfen. Zum Start des Essens wird „itadakimas" gesagt, was bedeutet, dass Sie das Essen dankend annehmen werden. Reis darf nachbestellt werden. Lassen Sie keinen in Ihrer Schale zurück, denn das signalisiert, dass Sie mehr haben möchten. Auch wenn Sie eingeladen wurden, versuchen Sie nach der Mahlzeit, die Ehre des Bezahlens zu ergattern. Trinkgeld ist vollkommen unüblich. Reiswein fließt übrigens oft und reichlich. Schenkt Ihnen ein Mensch von hohem Rang etwas ein, trinken Sie Ihr Glas in einem Zug leer. Man gießt sich nicht selbst, sondern immer den anderen ein. Es kann sogar passieren, dass Ihnen jemand seine Schale reicht, aus der er gerade Reiswein getrunken hat. Nehmen Sie sie, lassen sie füllen, und trinken Sie. Kurz darauf reichen Sie demjenigen Ihre Schale.

TIPP

Je mehr ein Japaner verdient, desto mehr Wert legt er auf Schuhe. Achten Sie also nicht nur auf korrekte Kleidung, sondern auch auf hochwertiges, gepflegtes Schuhwerk.

K

Kaffee

Das schwarze Heißgetränk wird in verschiedenen Regionen unterschiedlich genossen. In Deutschland ist es klassisch Teil des Frühstücks und die perfekte Begleitung des Kuchens am Nachmittag. Darüber, wie Kaffee manierlich getrunken wird, herrscht immer mehr Unsicherheit, seit er zu einem Modegetränk geworden ist, das mit diversen Sirupen konsumiert wird. Die Werbung suggeriert dazu, dass die Tasse mit beiden Händen gehalten wird wie eine Schale. Falsch. Das trifft nur auf wirkliche Schalen zu, wie Sie in Frankreich für Milchkaffee üblich sind, oder auf Gläser, in denen „Latte macchiato" serviert wird. Tassen werden dagegen immer mit einer Hand am Henkel gehalten. Ebenfalls ein Fehler: das Ablecken des Löffels. Ist der Schaum auf dem Kaffee auch noch so verführerisch, der Löffel ist nur zum Umrühren da und wird anschließend, ohne ihn in den Mund genommen zu haben, auf die Untertasse gelegt. Der in Mode gekommene „Coffee to go", also zum Mitnehmen, wird nicht während des Gehens getrunken, siehe dazu das Stichwort → „Essen unterwegs". Für den Transport lassen Sie am besten den Deckel auf dem Becher, zum Trinken an einem ruhigen Plätzchen dürfen Sie ihn dann abnehmen.

Kanada

Auf keinen Fall wollen Kanadier als Amerikaner angesehen werden. Machen Sie darum nicht den Fehler, beide Nationen in einen Topf zu werfen. In Kanada gibt man sich im Berufsleben konservativ schick, in der Freizeit eher leger. Schuhe stehen immer hoch im Kurs und sollten sauber und hochwertig sein. Im Osten des Landes wird nicht nur französisch gesprochen, es geht auch wie in Frankreich zu. So kann die Begrüßung mit Umarmung stattfinden, während im übrigen Teil des Landes eher die unverbindliche amerikanische Variante an der Tagesordnung ist. Frauen sind absolut emanzipiert und in jeder Position anzutreffen. Grundsätzlich sind Kanadier höflich, korrekt und offen. Nicht alle Lokale in Kanada dürfen → Alkohol ausschenken, erkundigen Sie sich gegebenenfalls vorher. Das Servicepersonal ist von einem großzügigen Trinkgeld abhängig. Es sollten mindestens 15, gern bis 20 Prozent sein. Werden Sie privat eingeladen, bringen Sie etwas mit. Blumen sind – bis auf weiße Lilien – okay, besser stehen Sie jedoch mit einem typischen Souvenir aus Ihrer Heimat da.

Kanapee

Der Volksmund könnte zu Kanapees etwas derb „Schnittchen" sagen, denn es handelt sich um kleine Brotstückchen, die bestrichen oder belegt sind. Meist sind sie auch noch sehr appetitlich dekoriert. Sie werden mit den Fingern genommen und im Ganzen in den Mund geschoben. Ein Schälchen mit Wasser zum Säubern der Hände ist nicht nötig.

Kantine

Zuerst einmal: Verlegen Sie die Kantine bitte nicht an Ihren Arbeitsplatz. Wer „nebenbei" isst, macht mit hoher Wahrscheinlichkeit Flecken oder Krümel auf Möbel und Unterlagen. Holen Sie Ihre Mahlzeit nicht nur aus der Kantine, sondern verspeisen Sie sie auch dort. Eine richtige Pause ist auch für Ihre Gesundheit gut. Apropos gesund, Knoblauch ist eine wahre Wunderknolle. Leider findet nicht jeder den Duft wundervoll. Gerade in der Kantine, wenn Sie hinterher noch weiter mit Kollegen arbeiten wollen, ist der Verzehr zumindest in großen Mengen unfair, falls nicht alle damit einverstanden sind. Ansonsten legen Sie die üblichen Tischmanieren an den Tag. → Grüßen Sie bei Betreten der Kantine die Anwesenden. Schlingen Sie nicht, sondern essen Sie nur so viel, wie Sie in Ruhe schaffen. Nach dem Essen wird in vielen Kantinen das Geschirr inklusive Tablett selbst weggeräumt. Falls Sie gekleckert haben, wischen Sie kurz mit einer → Serviette über den Tisch, damit der Nächste auch wieder einen sauberen Platz vorfindet. Wenn bei Ihnen noch ein Platz frei ist, wäre es unhöflich, jemanden wegzuschicken. Das sollten Sie wirklich nur dann tun, wenn Sie für jemand anderen reservieren. Der andere sollte dann aber auch auftauchen.

Karibik

Unter dem Begriff Karibik werden die Inseln zwischen Mittel- und Südamerika zusammengefasst. Einige haben noch immer ein französisches, englisches oder niederländisches Staatsoberhaupt. So vielfältig wie die Menschen sind auch die Sitten und Gebräuche. Stellen Sie sich auf jeden Fall darauf ein, dass es neben teilweise höchst eleganten Gegenden und reichen Menschen auch bittere Armut gibt. Die Lebensfreude ist fast überall geradezu ansteckend, die Einheimischen sind oft sehr kontaktfreudig. Fotografiert werden sie jedoch meist nicht so gern. Das gilt – auch schon bei Kindern – überall in der Karibik, aber besonders auf Jamaika. Fragen Sie darum, wie Sie es eigentlich überall tun sollten, ob Ihr gewünschtes „Modell“ einverstanden ist.

Kartoffel

Früher gehörte es sich nicht, die Kartoffel mit dem Messer zu schneiden. Diese Regel ist längst überholt. Heute dürfen Sie die beliebte Knolle sowohl mit dem Messer, als auch mit der Gabel in Stücke teilen. Noch immer verboten ist allerdings das Zerdrücken zu Kartoffelbrei auf dem Teller.

Karaoke

Der Freizeitspaß aus Japan erfreut sich auch bei uns wachsender Beliebtheit. Allerdings ist Karaoke hierzulande nicht so salonfähig wie in Asien. Dort müssen Sie immer damit rechnen, nach einem geschäftlichen Essen von Ihren einheimischen Geschäftspartnern noch in eine Karaokebar mitgenommen zu werden. Deutsche Volkslieder sind sehr beliebt, und wenn Sie eines zum Besten geben, können Sie garantiert punkten. In unseren Breiten ist es wichtig, dass man bei Karaokeveranstaltungen fair bleibt. Die mutigen Sänger sollten auf keinen Fall ausgebuht werden.

Käse

Käse können Sie in einem guten Lokal zwischen dem Hauptgang und dem → Dessert essen. Manche ziehen ihn jeder anderen Nachspeise vor. Auch auf kalten → Buffets hat eine Käseplatte ihren festen Platz.

Ist das Milchprodukt Teil eines Menüs, liegt das entsprechende → Besteck über Ihrem Teller. Die Schneide des Messers ist zum Teller gerichtet, die Gabel liegt darüber. Selbst sehr feste Sorten werden niemals mit den Fingern gegessen. Lassen Sie sich sagen, welche Sorte kräftig, welche dagegen milder ist. In der gehobenen Gastronomie wird man Ihnen das von allein erklären, damit Sie, wie es sich gehört, mit der milden Sorte beginnen und sich zur kräftigsten „hocharbeiten" können. Wenn Sie eine Käseplatte bestücken, legen Sie die einzelnen Stücke im Uhrzeigersinn, mit einem dezenten Camembert beginnend bis hin zu einem würzigen Schimmelkäse. → Obst und → Nüsse passen hervorragend zu Käse und dürfen gern auf die Platte dekoriert werden. Legen Sie aber keine sehr wasserhaltige Frucht direkt auf den Käse, weil es sonst unschöne Flecken gibt. Ein Käsemesser mit Loch oder mit geätzter Klinge ist besonders günstig, da sich der Käse nach dem Schneiden vom Messer löst. Flüssiger Käse ist eine große Herausforderung, weil er hässliche Fäden zieht. Wickeln Sie die einfach wie → Spaghetti auf.

Kaugummi

Ob man Kaugummi kaut oder nicht, ist vor allem Geschmackssache. Der Mund hat dabei aber stets geschlossen zu sein. Bei offiziellen Anlässen und im Berufsleben hat der Gummi im Mund nichts zu suchen. Ständiges Kauen macht keinen besonders guten Eindruck und gehört eben nur in die legere Freizeit.

Nach dem Genuss den Kaugummi unbedingt in ein Stückchen Papier oder Taschentuch einwickeln und in den Mülleimer werfen.

Kaviar

Bei Kaviar handelt es sich um die Eier des Störs. Sie werden gereinigt und gesalzen. Je nach Störart gibt es auch verschiedene Sorten Kaviar. Belugakaviar ist der teuerste und kostet ab 2.000 Euro pro Kilogramm. Echter Kaviar ist immer schwarz. Orange Fischeier stammen nicht vom Stör. Serviert wird das „schwarze Gold" in Perlmuttschalen oder tatsächlich in Gold. Manchmal kommt auch die originale Kaviardose auf den Tisch. Diese wird dann in eine Schüssel mit Eis gesetzt. Mit einem Löffel aus Perlmutt oder eventuell aus Holz nimmt sich jeder etwas auf seinen Teller bzw. direkt auf etwas → Brot oder einen kleinen Pfannkuchen. Denken Sie an den Preis und schaufeln Sie sich keine Berge auf. Verteilen Sie die Fischeier auf dem Stückchen, das Sie gleich abbeißen wollen, anstatt womöglich zuerst eine ganze Toastscheibe zu bestreichen. Kaviar darf sogar pur gelöffelt werden.

TIPP

Verwenden Sie niemals Besteck oder Schälchen aus Silber oder Edelstahl für Kaviar, da das Metall oxidiert und den Geschmack sofort verdirbt. Wenn Sie beim Händler prüfen möchten, ob Kaviar frisch ist, streichen Sie ein wenig auf den Handrücken und nehmen ihn von dort mit der Zunge ab. Die Hand darf bei frischer Ware anschließend weder ölig schimmern noch nach Fisch riechen.

Kellner rufen

Leider gibt es noch immer keine optimale Lösung, um einen Kellner formvollendet an den Tisch zu rufen. Es sei denn, Sie kennen seinen Namen, dann sprechen Sie ihn auch damit an. Ansonsten ist ein Handzeichen mit einem freundlichen → Lächeln und Kopfnicken in Ordnung. Pfeifen ist ebenso daneben wie „Hallo Ober". Ist das Servicepersonal nah genug bei Ihnen, geht auch die Frage „Hätten Sie kurz Zeit für mich?" in Kombination mit direktem → Blickkontakt und einem Lächeln.

Kenia

Schnell wird Ihnen in dem afrikanischen Land auffallen, dass Männer sich auf der Straße hin und wieder an den Händen halten. Das heißt nicht, dass sie homosexuell sind, sondern ist unter Männern dort einfach üblich. Im Gegensatz dazu gehört der Austausch von Zärtlichkeiten zwischen Mann und Frau nicht in die Öffentlichkeit. Alte Menschen haben einen hohen Stellenwert in Kenia. Ihre Meinung zählt viel. Sie direkt zu berühren gilt als respektlos. Die Begrüßung erfolgt per Handschlag. Nennen Sie Titel, wenn Ihnen welche bekannt sind, und wundern Sie sich nicht, wenn Ihre Hand von Ihrem Gegenüber mit beiden ergriffen wird. Werden Sie als Mann privat eingeladen, ist es nicht selbstverständlich, dass Ihre Partnerin ebenfalls gemeint ist. Fragen Sie, bevor Sie sie einfach mitbringen. Ein → Gastgeschenk ist obligatorisch, sollte aber nicht zu groß sein und sehr diskret überreicht werden. Immer richtig liegen Sie mit Spielsachen für die Kinder oder einem Souvenir aus Ihrer Heimat. Auch Blumen sind okay, aber niemals sieben Stück, denn das ist in Kenia eine Unglückszahl. Erwarten Sie nicht unbedingt ein Dankeschön. Das ist nicht üblich. Es kann sein, dass Sie auch als Gast ein Geschenk erhalten, möglicherweise ein lebendes Huhn. Nehmen Sie das Präsent auf jeden Fall an – und das mit der rechten Hand. Als Trinkgeld im Restaurant sind zehn bis 15 Prozent üblich, falls nicht ausdrücklich darauf hingewiesen wird, dass der Service enthalten ist. Sollten Sie geschäftlich in Kenia sein, werden Sie kaum mit Frauen zu tun haben. Die Männer geben den Ton an. Übrigens auch in der Familie. Dennoch werden Frauen mit großem Respekt behandelt. Das sollten Sie auch tun. Verabredungen sind nur grobe Planungen. Verlassen Sie sich nicht darauf, dass die Termine auch eingehalten werden. Touristen sollten wissen, dass weder nackt baden noch oben ohne erlaubt ist und schwere Konsequenzen haben kann.

SPEZIAL

Die richtige Kinderstube

Auch Kinder sollten sich zu benehmen wissen, nicht zuletzt weil sie selbst davon profitieren. Lernt ein Kind von Anfang an gute Umgangsformen, fällt es ihm später leichter, sich in der Gesellschaft zurechtzufinden und zu bewähren. Außerdem bedeutet gutes Benehmen auch, dass man zu sozialen Kontakten fähig ist, und das ist gerade für Kinder sehr wichtig.

Die oberste Regel lautet: Die Eltern sind Vorbilder. Ihr Kind wird sich beim Kontakt mit anderen Menschen an den Umgangsformen zu Hause orientieren. Es wird nur Regeln akzeptieren, an die auch Sie sich halten und nur Verbote beachten, die auch Sie nicht brechen. Hier sollte nicht mit zweierlei Maß gemessen werden. Was bei Alltagshandlungen beginnt, setzt sich mit der Sprache fort. Kinder sollen lernen, sich angemessen zu artikulieren, also benutzen Sie ihnen gegenüber auf keinen Fall die „Babysprache“. Leben Sie solche Dinge wie beim Husten, Niesen oder Gähnen die Hand vor den Mund halten, „Bitte“ und „Danke“ sagen, Höflichkeit anderen Menschen gegenüber, aber auch Respekt vor Eigentum anderer und allen Lebewesen sowie die grundlegenden Tischmanieren vor. Doch seien Sie auch nachsichtig, wenn es mit dem Benehmen mal nicht so klappt!

Checkliste Kinder-Knigge

- Kinder von Anfang an zu gutem Benehmen erziehen. Es ist zu ihrem Vorteil.
- Daran denken, dass Umgangsformen dabei helfen, sich in der Gesellschaft zurechtzufinden und zu bewähren.
- Wichtig: Die Eltern sind Vorbilder.
- Mit kleinen Kindern keine „Babysprache“ sprechen.
- Alltagsbenehmen vorleben: beim Husten, Niesen oder Gähnen die Hand vor den Mund halten, „Bitte“ und „Danke“ verwenden, auf Tischmanieren achten, bei Fehlverhalten und Missgeschicken um Entschuldigung bitten.
- Werte vorleben: Höflichkeit, Respekt vor Eigentum, gegenüber älteren Menschen und allen Lebewesen.
- Dem Kind Verbesserungshinweise geben, statt nur zu tadeln. Das motiviert.
- Nachsicht üben, wenn das Benehmen mal nicht perfekt ist.
- Zu Ihrem Kind stehen, wenn es in der Öffentlichkeit einen Fehler macht.

Kent

Der Kentkragen ist die klassische Form für → Hemden, die man unter Businessanzügen trägt. Sie können Fliege oder natürlich → Krawatte dazu tragen. Alle Krawattenknoten kommen bestens zur Geltung, da die beiden Spitzen recht weit auseinanderstehen. Optisch ist der Kent die gemäßigte Variante des → Haifischkragens.

K

Kinder

Kinder sollen nicht dressiert, sondern zu selbstbewussten Geschöpfen erzogen werden. So weit, so gut. Doch sollen sie durchaus gutes Benehmen lernen und vor allem andere Menschen und deren Persönlichkeit respektieren. Eine der wichtigsten Regeln lautet: Geben Sie ein gutes Beispiel. Wie Sie es vormachen, machen die Kleinen es nach. Benutzen Sie also regelmäßig „Bitte", „Danke" oder „Entschuldigung", stehen die Chancen gut, dass es Junior auch so macht. Setzen Sie diese Worte auch im Umgang mit dem Kind selbst ein. Schimpfen bewirkt nicht das, was Sie wollen. Was sollte der Nachwuchs früh lernen? Höflichkeit und Rücksicht, lautet die einfache

Antwort. Den Nachbarn zu → grüßen, wenn er gerade auch im Garten ist, oder einem älteren Menschen den Platz im Bus zu überlassen. Nicht mehr zeitgemäß ist die Unterwürfigkeit von früher. Kinder dürfen nicht erst den Mund aufmachen, wenn sie gefragt werden. Sie sollten aber lernen, dass man nicht dazwischenredet. Auch sollen sie nicht jeden Erwachsenen als weisungsberechtigt anerkennen, jedem folgen. Werden sie unfair behandelt, müssen sie lernen, sich zu wehren. Kennen sie eine Person nicht, ist eine gesunde Distanz angebracht. Auch wichtig: die Natur und das Eigentum anderer achten und schützen. Bringen Sie Kindern bei, dass das Zertreten von Blumen oder Töten von Käfern nicht gut ist. So lernen die Kleinen, ihre Umwelt zu schätzen. Und auch die Unterscheidung zwischen „mein“ und „dein“ ist wichtig. Zeigen Sie früh, dass es weh tut, wenn etwas kaputt gemacht wurde, was einem gehört. Wenn Sie Kinder an einen Ort mitnehmen wollen, der für sie eher langweilig ist, für die anwesenden Erwachsenen aber entspannend sein soll, wird es anstrengend. Im guten Restaurant zum Beispiel sollten Sie Ausschau nach einem Kindertisch halten. Nehmen Sie auf jeden Fall ein Spielzeug mit, mit dem die Kleinen sich leise beschäftigen können. Versprechen Sie auch ruhig eine kleine Belohnung, wenn der Besuch stressfrei absolviert wird. Versuchen Sie einerseits, Ihren Sprösslingen die Zeit möglichst angenehm zu gestalten, verstehen Sie andererseits aber auch, dass andere Gäste Kindergeschrei nicht akzeptieren. Das gilt ganz besonders in der → Sauna. Sofern Ihr Kind nicht ausgesprochen ruhig und verständig ist, verzichten Sie lieber. Passiert doch einmal etwas, ist zwar Loyalität Junior gegenüber gefragt, Sie müssen aber auch für Ihr Kind einstehen, sich entschuldigen und eventuell entstandenen Schaden in Ordnung bringen.

Kino

Wie ist es möglich, dass ein Kino nach der Vorstellung aussieht wie eine Müllkippe? Popcorn und Co. dürfen gern genossen werden, gehören aber sicher nicht auf den Fußboden. Fällt etwas herunter, sammelt man es – wie überall – auf. Dass das Mobiltelefon ausgeschaltet sein sollte, versteht sich von selbst. Wer jedoch etwa Bereitschaftsdienst hat oder mit einem wirklich wichtigen Anruf rechnet, sollte das Gerät zumindest stummschalten und sofort den Raum verlassen, wenn ein Anruf angenommen werden soll oder eine Nachricht eingeht.

Kirschen

Als Bestandteil eines → Desserts sollten Kirschen eigentlich entsteint sein. Sie werden dann einfach mit dem kleinen Löffel gegessen. Hat sich aus Versehen ein Kern verirrt, lassen Sie ihn auf den Löffel und von dort auf die Untertasse oder den Tellerrand gleiten. Sind die Früchte frisch und pur, nehmen Sie sie in die Finger. Der Kern wird unauffällig in die leicht hohle Faust befördert und auf einem Tellerchen abgelegt.

Kiwi

Kiwis werden im Restaurant oft als Scheiben serviert. Bekommen Sie eine ganze Frucht, schneiden Sie diese einmal durch und löffeln sie aus. Halten Sie sie dabei auf dem Teller fest, anstatt sie zum Mund zu heben.

Kläppchenkragen

Diese Kragenform ist sehr klein und fällt dadurch auf, dass die beiden Flügel nicht aufliegen. Der Kläppchenkragen, auch Vatermörderkragen genannt, ist ein Stehkragen mit kurzen umgeklappten Spitzen. Er gehört zu festlichen Anlässen und wird zu → Frack oder → Smoking getragen. Besonders gut macht sich dazu eine Fliege.

Klatsch

Klatsch und Tratsch hat es schon immer gegeben und wird es wohl auch immer geben. Doch bitte, bleiben Sie fair. Muss wirklich die gesamte Abteilung alle Details über die Krankheit der Kollegin aus dem Nebenzimmer erfahren? Zumal wenn Sie die Informationen, die nicht für die Öffentlichkeit bestimmt waren, selbst nur aus zweiter Hand haben. Bevor Sie über jemand reden, versetzen Sie sich erst mal in dessen Lage. Dann vergeht Ihnen vielleicht die Lust, die Neuigkeit weiterzugeben. Kommen Ihnen Gerüchte über Bekannte oder Kollegen zu Ohren, sprechen Sie die betroffene Person lieber direkt darauf an. Das ist netter, als zur Verbreitung des Gerüchts beizutragen. Sollten Sie selbst „Opfer" von Tratsch werden, versuchen Sie, darüberzustehen, lassen Sie sich aber auch nicht alles gefallen. Tratsch kann in → Mobbing ausarten, das sollte vermieden werden.

Kleckern

Nicht überall ist das Kleckern verboten. In Japan beispielsweise gehört es zum Essen ganz natürlich dazu. Und auch in China wird beim Nachschenken von Tee auch die Tischdecke reichlich bedacht. Wo es weniger locker gesehen wird, sollte trotzdem locker damit umgegangen werden, denn je mehr Theater Sie veranstalten, desto mehr Aufsehen wird das Malheur erregen. Ist etwas → Soße auf Hemd oder Rock gelandet, entschuldigen Sie sich und gehen auf die → Toilette. Versuchen Sie, die Spuren zu beseitigen, so weit das möglich ist. Reiben Sie nicht bei Tisch auf Ihrer Hose herum. Gehört das bekleckerte Kleidungsstück nicht Ihnen, entschuldigen Sie sich aufrichtig. Bieten Sie an, die Kosten für die Reinigung zu übernehmen. Keinesfalls fangen Sie an, an Ihrem Tischnachbarn herumzuwischen. Sie dürfen höchstens Ihre Hilfe anbieten, wenn es sich um einen Sitznachbarn gleichen Geschlechts handelt. Begleiten Sie denjenigen dann auf die Toilette, was aber in den seltensten Fällen verlangt werden dürfte. Bekleckert sich jemand selbst, gehen Sie einfach darüber hinweg. Zur Schau getragene Schadenfreude ist fehl am Platz. Auch eine nett gemeinte Anekdote darüber, wie Sie das letzte Mal in einem piekfeinen Restaurant ausgesehen haben, bewirkt nur, dass das Missgeschick in den Mittelpunkt des Interesses rückt, und ist unpassend.

Knicks

Der Knicks ist eine Höflichkeitsform, die ausschließlich von Mädchen bzw. Frauen verwendet wurde. Heute ist sie überholt. Auch → Kinder müssen vor Erwachsenen heutzutage keinen Knicks mehr machen. Ausnahmen kommen vor, falls Sie sich in Adelskreisen bewegen. Oder auch auf einem → Ball mag ein Knicks manchmal angebracht sein. Er geht so: Stellen Sie einen Fuß leicht schräg vor den anderen, sodass die Ferse die Zehen fast berührt. Sie gehen ein wenig in die Knie, beugen den Oberkörper leicht vor und neigen den Kopf. Der → Rock wird dabei mit beiden Händen ausgebreitet. Das hat den Grund, dass man so den Zustand der Kleidung der Kinder bzw. Untergebenen überprüfen konnte.

Knoblauch

Die scharfe Knolle ist extrem gesund. Sie bekämpft Bakterien und Pilze. Aber nur bei dem, der sie gegessen hat. Sie nur riechen zu müssen, kann belästigen. Darum: Vor wichtigen Terminen oder vor Verabredungen, bei denen Sie Menschen nahekommen, lieber auf den Verzehr verzichten.

Kollegen decken

Kollegen zu decken ist nicht automatisch das Gegenteil von Petzen. Anders gesagt: Wenn Sie in schlechtes Licht geraten, weil ein Kollege einen Fehler gemacht hat, können Sie entweder gleich verkünden, wer den Fehler tatsächlich zu verantworten hat, oder ihn zähneknirschend auf die eigenen Schultern laden. Besser ist es jedoch, sich erst einmal einen Überblick zu verschaffen. Wissen Sie, dass jemand anderem etwas danebengegangen ist, legen Sie ihm nahe, dafür auch gerade zu stehen. Ist er absolut nicht dazu zu bewegen, kann ein Außenstehender helfen. Erklären Sie einem Kollegen aus der Abteilung die Lage, und bitten Sie ihn, die Situation zu klären. Handelt es sich nur um eine Kleinigkeit, können Sie natürlich auch mit der vermeintlichen Schuld leben. Überlegen Sie sich das aber gut. Es macht nie einen schlechten Eindruck, wenn ein Mitarbeiter dem Chef gegenüber am Rande erwähnt, wie etwas wirklich gewesen ist. Das zeigt, dass er sich für Sie einsetzt, Sie also nicht nur falsch beschuldigt wurden, sondern offenbar auch noch ein gutes Ansehen genießen. Immer mal wieder falsch unter Verdacht zu geraten, das aber nie aufzuklären, kann dagegen auch bei Lappalien den Ruf beschädigen. Es gibt in diesem Zusammenhang zwei Sondersituationen: Ist der Kollege Ihr Untergebener, müssen Sie ihn in gewisser Weise decken. Sie sind derjenige, der sich entschuldigt und die Verantwortung übernimmt. Zweiter Sonderfall: Der Kollege konnte nicht anders handeln. Ist jemand beispielsweise ganz neu in einer Firma, unterlaufen ihm naturgemäß Fehler. Oder auch wenn er wichtige Informationen nicht erhalten hat. Geben Sie in solchen Fällen ruhig preis, welchem Mitarbeiter das Missgeschick unterlaufen ist, erklären Sie aber auch gleich, warum.

Komplimente annehmen

Bescheidenheit ist eine Zier, heißt es. Stimmt. Trotzdem dürfen Sie Komplimente gern annehmen. Bedanken Sie sich oder bringen Sie Ihre Freude darüber zum Ausdruck, dass der andere positiv wahrnimmt und würdigt, was Sie tun oder wie Sie sich verhalten. Machen Sie sich nicht klein nach dem Motto: „Das ist doch nichts Besonderes, das kann doch jeder." Das sieht nach Betteln nach noch mehr Anerkennung aus. Machen Sie aber auch keine allzu große Sache daraus. Eine kurze freundliche Reaktion – das reicht.

Komplimente machen

Das Kompliment unterscheidet sich vom Lob dadurch, dass Sie den Menschen, eine seiner Eigenschaften oder sein Äußeres meinen.

Ein Lob bezieht sich dagegen auf eine Leistung. Beides sollte für Sie zur Tagesordnung gehören, denn positive Worte bewirken viel und hinterlassen ein oft lang andauerndes Hochgefühl. Loben Sie nicht nur bei großen Dingen, wenn der Mitarbeiter durch seine Aufmerksamkeit riesige finanzielle Verluste abgewendet, der Lebensgefährte das komplette Haus renoviert hat. Auch Kleinigkeiten verdienen, wahrgenommen und erwähnt zu werden. Bei Komplimenten ist es genauso. Sagen Sie ruhig einmal: „Es ist immer ein Vergnügen, Ihnen im Treppenhaus zu begegnen. Sie sind immer so gut gelaunt." Oder stellen Sie fest: „Die Farbe Ihres Pullovers passt aber ausgesprochen gut zu Ihren Augen." Wichtig dabei ist, dass Sie es ernst meinen. Versuchen Sie ruhig, gezielt nach positiven Dingen Ausschau zu halten, die ein Kompliment wert sind. Sagen Sie möglichst konkret, was Ihnen gut gefällt. „Sie sehen heute wieder reizend aus", erfreut zwar auch, klingt aber eher wie eine leere Floskel. Heben Sie aber ein Detail hervor, das reizend aussieht, fühlt sich der andere beachtet und nimmt Ihnen das Kompliment ab.

Übertreibung ist nicht gut. Wenn Sie dem Freund bei jedem Gespräch sagen, wie froh Sie sind, dass er so gut zuhören kann, wie sehr Sie seine Freundschaft schätzen, nutzt das Kompliment ab, und die Sache bekommt einen schalen Beigeschmack.

K

Kondolieren

Im Grunde ist es beim persönlichen mündlichen Kondolieren ähnlich wie beim → Beileidsbrief. Phrasen wirken unbeholfen und unecht, aufrichtige Worte kommen an und spenden Trost. Rufen Sie entweder bald, nachdem Sie von dem Tod erfahren haben, bei den Angehörigen an, oder gehen Sie zu ihnen. Erkundigen Sie sich immer zuerst, ob ein Gespräch erwünscht ist. Will oder kann der Trauernde noch nicht reden, bieten Sie ihm an, sich später wieder zu melden. Das müssen Sie dann auch tun! Beileidsbekundungen am Grab werden manchmal ausgeschlossen. Verzichten Sie dann auch darauf. Grundsätzlich sind ein paar Worte, die ausdrücken, dass Sie mit dem Betroffenen trauern oder auch freundliche warme Worte über den Verstorbenen angebracht. Sagen Sie nur, was Sie meinen. Wenn Sie kein Wort herausbringen, drücken Sie dem Angehörigen die Hand oder nehmen ihn in den Arm, je nachdem, in welchem Verhältnis Sie zueinander stehen. Sagen Sie dann ruhig: „Ich bin so traurig über diesen Verlust. Ich weiß gar nicht, was ich sagen soll.“

Konferenzregeln

Eine durchschnittliche Konferenz sollte nicht länger als zwei Stunden dauern. Tragen Sie Ihren Teil dazu bei, und fassen Sie sich kurz. Achten Sie darauf, dass Sie Argumente nicht wiederholen. Gehen Sie vorbereitet in jedes Treffen. Auch das spart Zeit und lässt Sie in bestem Licht erscheinen. Beteiligen Sie sich aktiv und versuchen Sie, zu Lösungen zu kommen. Das erfordert Konzentration. Machen Sie sich am besten Stichworte. Damit auch alle anderen konzentriert und ungestört mitarbeiten können, sind Ablenkungen zu vermeiden. Ihr → Handy ist selbstverständlich ausgeschaltet. Erwarten Sie einen dringenden Anruf, schalten Sie es zumindest stumm, und kündigen Sie an, dass Sie möglicherweise zwischendurch kurz rausgehen werden. Erklären Sie knapp, warum das so wichtig ist. Sollten Sie tatsächlich einen Anruf bekommen, gehen Sie aus dem Raum, statt flüsternd in der Konferenz zu bleiben.

Konfirmation/Kommunion

Es handelt sich um religiöse Feste, bei denen → Kinder im Mittelpunkt stehen. Sie bestätigen dabei im Prinzip aus freiem Willen, was mit der → Taufe begonnen wurde, das Bekenntnis zum Glauben. Die Feier sollte nicht zur Party oder Geschenkorgie verkommen, sondern dem Inhalt entsprechend ruhig begangen werden. Das heißt ja nicht, dass niemand fröhlich sein darf. Überlegen Sie zusammen mit dem Kind, wer eingeladen werden soll. Üblicherweise ist das der enge Familienkreis. Hat das Kind aber einen sehr starken Bezug zu einem Freund, darf der natürlich dabei sein. → Einladungen können – etwa zwei Wochen vorher – schriftlich erfolgen, reichen aber auch mündlich. Machen Sie deutlich, ob es ein Mittagessen oder → Kaffee und Kuchen geben wird. Es ist Sitte, dass Nachbarn, Schulfreunde und Bekannte auch ohne Einladung kommen dürfen. Meist wollen Sie eine Kleinigkeit für das Kind überreichen. Sie bleiben nicht lang und rechnen höchstens mit einem Getränk oder etwas zum Knabbern. Zur Kommunion tragen Mädchen in einigen Regionen weiße Kleidchen, die Jungs Anzüge. Andernorts ist es ausreichend, die Kinder festlich zu kleiden, oder sie bekommen einfache, einheitliche Kleidung. Erkundigen Sie sich rechtzeitig, wie es in Ihrer Kirchengemeinde gehandhabt wird. Bei der Konfirmation ist das im Prinzip ähnlich. Da die Kinder schon älter sind, sollten sie mehr Mitspracherecht haben. Aber auch hier gilt: ein bisschen feierlich soll es sein. Tipp: Ihr Kind tauscht sich am besten mit den anderen Mitgliedern der Konfirmandengruppe aus. Wenn Sie ein Mittagessen veranstalten, machen Sie es nicht zu aufwendig. Es muss auf jeden Fall der Hauptperson schmecken. Fragen Sie Ihren Sprössling, was er sich wünscht. Er bekommt auch den Ehrenplatz an der Tafel. Sie als Eltern sitzen daneben. Es folgen die Paten und Großeltern. Für Nachbarn und Bekannte gilt: Wenn Sie ein kleines Geschenk machen wollen, aber nicht eingeladen sind, reichen fünf bis maximal zehn Euro völlig aus. Leider hat sich in den letzten Jahren bei den Geschenken ein Hang zur Übertreibung etabliert. Sind Sie eingeladen, darf es natürlich etwas mehr sein.

Konfliktlösung

Konflikte sind immer schwieriges Terrain. Begegnen sie einem im Beruf oder in der Partnerschaft häufig, lohnt es sich auf jeden Fall, sich ein Buch darüber anzuschaffen oder noch besser ein spezielles Verhaltenstraining zu absolvieren. Entscheidend ist, dass man versucht, den Kontrahenten immer liebevoll oder zumindest mit Respekt zu betrachten und zu behandeln. Versetzen Sie sich auch immer in seine Lage, und versuchen Sie möglichst häufig Win-win-Resultate, also solche, bei denen alle gewinnen, zu erzielen. Mehr dazu beim Stichwort → Win-win-Gespräche. Suchen Sie bei Konflikten immer wieder sachlich und höflich das Gespräch. Vertagen Sie dieses, wenn Sie merken, dass Sie die Beherrschung verlieren oder dies Ihrem Gegenüber passiert. Eine ganz große Rolle bei der Konfliktlösung spielt Flexibilität. Denn wenn alle an einem Konflikt Beteiligten flexibel sind, ist die Chance auf eine gute Lösung am größten.

Konfliktvermeidung

Noch besser als eine gute → Konfliktlösung ist natürlich die Prävention. Lernen Sie darum, Konfliktpotenzial zu erkennen, und behalten Sie es aufmerksam im Auge. Fast sicher kommen Konflikte auf Sie zu, wenn die → Kinder in die Pubertät kommen. Auch Kollegen, die frustriert sind, bringen eine größere Bereitschaft zum Streit mit. Häufig zeigt sich Konfliktpotenzial aber auch innerhalb einer Gruppe. Sie erkennen es daran, dass einer gemieden wird, man sich einen unhöflichen Ton angeeignet hat oder nebeneinanderher lebt. Versuchen Sie einzuwirken, suchen Sie schon früh das Gespräch, und erforschen Sie, woher Frustration oder Ablehnung kommen. Lassen Sie sich keinesfalls vom rauen Ton anstecken, sondern nehmen Sie Angreifern den berühmten Wind aus den Segeln, und erkundigen Sie sich freundlich nach dem Grund für den Ärger. Sagen Sie etwa: „Es tut mir aufrichtig leid, dass Sie so aufgebracht sind. Was können wir tun, um einen Streit zu vermeiden?“ Ebenfalls wichtig für die Konfliktvermeidung sind Offenheit und Klarheit. Denken Sie nur an eine Partnerschaft. Wie soll Ihr Partner wissen, was Sie von ihm erwarten, wenn Sie es ihm nie sagen. Auch Formulierungen durch die Blume helfen nicht weiter. Und der letzte Tipp: Stellen Sie Spielregeln auf. Konflikte entstehen doch immer durch unterschiedliche Vorstellungen, Bedürfnisse, Ansichten. Gibt es klare Regeln für die Aufteilung im Haushalt, das Verhalten im Büro oder zwischen Eltern und Kindern, hat jeder eine klare Orientierung und wird eher auf friedlichem Weg versuchen, seine Bedürfnisse zu befriedigen.

Kontaktaufnahme

Wenn Sie Kontakt zu jemandem aufnehmen, steht Ihnen der Moment des → ersten Eindrucks bevor. Das heißt, Sie wollen alles richtig machen – gerade wenn es um ein Unternehmen geht, bei dem Sie arbeiten möchten oder einen Kunden, den Sie gewinnen wollen. Eine Kontaktaufnahme kann schriftlich, telefonisch oder persönlich erfolgen. Dass Sie sich für Ihr Schreiben Zeit nehmen, damit es optisch und inhaltlich perfekt ist, am Telefon → lächeln und langsam und deutlich sprechen bzw. beim

K

persönlichen Kontakt auf Ihr Äußeres achten, versteht sich von selbst. Darüber hinaus ist eine gute Vorbereitung unerlässlich. Finden Sie heraus, wer für Sie der richtige Ansprechpartner ist. Wenden Sie sich möglichst gleich an ihn. Reden Sie nicht schwammig herum, sondern sagen Sie klar, was Sie möchten. Manchmal geht es ja auch darum, bestimmte Informationen zu bekommen. Schreiben Sie sich vorher auf, was Sie alles fragen möchten. Sehr leicht vergisst man nämlich etwas und muss sich gleich noch einmal melden, was keinen besonders guten Eindruck macht. Für den eigentlichen Vorgang ist es wichtig, dass Sie mit einer positiven Einstellung herangehen, die man sehen bzw. hören oder eben lesen sollte. Stellen Sie sich nach einem Gruß vor, und tragen Sie Ihr Anliegen vor. Fragen Sie, ob Ihr Ansprechpartner jetzt für Sie Zeit hat oder ob Sie einen Termin vereinbaren wollen. Versuchen Sie auch immer, von vornherein Emotionen in den Kontakt zu bringen. Zum Beispiel: „Ich freue mich so, dass ich Sie direkt erreiche, denn ich glaube, dass Sie mir meine Fragen beantworten können." Lassen Sie sich aber nicht zu dem auswendig gelernten Satz „Guten Tag, Frau Müller, wie schön, dass ich Sie gleich persönlich erreiche" hinreißen – den kann keiner mehr hören.

Konzert

Zuerst stellt sich die Frage, um welche Art von Konzert es sich handelt. Klar, dass in einem Rockkonzert ganz andere Verhaltensregeln erwartet werden als in der klassischen Variante. Auch klar ist, dass es überall einen Verhaltenskodex gibt, den man besser kennt. Klassische Konzerte bestehen fast immer aus mehreren Sätzen. Zwischendurch wird in der Regel nicht geklatscht. Sie können die kurzen Pausen nutzen, um sich zu räuspern oder Ihre Sitzposition zu verändern, was während des Musizierens stören kann. Schon vor Beginn wird übrigens geklatscht, nämlich wenn der oder die Musiker und der Dirigent erscheinen. Am Schluss der Veranstaltung setzt der große → Applaus ein. Hören Sie, wenn es Ihnen gefallen hat, nicht gleich auf zu applaudieren, wenn der Dirigent nach der ersten Verbeugung gegangen ist. Er lässt sich gern für weitere Verbeugungen herauslocken. Aufzustehen oder mit „Bravo"-Rufen die besondere Leistung zu würdigen, ist in Ordnung, muss aber nicht nach jeder mittelmäßigen Darbietung sein. Was die Kleidung angeht, orientieren Sie sich am Veranstaltungsort und an den Künstlern. Treten Stars in einem Opernhaus auf, ist festliche Kleidung ein Muss. Spielt ein eher unbekanntes Orchester in einer Stadthalle, ist ein legeres Outfit meist völlig in Ordnung. Jeans und Sweatshirt müssen es ja vielleicht nicht gerade sein. Dass das → Handy im Konzert nichts zu suchen hat, ist selbstverständlich. Mantel, → Hut und Schirm werden an der Garderobe abgegeben.

TIPP

Ob Konzert, Theater oder Oper: Planen Sie Ihre Ankunft mindestens eine halbe Stunde vor Vorstellungsbeginn. Dann haben Sie Zeit, einen → Parkplatz zu suchen, Ihre Garderobe abzugeben, ein wenig mit anderen zu plaudern und rechtzeitig und in Ruhe Ihren Platz einzunehmen.

Denken Sie nicht, für ein Rock- oder Popkonzert gäbe es keine Regeln. Zwischen schwarz gekleideten Heavy-Metal-Fans in Lederkluft machen Sie im Businessoutfit nämlich keine gute Figur. Mitsingen und lautes Jubeln nach jedem Song gehören dazu. Auch Tanzen oder Hüpfen ist Bestandteil. Nehmen Sie dabei Rücksicht auf andere Konzertbesucher. Selbst bei rockigen Konzerten fehlt wenigstens eine Ballade selten. Halten Sie Ihr Feuerzeug hoch und nicht das leuchtende Display Ihres Handys!

Kopfbedeckung

Ein schicker → Hut oder eine warme Mütze muss nicht abgenommen werden, wenn Sie jemanden begrüßen. In besonderen Situationen gehört es sich jedoch einfach nicht, eine Kopfbedeckung aufzubehalten. So zum Beispiel wenn Sie etwa jemandem Ihr Beileid ausdrücken oder wenn Sie sich bewerben. Auch kommt es immer auf die Art der Kopfbedeckung an. Eine Baseballkappe ist ein sehr legeres Kleidungsstück und wird vielerorts nicht sehr gern gesehen. Feste Regeln gibt es nicht. Beweisen Sie Fingerspitzengefühl, und fragen Sie im Zweifel, ob es in Ordnung ist, wenn Sie Hut oder Kappe auf dem Kopf behalten.

Korea

Ob in Süd- oder Nordkorea: Gängige Begrüßung ist eine leichte Verbeugung, die Arme am Körper. Der → Handschlag ist wenig gebräuchlich. Je höher Ihr Gegenüber in Rang und Ansehen, desto tiefer fällt Ihre Verbeugung aus, ohne jedoch übertrieben zu wirken. Hier kommt es wirklich auf feine Nuancen an, die zwar Respekt aber noch nicht Lustigmachen ausdrücken. Informieren Sie sich vor Ihrer Reise ein wenig über die Lehre des Konfuzius, denn rund die Hälfte der Koreaner bekennt sich zu dieser philosophischen Lehre. Es wird Ihnen helfen, die Menschen besser zu verstehen, und es macht einen guten Eindruck, wenn Sie Ihr Wissen diesbezüglich unter Beweis stellen. In guten Restaurants gibt es oft noch Bereiche, wo auf dem Boden sitzend gegessen wird. Das ist im Gegensatz zum Sitzen auf Stühlen übrigens die vornehme Variante. Ziehen Sie vorher die Schuhe aus, und setzen Sie sich mit gekreuzten Beinen, sodass Ihre Fußsohlen auf niemanden gerichtet sind. Schmatzen und das „Hochziehen" der Nase ist ganz normal. Wenn Ihre Nase läuft, putzen Sie sie aber keinesfalls am Tisch, sondern gehen Sie dafür auf die Toilette. Die Reisschale steht links von Ihrem Teller. Sie wird nicht, wie etwa in China, zum Mund geführt. Meistens wird mit → Stäbchen und Löffel gegessen. Stecken Sie die Stäbchen nicht senkrecht in den → Reis. Koreaner sind sehr trinkfest und erwarten das auch von Ihnen. Machen Sie mit oder erklären Sie, dass Sie Medizin nehmen. Das ist die einzig akzeptierte „Ausrede". Man schenkt sich niemals selbst ein. Trinkgeld ist vollkommen unüblich. Wenn Sie Ihre Zufriedenheit, zum Beispiel mit einem Stadtführer, ausdrücken möchten, überreichen Sie auf keinen Fall Geld. Ein kleines Geschenk, mit beiden Händen gereicht, wird dagegen gern genommen. Sollten Sie privat eingeladen werden, bringen Sie eine CD mit deutscher Volksmusik, deutsche Pralinen oder Spirituosen mit. Auch ein Blumenstrauß ist in Ordnung. Achten Sie stets darauf, sich nicht zu grell zu kleiden. Das wird in Korea nicht geschätzt.

Körperhaltung

Eine gerade Haltung ist nicht nur gut für den Rücken, sondern auch für den Eindruck, den jemand macht. Wer aufrecht durchs Leben geht, wirkt sicher und selbstbewusst. Achten Sie besonders darauf, wenn Sie sitzen. Viele Menschen klappen dann regelrecht zusammen. Am besten überprüfen Sie Ihre Haltung immer mal wieder zwischendurch. Das heißt: Bauch rein, Brust raus und die Schultern nicht nach vorn fallen lassen.

Körperkontakt

Es ist schwierig, Regeln für den Körperkontakt zu nennen. Denn zum einen ist der Umgang damit von Land zu Land und von Region zu Region verschieden. Zum anderen spielt es eine große Rolle, in welchem Verhältnis Personen zueinander stehen. Und der letzte, wenn nicht wichtigste Punkt, ist die Vorliebe des Einzelnen. So hat es sich auch in Deutschland in den letzten Jahren eingebürgert, gute Bekannte mit einer Umarmung zu begrüßen. Aber nicht jeder mag das. Seien Sie sensibel, und beobachten Sie, wie jemand auf andere zugeht, welche Signale er aussendet. Noch mehr sollten Sie sich das im Umgang mit → Kindern zu Herzen nehmen. Die werden allzu schnell getätschelt und geküsst, weil sie so niedlich sind. Aber mögen sie das überhaupt? Greifen Sie sich nicht einfach ein Kleinkind, und setzen Sie es auch nicht unter Druck, indem Sie sagen, wie traurig Sie sind, wenn Sie kein Küsschen bekommen. Der Aspekt „Körperkontakt“ ist auch und besonders da interessant, wo mehrere Menschen zusammenkommen, die sich nicht kennen. Im Fahrstuhl oder beim Schlangestehen kommt es zu solchen Begegnungen. Versuchen Sie, zu jeder Person einen halben Meter Abstand zu halten. Geht das nicht, wie etwa im Lift, vermeiden Sie zumindest den direkten Kontakt, und entschuldigen Sie sich, wenn Sie dennoch unfreiwillig gegen einen Fremden gedrückt werden.

Körperpflege

Die Pflege des eigenen Körpers sollte für jeden Menschen normal und ein Grundbedürfnis sein. Sie schließt den ganzen Körper von den → Haaren bis zu den Füßen ein. Kümmern Sie sich regelmäßig um Ihre Nägel, die vor allem sauber und in Form sein müssen. Die Länge ist Geschmackssache, kann allerdings berufsbedingt auch vorgeschrieben werden. Neben der täglichen Hygiene, von Waschen bis Zähneputzen, ist auch Hautpflege angesagt. Wer mit Unreinheiten zu tun hat, sollte diese bekämpfen. Sie müssen nicht jede kleine Stelle abdecken. Es geht mehr darum, die Hautprobleme nicht einfach hinzunehmen, sondern sich darum zu kümmern. Schließlich sei noch der Körpergeruch erwähnt. Regelmäßiges Waschen beugt Schweißgeruch vor. Es gibt jedoch Menschen, die besonders stark → schwitzen. Sie benutzen besser ein Deodorant. Ein → Parfüm mag angenehm sein, solange es dezent bleibt. Also lieber nicht zu viel auftragen.

Körpersprache

Sie sagen immer etwas, auch wenn Sie nicht sprechen. Stellen Sie sich jemanden vor, der mit verschränkten Beinen steht und seinen Ellenbogen mit der Hand des jeweiligen anderen Armes hält. Dies sagt aus: „Ich bin hilflos/mit der Situation überfordert/unsicher!" Zwar haben verschiedene Gesten und Haltungen auch unterschiedliche Bedeutungen, einige sollten Sie sich aber merken. Im Sitzen vorbeugen kann Interesse signalisieren oder einschüchtern, im Sitzen zurücklehnen dagegen zeigt Entspannung oder auch Langeweile. Verschränkte Arme können Unsicherheit ausdrücken. Ist eine Hand versteckt, die andere an den

Oberarm gestützt, zeigt sich jemand resolut und durchaus sehr selbstbewusst. Vor allem, wenn diese Haltung mit ausladender Bewegung eingenommen wird. Zu wildes Fuchteln mit den Händen ist nicht gut. Spielen Sie auch nicht ständig mit irgendetwas herum. Sie wirken dadurch nervös und unkonzentriert. Legen Sie besser die Fingerspitzen beider Hände aneinander. Wenn Sie nun mit beiden Händen leicht wippen, und diese zu Ihrem Gesprächspartner neigen, wirkt das souverän und positiv. Eine typische beschwichtigende Geste ist das langsame Auf- und Abwippen mit einem Arm, die Handfläche nach unten gerichtet. Sie zeigen und sagen damit, dass jemand den Ball flach halten, also ruhig bleiben soll. Verzichten Sie auf eindeutig negativ besetzte Gesten. Das ist zum Beispiel das Trommeln mit den Fingerspitzen oder Fingerknöcheln auf den Tisch, was Ungeduld signalisiert. Stützen Sie auch nicht die Hände in die Hüften, was Aggressivität ausstrahlt. Und reiben Sie nicht die Hände. Das zeigt zwar auch Freude, aber immer mit einem schadenfrohen oder egoistischen Beigeschmack.

TIPP

Besonders sparsam sollten Sie Ihre Körpersprache in fremden Ländern einsetzen. Gesten, die in der Heimat positiv verstanden werden, meinen dort nicht selten das Gegenteil. Erkundigen Sie sich lieber vorher über die Körpersprache des Landes.

Kostüm

Was der Anzug für den Herrn, ist – neben dem → Hosenanzug – das Kostüm für die Dame. Sie sind damit immer gut gekleidet, ob im Job oder im → Theater, und dies in den meisten Ländern. Es lohnt sich, beim Kauf auf Qualität zu achten. Darüber hinaus ist natürlich die → Passform wichtig. Der → Rock sollte nicht zu kurz sein. Für berufliche Anlässe darf das Knie gerade noch zu sehen sein. Kürzer wäre unangebracht.

Kotelett

Das Kotelett kommt mit Knochen auf den Teller. Das Fleisch wird mit Messer und Gabel verzehrt. Ob im Anschluss der Knochen in die Hand genommen und abgenagt werden darf, erkennt man oft an der Fingerschale zum Reinigen der Hände oder auch an einer Manschette zum Anfassen an einer Seite des Knochens. Wenn Sie unsicher sind, verzichten Sie lieber darauf. Es sei denn, Sie befinden sich in einem Bierzelt oder sehr rustikalen Lokal.

Krabben

Größere Krabben werden meist als → Garnelen angeboten. Die kleinen Exemplare sind aus biologischer Sicht zwar auch meistens Garnelen, heißen in der Gastronomie aber eben Krabben. Sind sie bereits ausgepult und dann wahrscheinlich mit → Soße zubereitet, isst man Sie mit der Gabel. Nicht selten bekommt man dafür ein etwas kleineres Vorspeisenbesteck. Haben die Tiere noch ihren Panzer, machen Sie es so: Nehmen Sie eine Krabbe in die Hand, und ziehen Sie sie etwas lang, sodass der Körper gerade wird. Leicht an Kopf und Schwanz drehen, bis der Panzer zerbricht. Ziehen Sie dann rasch beide Teile auseinander. Im Idealfall bleibt das Fleisch heil, manchmal muss man aber auch die einzelnen Glieder des Panzers lösen. Legen Sie das ausgelöste Fleisch auf den Teller. Für den Abfall gibt es vermutlich ein spezielles Gefäß, sonst bleibt er am Tellerrand. Wenn alle Krabben gepult sind, reinigen Sie die Hände und essen mit der Gabel.

Krankenbesuch

Wer krank das Bett hüten muss, womöglich in der Klinik, freut sich meist über einen Besuch. Melden Sie sich vorher an, um nicht unpassend zu erscheinen. Der Kranke kann sich dann auch darauf einstellen und nicht gerade ein Schläfchen halten. In Krankenhäusern gibt es in einigen Abteilungen noch feste Besuchszeiten. Erkundigen Sie sich danach, und halten Sie diese ein. Ein kleines → Mitbringsel gehört zur Aufmunterung dazu. Ein Strauß → Blumen ist sowohl für Frauen als auch Männer geeignet. Allerdings keine weißen und generell keine Astern, Lilien und Chrysanthemen. Topfpflanzen sind in den meisten Krankenhäusern nicht gern gesehen. Auch Bücher, Hörbücher oder Zeitschriften sind gut, wenn der Betreffende liest und Sie seinen Geschmack kennen. Dagegen ist → Alkohol tabu. Er passt einfach nicht zur Genesung. Und genau die wünschen Sie dem Kranken doch. Liegt er im Bett, bleiben Sie nicht davor stehen, sondern organisieren sich einen Stuhl. Sich auf die Bettkante zu setzen, kommt nur für sehr nahe Angehörige in Frage, wenn der Kranke sich das wünscht. Was die Gesprächsthemen betrifft, versuchen Sie, Positives zu berichten. Lenken Sie ab, und verzichten Sie auf Schilderungen anderer Krankheiten oder der gleichen Erkrankung bei jemand anderem mit ihren furchtbaren Komplikationen. Stehen Sie sich sehr nahe, können Sie natürlich auf Ängste und Sorgen eingehen und auch Ihre eigene Trauer zeigen. Lesen Sie dazu das Stichwort → Genesungswünsche. Muss der Patient sich ausruhen, ist es bald Zeit zu gehen. Im Krankenhaus gilt zusätzlich: Schalten Sie das → Handy aus, und nehmen Sie Rücksicht auf Zimmergenossen.

Krawatte

Kaufen Sie keine vermeintlich lustigen Krawatten oder solche in grellen Farben und mit auffälligen Mustern. Zwar darf man mit der Krawatte auch ein wenig seinen eigenen Stil zeigen, trotzdem sollte

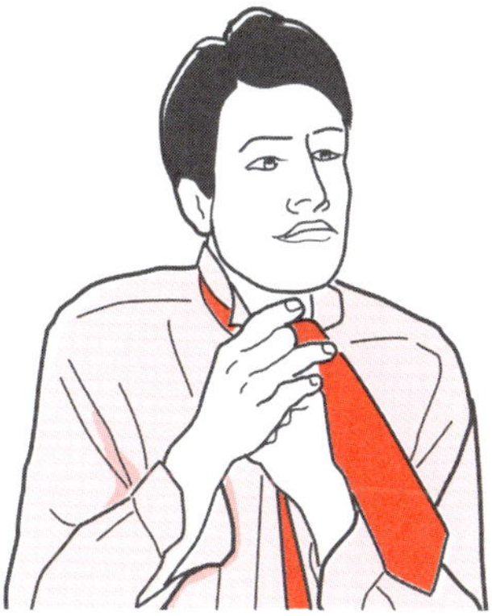

sie möglichst dezent bleiben, zeitlos sein und zu vielen Anzügen bzw. → Hemden passen. Starke Kontraste sind besonderen Anlässen vorbehalten. Auf einer Kunstausstellung kann die leuchtend rote oder orange Krawatte zum weißen Hemd und schwarzen Anzug ein toller Blickfang sein. Ist Anzug oder Hemd bereits gemustert, sollte der Binder es nicht sein, sondern eine der enthaltenen Farben aufgreifen. Bei Streifenmuster darauf achten, dass dieses diagonal und niemals quer oder längs verläuft. Die Knotenform unterliegt vor allem modischen Trends. Wenn Sie einen Lieblingsknoten haben, der Ihnen besonders gut steht, bleiben Sie ihm treu. Lieber einfache Formen wählen, die dann perfekt gebunden sind, als komplizierte Varianten unordentlich präsentieren. Die gebundene Krawatte endet übrigens exakt auf der Gürtelschnalle. Sie bleibt auch während des Essens an ihrem Platz und wird weder über die Schulter gelegt, noch in Hemd oder Brusttasche gesteckt.

Krawattennadel

Zwar sind Krawattennadeln etwas aus der Mode geraten, sie können aber auch heute noch getragen werden. Schlicht und edel verraten Sie viel von der Persönlichkeit ihres Trägers. Außerdem lässt sich mit dem kleinen Schmuckstück auch unauffällig die → Krawatte während des Essens am → Hemd fixieren. Fauxpas: Die → Serviette an der Krawattennadel befestigen.

Krebse

Mit Krebsen sind fast immer Flusskrebse gemeint. Am einfachsten ist das Essen, wenn das Fleisch bereits ausgelöst ist. Man verwendet dann das normale → Besteck. Steckt das Fleisch noch im Panzer, gibt es ein Krebsbesteck. Drehen Sie zuerst den Schwanz aus dem Brustpanzer. Scheren und Beine stecken Sie durch das Loch im Krebsmesser. So lassen sie sich abdrehen und die Scheren aufknacken. Die Beine können nun ausgelutscht werden, was erlaubt ist. Holen Sie das Fleisch mit der zweizinkigen Gabel heraus, und entfernen Sie den Darm. Dann reinigen Sie die Hände und essen mit Messer und Gabel weiter.

Kritik annehmen

→ Komplimente oder Lob lassen sich leichter annehmen als Kritik. Deshalb zeigt derjenige, der genau das richtig macht, Größe. Erste Regel ist das → Zuhören. Nur wer exakt zuhört, weiß, was ihm wirklich vorgehalten wird. Dazu gehört auch, dass der Kritisierende nicht unterbrochen wird. Machen Sie sich innerlich bereit für die Kritik, und denken Sie nicht, dass sowieso alles nicht stimmt. Zeigen Sie diese Bereitschaft, indem Sie sich dem anderen zuwenden. Und dann: Fragen Sie immer wieder nach, wenn Sie nicht sicher sind, wie etwas gemeint ist. Zur Not dürfen Sie dann sogar „unterbrechen“. Sagen Sie: „Entschuldigung, wenn ich unterbreche, ich möchte nur sichergehen, dass ich das an dieser Stelle richtig verstehe.“ Auch Wiederholen ist eine gute Strategie. Wenn der andere eine kurze Pause macht, drücken Sie seine Kritik noch einmal mit Ihren Worten aus. Etwa: „Es stört dich also, dass ich dich nicht gefragt habe, bevor ich unsere Freunde zum Übernachten eingeladen habe.“ Auch so kommen Sie dahinter, wenn es nicht die versäumte Absprache, sondern nur diese Freunde sind, die nicht über Nacht in Ihrem Haus bleiben sollen. Übrigens müssen Sie sich Kritik nur dann anhören, wenn sie in der richtigen Form geäußert wird. Siehe dazu → Kritik äußern. Und: verwechseln Sie Kritik nicht mit Angriff. Verteidigen Sie sich nicht, und gehen Sie schon gar nicht zum Gegenangriff über.

TIPP

Achtung, Emotionsfalle! Wenn Sie merken, dass eine Kritik Sie sehr tief berührt oder extrem ärgert, bitten Sie um eine kurze Auszeit. Vertagen Sie den Rest des Gesprächs auf einen späteren Zeitpunkt, und machen Sie weiter, wenn Sie sich wieder im Griff haben.

Kritik äußern

Kritik kann ausgesprochen sinnvoll sein. Bevor Sie damit jedoch auf jemanden zugehen, überlegen Sie gut, was Sie wollen. Oft geht es um Verhaltensweisen, die sich ändern sollen. Können Sie das auch anders erreichen, indem Sie Ihr Verhalten beispielsweise ändern? Es heißt: „Man kann den anderen nicht ändern, sondern nur sich selbst.“ Überprüfen Sie auch, ob Sie nicht den anderen Menschen schon länger wegen eines vermeintlich störenden Benehmens beobachten. Sie werden mit der Zeit immer sensibler und werden den Eindruck gewinnen, die „Macke“ sei unerträglich. Dabei wäre sie mit Gelassenheit und Abstand bald kaum noch wahrnehmbar. Im Moment großer Verärgerung sollte keine Kritik geübt werden, denn dann wird daraus Gemecker. Lassen Sie also immer erst ein wenig Zeit vergehen, und verabreden Sie dann einen Zeitpunkt, der passt, um sich in Ruhe zusammenzusetzen. Halten Sie auch Regeln ein. Persönlich werden ist tabu. Gut ist, auch etwas Positives zu sagen, am besten gleich zum Einstieg. Vielleicht der wichtigste Aspekt: Üben Sie konstruktiv Kritik. Machen Sie also Vorschläge, geben Sie Anregungen.

Kuba

Kuba gehört zu den karibischen Inseln. Schön für Reisende: Die Kriminalitätsrate ist recht niedrig. Das hat aber viel mit der Einschränkung der persönlichen Freiheit der Einheimischen zu tun. Sie haben es also mit zwei Seiten einer Medaille zu tun. Eingeschränkt ist zum Beispiel die Reisefreiheit und auch die Meinungsäußerung. Halten Sie sich also ein wenig zurück, wenn es um politische Themen geht. Auch Familie, Armut im Land oder schlechte Zustände schneiden Sie besser nicht an. Fragen Sie auch nicht nach tollen Reiseerlebnissen des Kubaners. Hat er welche zu erzählen, tut er das von ganz allein, denn er ist ausgesprochen aufgeschlossen und fröhlich. Amtssprache ist Spanisch. Man begrüßt sich mit „Buenos dias", also „Guten Tag", und → Handschlag. Schlechte Laune wird nicht akzeptiert. Sofern Sie sich nicht aufmuntern lassen, wird der Kubaner Sie meiden. Sind Sie aber lustig und guter Dinge, werden Sie unter Umständen auch mal nach Hause eingeladen. Lehnen Sie freundlich ab. Das gehört zum Ritual. Erst eine zweite Einladung ist auch ernst zu nehmen. Dann dürfen Sie gern zusagen. Das Thema → Gastgeschenk ist sehr unkompliziert. Fragen Sie, ob Sie etwas für das Essen mitbringen können. Kommen Sie bloß nicht pünktlich, und putzen Sie sich bei Tisch – auch in Restaurants – nicht die Nase. Auf saubere Kleidung wird besonderen Wert gelegt, sie kann in der Freizeit allerdings leger ausfallen. FKK und das Baden oben ohne sind verboten. Im Restaurant geben Sie immer zwischen zehn und 20 Prozent Trinkgeld.

Kundenbeschwerde

Die Beschwerde eines Kunden ist immer unangenehm und verbunden mit der Angst, diesen Kunden zu verlieren. Durch den richtigen Umgang damit kann das verhindert werden. Hören Sie zu, und nehmen Sie Ihren Kunden ernst. Auf keinen Fall soll er das Gefühl bekommen, Sie hielten seine Beschwerde für eine Lappalie. Liegen tatsächlich Fehler Ihrerseits vor, erklären Sie kurz, warum diese passiert sind. Eine Entschuldigung ist obligatorisch. Rechtfertigungen dagegen sparen Sie sich lieber. Versuchen Sie, den Grund für die Beschwerde aus der Welt zu schaffen. Geht das nicht, erklären Sie in Ruhe und vor allem freundlich, warum das so ist. Darüber hinaus ist eine Beschwerde auch immer → Kritik, die man annehmen sollte.

Kündigung

Wer seinen Job kündigen will, sollte keine „Nach-mir-die-Sintflut"-Einstellung haben. Auch im letzten Moment in einer Firma ist Stil gefragt. Schon deshalb, weil sich schlechtes Benehmen in der Branche herumsprechen könnte. Zunächst gilt es natürlich, die gesetzlichen Bestimmungen einzuhalten. Bei einem Wechsel ist es ratsam, erst nach Unterzeichnung des neuen Vertrages in der Firma Bescheid zu geben, die Sie verlassen wollen. Dann aber auch ohne weitere Verzögerung, damit man sich schnellstens um Ersatz kümmern kann. Selbst wenn Sie noch so vertraute Kollegen haben, die Vorgesetzten sind die Ersten, die es erfahren müssen, dann sind die Kollegen an der Reihe. Die schriftliche Kündigung muss fristgerecht eingereicht werden. Tun Sie alles, damit Ihr Nachfolger Ihren Job gut übernehmen kann. Das heißt, dass Sie Unterlagen abschließen bzw. vorbereiten müssen. Das heißt aber auch, dass Sie alles noch einmal gründlich aufräumen. Wenn der Zeitpunkt des Abschieds gekommen ist, verlassen Sie Ihren Arbeitsplatz ordentlich und sauber und denken auch an eventuell noch in Ihrem Besitz befindliche Schlüssel, die Sie natürlich von sich aus abgeben. Lesen Sie dazu auch → Abschied aus der Firma.

Kurze Hose

Sie ist ein Kleidungsstück für die Freizeit. Im Berufsleben hat sie nichts zu suchen. Auch im → Theater oder in stilvollen Restaurants ist eine kurze Hose fehl am

Platz. Ausnahme: Ausgesprochene Abendhosen für Damen.

K

Küsschen

Gemeint ist hier die sogenannte Akkolade (franz. accolade = Umarmung). Das ist die klassische, in Frankreich übliche Begrüßung, bei der man sich umarmt und Küsschen auf die Wangen gibt. Das heißt, wirklich geküsst wird nicht, sondern man hält nur die Wangen aneinander. Und zwar erst die rechten, dann die linken Wangen. Es empfiehlt sich, behutsam auszuprobieren, ob der andere auch die Nähe einer Umarmung will. Wollen Sie sie nicht, werden aber quasi dazu genötigt, legen Sie als Frau dem Herrn eine Hand auf die Brust und sorgen so für den Abstand, der Ihnen recht ist. Männer können das umgekehrt natürlich nicht tun. Sie platzieren Ihre Hand auf der Schulter der Dame.

Küssen

Sich in der Öffentlichkeit zu küssen, ist nicht grundsätzlich verboten. Jedenfalls nicht im westeuropäischen Kulturkreis. Das richtige Maß ist entscheidend. Leidenschaftliche Küsse, bei denen die Beteiligten Ihre Umwelt vergessen, gehören höchstens in einschlägige → Bars. Ansonsten sollten Sie es bei kleinen → Küsschen belassen.

TIPP

Auch in vielen Ländern Lateinamerikas oder in Spanien begrüßt man sich mit Küsschen. Doch Vorsicht, nicht überall läuft das Begrüßungsritual gleich ab: Je nach Land und Region gibt man unterschiedlich viele Küsschen. Teils wird diese Begrüßung nur unter engen Freunden und in der Familie gepflegt, in anderen Ländern sogar im Geschäftsleben.

L

Lächeln

Wer lächelt, kommt leichter durchs Leben. Er signalisiert immer, dass er eine positive Grundhaltung seinen Mitmenschen gegenüber hat. Im Grunde läuft es bei jeder Begegnung auf die Einschätzung „Freund oder Feind“ hinaus. Mit einem Lächeln geben Sie sich als Freund zu erkennen.

Lachs

Geräucherten Lachs isst man mit dem üblichen Fleischbesteck. Ist der Fisch gebraten, ist Fischbesteck zu verwenden.

Ladies first

Früher war es eine eiserne Regel guten Benehmens, dass Frauen immer Vorrang bzw. Vortritt hatten. Das hat sich – auch im Zuge der Emanzipation – geändert. Im Privaten hat sich das jedoch, zum Beispiel beim Begrüßen, gehalten. Im Job entscheidet allein die Position in der Hierarchie. Aber: Je vornehmer es zugeht, desto eher gelten althergebrachte Knigge-Regeln. Dann wird der Dame auch wieder in den Mantel oder aus dem Auto geholfen.

Langusten

Langusten sind hummerähnliche Krebstiere und werden auch genauso wie → Hummer gegessen.

Lärm

Lärm ist ein Übel unserer Zeit. Viele Menschen erzeugen einen hohen Geräuschpegel. Noch schlimmer ist der, den Maschinen und elektronische Geräte erzeugen. Nehmen Sie Rücksicht, und vermeiden Sie überflüssigen zusätzlichen Lärm.

Laudatio

Eine Laudatio ist eine Lobrede, die meistens zu Preisverleihungen oder auch Jubiläen auf eine Person gehalten wird. Im Grunde gelten die gleichen Grundsätze wie bei einem → Grußwort. Neben der gründlichen Vorbereitung ist hier allerdings der persönliche, emotionale Aspekt ganz besonders bedeutsam. Da sich die klassische Laudatio an einen Menschen richtet, beginnt Sie immer mit dessen Titeln, seinem Vor- und Familiennamen und möglicherweise auch seinem Geburtsdatum oder zumindest dem Herkunftsort. Verzichten Sie unbedingt auf Reime und lustige Wortspielchen.

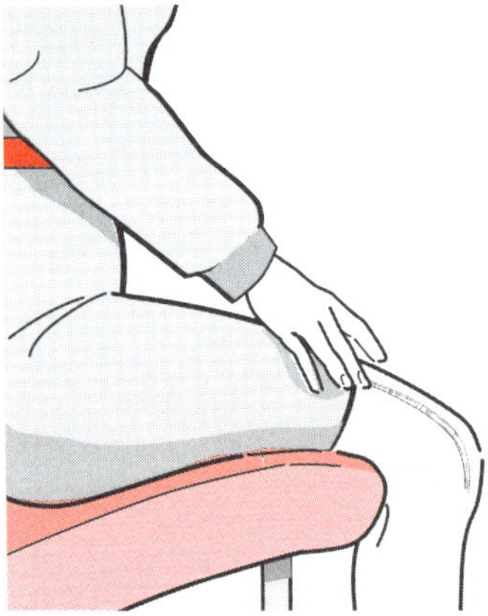

L

Laufmasche

Eine Laufmasche, also sozusagen ein Defekt an einer Perlon®- oder Seidenstrumpfhose, ist selbst bei bester Qualität nicht auszuschließen. Damit herumzulaufen, ist allerdings völlig inakzeptabel. Haben Sie darum immer Ersatz zur Hand.

Lebenslauf

Noch immer ist der Lebenslauf, auch Curriculum Vitae genannt, Kern einer jeden → Bewerbung. Er wird nicht mehr handschriftlich geliefert – es sei denn, dies wird ausdrücklich so gefordert. Auch hat er sich vom Stil her etwas verändert. Wichtig ist heutzutage eine klare Gliederung und die Orientierung nach Kompetenzen. Zählen Sie also nicht nur auf, wo Sie gearbeitet, sondern auch, was Sie dort gemacht haben. Die jüngsten Einträge stehen am Anfang, damit jeder gleich sehen kann, aus welcher Position Sie sich bewerben. Gehen Sie dann chronologisch in die Vergangenheit. Lücken sollten möglichst nicht auftauchen. Personen mit recht umfangreicher Berufserfahrung füllen mühelos zwei Seiten. Mehr soll es nicht sein. Die heute beliebte „dritte Seite" ist eine gute Möglichkeit, seine Motivation deutlich zu machen und zu sagen, warum gerade Sie der geeignete Bewerber sind. Für Menschen, die viel gewechselt, mal in dieser Branche, mal in jener tätig waren, ist das auch die Chance, einen roten Faden aufzuzeigen und besondere Eigenschaften und Fähigkeiten herauszuarbeiten. Trotz aller Veränderung, ist es auch heute noch unerlässlich, dass jeder Lebenslauf ein Unikat zu sein hat. Beschreiben Sie genau, was Sie wo gemacht haben, und belegen Sie das durch Zeugnisse. Lücken wollen erklärt werden. Geben Sie an, wenn Sie im Ausland waren, um Ihre Sprachkenntnisse zu verbessern. Wer sich um ein Kind gekümmert hat, bezeichnet das als Familienzeit. Arbeitslosigkeit können Sie als Orientierungsphase oder Stellensuche angeben.

Leichenschmaus

Das Essen nach einer Bestattung hat lange Tradition. Die Angehörigen laden zu einem kleinen → Buffet oder → Kaffee und Kuchen ein. Das heißt: Eingeladen wird dazu eigentlich niemand. Durch die Ankündigung der Trauerfeier ist jeder informiert und kann selbst entscheiden, ob er kommt. Es werden darum immer ein paar Brötchen oder auch Kuchen mehr da sein. Bedenken Sie trotzdem, dass es nicht unbedingt eine Großveranstaltung werden muss. Gehen Sie nur mit zum Leichenschmaus, wenn Sie sich wirklich zur Familie oder zu den engen Freunden zählen. In erster Linie geht es darum, die Angehörigen nicht allein zu lassen. Wenn Sie also am Grab aufgefordert werden, doch auch mitzukommen, dann schlagen Sie das nicht aus. Ihr Verhalten bei dem gemütlichen Zusammensein passen Sie den Angehörigen an. Wenn die lachen oder Sie nach Ihrem Beruf fragen, dürfen Sie auch lachen oder einen kleinen Witz machen und über Ihren Erfolg sprechen. Geht es still zu, sind Sie besser auch zurückhaltend. Oft wird → Alkohol ausgeschenkt. Gegen ein Glas ist nichts einzuwenden. Bis zum Schwips sollte es aber nicht gehen. Während des Leichenschmauses wird das Grab übrigens geschlossen und mit den → Blumen und Kränzen dekoriert. Vielleicht wollen die Angehörigen es sich am selben Tag noch einmal ansehen. Der Schmaus dauert darum meist höchstens zwei Stunden.

Lettland und Litauen

In den beiden Ländern des Baltikums gibt es nicht viele Besonderheiten, auf die sich der Besucher einstellen muss. Die Menschen sind extrem gastfreundlich. Pünktlichkeit und saubere Kleider sind wichtig. Aberglaube ist weit verbreitet. Achten Sie darauf, dass nie 13 Personen an einem Tisch sitzen, und set-

L

zen Sie keinen Letten an die Ecke eines Tisches. Das ist, vor allem für Ledige, ein schlechtes Omen. Auf Titel wird keinen Wert gelegt, sehr wohl aber auf die Eigenständigkeit. Machen Sie keinesfalls den Fehler, Litauen als „doch irgendwie russisch" zu bezeichnen. Nennen Sie auch immer die lettischen bzw. litauischen Städtenamen, nicht die eingedeutschten. Wann immer Sie eingeladen werden, bringen Sie eine ungerade Zahl Blumen mit. Im Restaurant ist ein Trinkgeld zwischen fünf und maximal zehn Prozent passend, im Taxi darf es etwas mehr sein. Religion spielt in beiden Ländern kaum eine Rolle.

TIPP

Die Letten kennen in ihrer Sprache kein eigenes Wort für „Ja". Sie haben es einfach aus dem Deutschen übernommen.

Lügen

Gelogen wird nicht. So einfach ist das. Und doch gibt es Situationen, da sitzt man in der Falle, weil die Wahrheit jemanden verletzen oder einen anderen in Schwierigkeiten bringen würde. Nur im absoluten Notfall können Sie sich mit Weglassen retten. Sagen Sie nicht alles. Aber was Sie sagen, soll stimmen.

Luxemburg

Wahrscheinlich werden Sie in Luxemburg höflich aber etwas distanziert empfangen. Das liegt zum einen an der allgegenwärtigen Angst der Einheimischen, aufgrund der Landesgröße und geringen Einwohnerzahl nicht für voll genommen zu werden. Ältere Menschen haben zum anderen noch Vorbehalte aufgrund des Zweiten Weltkrieges. Nehmen Sie die Menschen und ihr wirtschaftlich so erfolgreiches Land ernst, achten Sie besonders auf gutes Benehmen und ein ordentliches Äußeres, dann kommen Sie gut zurecht.

M

Mailbox

Die Mailbox ist der → Anrufbeantworter des Mobiltelefons. Zusätzlich ist nur zu beachten, dass nicht jeder täglich sein → Handy einschaltet. Sie können deshalb nicht sicher sein, dass Privatpersonen Ihre Nachricht auch sehr kurzfristig abhören. → Absagen von Verabredungen werden daher nicht oder nicht nur dort hinterlassen.

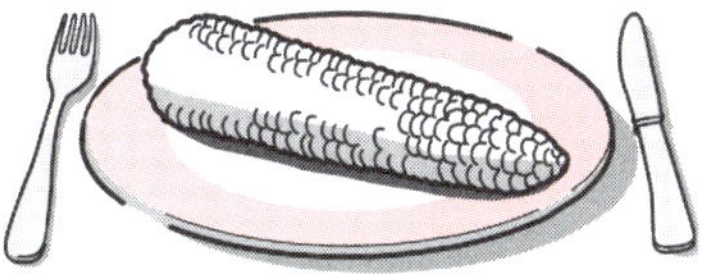

Maiskolben

Werden Maiskolben im Ganzen serviert, stecken gewöhnlich kleine Spieße in den Enden. Zum Verzehr fassen Sie diese und knabbern den Kolben ab. Fehlen Spieße, können Sie sich mit → Zahnstochern behelfen oder Sie bitten um zwei Gabeln. Der Maiskolben darf vorher übrigens noch mit zerlassener Butter bestrichen werden. Dazu liegt ein Löffel bereit.

Make-up

Sowohl im Privaten als auch vor allem im Job wird nicht zu dick aufgetragen. Make-up soll die Persönlichkeit unterstreichen, Vorzüge betonen und kleine Makel kaschieren. Lediglich zu Feierlichkeiten darf mal etwas stärker geschminkt werden. Aber auch dann sind sichtbare Schichten auf dem Gesicht, dicke Balken über den Augen und grelle Farben auf den Lippen nicht angesagt. Übrigens: Niemand muss sich schminken. Trotzdem wird von der Geschäftsfrau ein dezentes Make-up erwartet. Benutzen Sie, wenn Sie keine Freundin davon sind, eine getönte Tagescreme, und beschränken Sie sich auf etwas Wimperntusche und ein wenig Lippenglanz. Böser Patzer: Frischen Sie Ihr Make-up niemals in der Öffentlichkeit auf.

Malaysia

In erster Linie ist daran zu denken, dass es sich hierbei um ein

→ islamisches Land handelt. Das regelt zahlreiche Verhaltensfragen. Früher hat man zur Begrüßung die Hände gefaltet und dann dem Gegenüber gereicht. Heute setzt sich, gerade Europäern gegenüber, der → Handschlag durch, wobei Frauen und ältere Menschen meist nur mit dem Kopf nicken. Achtung: Das Nicken mit dem Kopf bis hin zu einer kleinen Verbeugung ist auch die Form, wie eine Personengruppe gegrüßt wird. Tun Sie das auch, wenn Sie an mehreren Menschen vorbeigehen, die Sie ansehen. Pünktlichkeit wird nicht gerade groß geschrieben. Der Umgang mit Geld ist ein wenig heikel. Trinkgeld geben Sie höchstens dem Taxifahrer, indem Sie den fälligen Betrag aufrunden. Wird Ihnen etwas angeboten, nehmen Sie es an. Getränke, die gereicht werden, nimmt man mit beiden Händen an. Und man gibt anderen Getränke ebenfalls zweihändig.

Manschetten

Die meisten → Hemden haben Manschetten mit einem Knopf oder einem zweiten leicht dahinter versetzt. Nur wenn beide Knöpfe genau nebeneinander sitzen, spricht man von Zweiknopfmanschetten. Sie gehören zu den Hemden, die für formelle Anlässe gedacht sind. Die dritte Variante ist die Klappmanschette, die doppelt so lang ist und umgeklappt getragen wird. Zur Fixierung verwendet man Manschettenknöpfe. Sind diese nicht zu auffällig und edel, ist der Look auch im Berufsalltag okay. Sonst bleibt er doch eher besonderen Anlässen vorbehalten.

Mantel ausziehen

Der Mann hilft der Frau nicht mehr zwangsläufig aus dem Mantel. Eigentlich. Geht es festlich zu, oder haben Sie es mit einem Kavalier alter Schule zu tun, passiert es aber doch noch. Männer beweisen damit, dass sie wissen, was sich gehört und Wert darauf legen. Frauen lassen es sich gefallen und stellen nicht gerade in solchen Momenten ihre Selbstständigkeit zur Schau.

Marokko

In dem nordafrikanischen Land wird der → Islam eher streng praktiziert. Frauen sollten sich sehr genau überlegen, ob sie allein unterwegs sein wollen, was nämlich gar nicht gut angesehen ist. Geschäftsfrauen sollten sich daher am besten einen Übersetzer oder anderen männlichen Begleiter mitnehmen, um sich unbeschwert bewegen zu können. In Cafés, wo nur Männer sind, sollten Sie als Frau auf keinen Fall gehen. Wenn ein Marokkaner ausländischen Frauen wegen ihrer Selbstständigkeit Komplimente macht und sie zu sich einlädt, hat er eigentlich immer sexuelle Hintergedanken. Frauen, die Auto fahren, genießen ein etwas besseres Ansehen. Jedoch ist der Straßenverkehr, jedenfalls für europäische Verhältnisse, geradezu mörderisch, und man sollte besser auf ein eigenes Auto verzichten. Grundsätzlich sind die Menschen sehr temperamentvoll und stürmen auf Touristen los. Dies ist allerdings nicht böse gemeint. Reagieren Sie deshalb nicht grob, aber bestimmt, wenn Sie nichts kaufen oder kein Foto von jemandem machen wollen. Wenn Sie Einheimische fotografieren, nachdem Sie gefragt haben, bitten diese oft um einen Abzug. Lassen Sie ihn vor Ort machen, oder schicken Sie ihn später. Bettler gehören zum Straßenbild. Behandeln Sie sie nicht respektlos, denn sie haben sich ihr Schicksal nicht ausgesucht. Außerdem gebietet der Islam, Almosen zu geben. Noch ein Wort zu den Frauen: Stellt man Ihnen eine Marokkanerin vor, berühren Sie diese nur dann, wenn sie Ihnen eindeutig die Hand reicht. Im Restaurant und im Taxi sind zehn bis 15 Prozent Trinkgeld normal. Vorsicht vor Drogenhändlern: Lassen Sie sich auf nichts ein, und kontrollieren Sie stets Ihre Taschen, sonst kann es böse Überraschungen geben.

Melone

Ist das Fleisch der Melone bereits aus der Schale gelöst, kann es einfach mit Messer und Gabel verzehrt werden; Kerne mithilfe des Bestecks an die Seite schieben. Ist die Schale noch vorhanden, fixiert man die Frucht mit der Gabel auf dem Teller und schneidet zwischen Fruchtfleisch und Schale entlang. Honigmelone wird oft mit Schinken serviert.

Mexiko

Das mittelamerikanische Land ist geprägt von starken Gegensätzen. Es herrscht teilweise große Armut, und daneben gibt es einige wenige Superreiche. Auch das Benehmen der Stadtmenschen unterscheidet sich erheblich von dem der Landbevölkerung. Übergreifend ist die Gastfreundlichkeit. Gerade als Ausländer wird man Sie gern einladen. Pünktlich zu sein, ist nicht so wichtig. Nehmen Sie sich aber Zeit für lange Gespräche vor und nach dem Essen. Wer sich rasch verabschiedet, gilt als unhöflich. Bringen Sie Spirituosen für den Gastgeber, Blumen oder Pralinen für die Dame und auch etwas für die Kinder mit.

Mexikanische Männer sind Kavaliere der alten Schule. Sich als Frau nicht am Arm zum Tisch geleiten zu lassen oder womöglich die Rechnung im Lokal zu übernehmen, ist ein Affront. Die katholische Kirche spielt im Land eine bedeutende Rolle. Fotografieren Sie in der Kirche nicht, wenn Gottesdienst ist oder jemand betet. Die Mutter wird extrem verehrt. Beleidigungen der Mama sind unentschuldbar. Fast genauso wichtig sind Kinder, die so ziemlich alles dürfen. Unterstehen Sie sich, in Ihren Augen unerzogene Kinder zu tadeln. Sind Sie mit – möglichst blonden und blauäugigen – Sprösslingen unterwegs, bereiten Sie sie darauf vor, dass wildfremde Menschen Ihnen Gesicht und Haare tätscheln werden. Trinkgeld ist im Land obligatorisch, denn davon leben nicht selten ganze Familien. Geben Sie mindestens zehn, gern auch 15 Prozent. Denken Sie auch an Zimmermädchen oder Boten. Bei Behörden sollten Sie jedoch mit Trinkgeldern vorsichtig sein. Korruption ist ein großes Problem im Land, und Sie sollten besser nicht in den Verdacht geraten, sich daran beteiligt zu haben.

Mimik

Der Ausdruck Ihres Gesichts gehört zur → Körpersprache. Haltung, Gesten und Mimik sollen idealerweise zueinanderpassen. Dann wirken Sie überzeugend. Widerspricht der Gesichtsausdruck dem Rest, irritiert das Ihre Umwelt. Eine hochgezogene Augenbraue drückt immer Zweifel und Skepsis aus, wandern beide nach oben, zeigt das eher Überraschung. Zusammengekniffene Augen können höchste Konzentration ausdrücken, signalisieren aber meistens Wut. Üben Sie Ihre Mimik ruhig einmal vor dem Spiegel. Sie werden vielleicht feststellen, dass das, was Sie als freundliches → Lächeln empfinden, etwas schief und künstlich aussieht. Üben Sie, und fragen Sie einen Vertrauten, ob er in Ihrem Gesicht liest, was Sie sagen wollen. Lächeln und → Blickkontakt sind wichtige Komponenten. Und verkrampfen Sie nicht. Beißen Sie zur Kontrolle einfach ab und zu die Zähne zusammen, und entspannen Sie sich anschließend bewusst.

Minibar

Grundsätzlich muss alles, was der Minibar entnommen wird, auch bezahlt werden. Meist gibt es einen Zettel, auf dem Sie die Entnahme eintragen und von dem Sie auch den Preis ablesen können. Kontrollieren Sie, wenn Sie ein Hotelzimmer beziehen, ob die Minibar in Ordnung ist. Melden Sie umgehend, falls Ihnen etwas merkwürdig erscheint. Beim Auschecken gehört es sich, von allein anzugeben, was aus der Minibar genommen wurde.

Minirock

Der kurze → Rock gehört, genau wie die kurze → Hose, in die Freizeit und auf keinen Fall zur Business-Garderobe. Trägt eine Frau einen Minirock, passt sie auf, dass die Beine nicht gespreizt sind. Besonders das Aussteigen aus einem Auto erfordert etwas Übung.

Mitbringsel

Das sogenannte Mitbringsel ist der kleine Bruder des → Gastgeschenks. Gemeint sind Kleinigkeiten, die man jemandem mitbringt, wenn man beispielsweise auf ein Gläschen Wein eingeladen wird. Mitbringsel können auch aus dem Urlaub mitgenommen werden. Überlegen Sie stets, womit Sie anderen eine Freude machen können. Das kleine Geschenk soll zeigen: Ich habe an dich gedacht. Ich mag dich.

Mitfahren

Auch von einem Beifahrer werden gute Manieren erwartet. Dass nicht geraucht wird, ist klar. Es sei denn der Fahrer raucht selbst im Fahrzeug und erlaubt es. Essen und Trinken ist ähnlich eingeschränkt. Auf langen Touren kann es gestattet sein. Passen Sie aber gut auf, dass Sie nichts verschütten oder an die Sitze schmieren. Bereiten Sie sich vor, indem Sie Feuchttücher parat haben. Vom Nebensitz mitfahren zu wollen, stört den Fahrer gewaltig. Deshalb: Treten Sie nicht die Karosserie zu Ihren Füßen durch oder klammern sich demonstrativ an der Tür fest. Vermeintlich gute Tipps behalten Sie lieber für sich. Es sei denn, Sie vermuten, der Fahrer habe unter Umständen ein Tempolimit-Schild übersehen. Fragen Sie dann vorsichtig, ob er es wahrgenommen hat, und sagen Sie ihm gegebenenfalls, wie schnell er sein darf. Job des Beifahrers ist es, den richtigen Weg zu weisen. Dabei sind schnelle, rechtzeitige und präzise Ansagen gefragt. Behalten Sie Ihre Hände während der Fahrt bei sich. Einzig der Fahrer darf sich an Knöpfen, Hebeln und Schaltern zu schaffen machen.

Mobbing

Das Schikanieren von Menschen über einen längeren Zeitraum wird als Mobbing bezeichnet. In erster Linie geschieht das im Berufsleben, aber auch in Vereinen oder Freundeskreisen oder sogar in der Schule kann jemand gemobbt werden. Ernst genommen werden muss das fiese Verhalten auf jeden Fall. Machen Sie, auch wenn Sie das Opfer nicht gerade mögen, niemals mit. Schikane ist keine akzeptable Möglichkeit, um jemandem seine Ablehnung zu zeigen. Geben Sie Mobbern sachlich und höflich zu verstehen, was Sie von deren Benehmen halten, und solidarisieren Sie sich mit dem Opfer. Das heißt nicht, dass sich Fronten bilden sollen, die nun gegeneinander kämpfen. Ziel muss immer die Beendigung der unfairen Behandlung sein. Hört die nicht auf, suchen Sie einflussreiche Verbündete. Sind Sie selbst das Opfer, machen Sie sich zunächst Notizen, wenn Sie meinen, dass es sich um Mobbing handelt. Manchmal wird einem dabei klar, dass man vielleicht überempfindlich war. Stellen Sie die Peiniger dann zur Rede. In einem höflichen Ton und mit sachlichen Argumenten. Fragen Sie auch unbedingt, wodurch dieses Verhalten ausgelöst wurde, was Sie sich unter Umständen zu Schulden haben kommen lassen. Bringt das nichts, brauchen Sie Unterstützung. Ganz wichtig ist ohnehin, sich jemandem anzuvertrauen.

TIPP

Wenn Sie Opfer von Mobbing sind und das Gespräch unter vier Augen mit dem Mobber nichts gebracht hat, können Sie einen Mediator, also einen Konfliktvermittler, hinzuziehen. Außerdem sollten Sie Ihren Vorgesetzten oder den Betriebsrat informieren. Unterstützung für Mobbingopfer gibt es auch bei Beratungsstellen oder Selbsthilfegruppen.

Motor abstellen

An vielen Bahnübergängen finden sich Schilder, die wartende Autofahrer auffordern, den Motor abzustellen. Tun Sie das auch dort, wo kein entsprechendes Schild zu sehen ist. Das schont die Umwelt und die Nerven der Anwohner. Gleiches gilt übrigens bei Ampeln mit langer Rotphase, wie häufig bei Baustellen.

Mottoparty

Ob James Bond, 1001 Nacht oder Star Wars – Partys unter einem bestimmten Motto sind beliebt bei Jung und Alt. Als Gast sollten

Sie sich zumindest teilweise entsprechend dem Motto einkleiden – auch wenn es nur ein kleines Accessoire zu dem jeweiligen Thema sein sollte.

Mundgeruch

Regelmäßige Mundhygiene ist die beste Vorbeugung gegen Mundgeruch. Trotzdem können Zigaretten, → Kaffee oder stark gewürztes Essen ihn verursachen. Für den Fall der Fälle hilft schnell Pfefferminz oder auch Petersilie, die man allerdings seltener zur Hand haben dürfte. Wer häufig ohne ersichtlichen Grund unter schlechtem Atem leidet, sollte mit seinem Arzt darüber sprechen.

M

Muscheln

Muscheln zu essen, ist sehr einfach. Sortieren Sie diejenigen, die sich beim Kochen nicht geöffnet haben, aus, denn diese könnten verdorben sein. Nehmen Sie eine geöffnete Muschel in die Hand, und holen Sie mit der Gabel das Fleisch heraus. Danach benutzen Sie die leer gewordene Schale als Greifer und zupfen damit das Fleisch aus den nächsten Muscheln. Für die Schale gibt es einen Abfallteller. Hinterher die Hände reinigen und den Sud mit dem Löffel genießen.

TIPP

Bestellen Sie frische Muscheln nur in Monaten mit einem „R", also von September bis April. Das bedeutet automatisch, dass Sie im Sommer verzichten müssen. Aus zwei Gründen: Zum einen verderben Muscheln in der Hitze schnell, zum anderen blühen in warmen Monaten die Algen. Dabei sondern sie Gifte ab, die von den Muscheln aufgenommen werden.

Musical

Noch immer sind Musicals schwer im Trend. Die Atmosphäre liegt irgendwo zwischen → Theater und → Oper. Wenn Sie Lust haben, dürfen Sie gerne in → Abendgarderobe erscheinen. Es ist aber auch in Ordnung, einfacher gekleidet ins Musical zu gehen. Eine Bitte: Auch wenn Sie ein noch so leidenschaftlicher Fan sind, der jede Textzeile auswendig kann, nicht mitsingen!

N

Nachbarschaft

Mit den Nachbarn sollte man im eigenen Interesse gut auskommen. Mal die Post anzunehmen oder auch ein Auge auf ungebetene Besucher zu haben, ist Ehrensache. Schlagen Sie kleine Bitten nicht aus, solange sie sich im Rahmen halten. Überstrapazieren Sie die Nachbarschaft nicht, indem Sie ständig laut feiern und renovieren oder täglich Pakete bei den Nachbarn abgeben lassen. Bei aufdringlichen Nachbarn sagt man freundlich aber bestimmt, wie viel Kontakt man gern hätte, was jedoch zu viel ist.

Nachfragen

Haben Sie etwas nicht verstanden, fragen Sie unbedingt noch einmal nach. „Was?“ oder „Häh?“ ist natürlich tabu. Fragen Sie: „Wie bitte?“ Oder sagen Sie einfach, dass Sie etwas akustisch gerade nicht verstanden haben, und bitten Ihr Gegenüber, das Gesagte zu wiederholen. Auch wenn inhaltlich etwas unklar ist, ist Nachfragen ratsam. Stehen Sie lieber dazu, etwas nicht begriffen zu haben bzw. gerade „auf der Leitung“ zu stehen, als einen falschen Weg einzuschlagen oder eine Aufgabe falsch anzugehen.

Nachgeben

Nicht immer ist Nachgeben ein Zeichen guten Benehmens. Manchmal ist man einfach im Recht und will und sollte das dann auch nicht einem anderen opfern, der nur hartnäckiger oder durchsetzungsstärker ist. Nachgeben zeugt immer dann von gutem Stil, wenn es um unwichtige Kleinigkeiten geht. Auch sehr empfehlenswert: das vermeintliche Nachgeben, um zunächst die Spannung aufzulösen. Wählen Sie Formulierungen, die den Eindruck erwecken, dass Sie von Ihrem Recht ablassen. Versuchen Sie, Entscheidungen oder Handlungen zu verschieben. Hat sich die Stimmung dann beruhigt, können Sie noch einmal in Ruhe Ihren Standpunkt vertreten. Es ist dann jedoch ratsam, wenigstens in

Teilen nachzugeben, um nicht unglaubwürdig zu wirken.

Nachwürzen

Stehen in einem Restaurant Pfeffer und Salz auf dem Tisch, dürfen sie auch benutzt werden. Aber: erst probieren! Sonst wirkt es überheblich und unhöflich. Bei einer privaten Einladung kommt es sehr darauf an, welches Verhältnis Sie zum Gastgeber haben. Essen Sie lieber eine fade Speise, als es sich mit dem Gastgeber zu verderben.

N

TIPP

Zu Pommes oder Würstchen passt Ketchup. Im Restaurant oder bei Freunden darum zu bitten, um Speisen nachzuwürzen, ist ein Fauxpas.

Namen vergessen

Es ist sehr nett, Personen mit ihrem Namen zu begrüßen. Ist der gerade entfallen, geht es auch ohne. Kennt man die oder den Betreffenden noch nicht lange oder besonders gut, kann man offen zugeben, dass man gerade einen Blackout hat, und noch mal nach dem Namen fragen. Wäre das allerdings zu peinlich, einfach die Situation übergehen und sich bei nächster Gelegenheit auf die Sprünge helfen lassen.

Namibia

Neben der Amtssprache Englisch werden Sie in dem afrikanischen Land auch viel Deutsch hören können. Unterhalten Sie sich mit den Einheimischen, wann immer Sie die Gelegenheit haben. Klammern Sie die Themen Sexualität und Aids sowie den Mix verschiedenster Völkerstämme im Land lieber aus. Obwohl die Menschen in Namibia ein wenig zurückhaltend sind, legen sie großen Wert darauf, einander zu grüßen. Auch Fremde grüßen einander, deshalb ist es auch für Besucher Pflicht. Leider gibt es recht viel Armut. Geben Sie im Restaurant und Taxi darum unbedingt zehn Prozent Trinkgeld. Auch Kofferträger und der Tankwart bekommen zwei oder drei namibische Dollar. Falls Sie Einheimische fotografieren wollen, und diese ihre Einwilligung geben, sind ebenfalls zwei oder drei Dollar angebracht. Auf dem Land können Sie auch gern Lebensmittel geben. Der Straßenverkehr ist für Europäer gewöhnungsbedürftig, nicht nur weil Linksverkehr herrscht. Fahren Sie am besten nicht nach Einbruch der Dunkelheit außerhalb der Stadt. Steigen Sie in kein Taxi, in dem schon Fahrgäste sitzen, und dulden Sie auch nicht, dass bei Ihnen jemand zusteigt. Grundsätzlich wäre es ungeschickt, sich mit Schmuck und teuren → Accessoires zu zeigen. Geben Sie sich lieber bescheiden. Kopieren Sie Ihre Papiere, und tragen Sie die Kopien stets bei sich. Die Seite Ihres Reisepasses, die den Einreisestempel trägt, inklusive.

Nein sagen

Viele glauben, „Nein" zu sagen bedeute automatisch, jemanden enttäuschen, verärgern oder vor den Kopf stoßen zu müssen. Dabei muss das nicht sein, wenn man weiß, wie man es richtig anstellt. Die goldene Regel lautet: klar, höflich und sofort. „Klar" bedeutet, das „Nein" muss bei dem anderen auch als solches ankommen. Mit „Eigentlich habe ich im Moment gar keine Zeit" wecken Sie die Hoffnung, doch noch „Ja" zu sagen. „Höflich" bedeutet, dass Sie den Fragenden erst einmal ausreden lassen und ihm aufmerksam → zuhören. Drücken Sie dann immer Ihr Bedauern aus, keine positive Antwort geben zu können. Und geben Sie auch einen sachlichen Grund an. „Sofort" bedeutet, dass Sie Ihre negative Entscheidung in dem Moment mitteilen, in dem sie gefallen ist. Vielleicht müssen Sie sich mit jemandem besprechen oder Informationen einholen, um „Ja" oder „Nein" sagen zu können. Erklären Sie das, und geben Sie an, wann mit der Entscheidung zu rechnen ist. Vertrösten, obwohl die Antwort längst feststeht, sorgt immer für einen unangenehmen Beigeschmack und entbindet Sie nicht von der Pflicht, „Nein" zu sagen.

Netiquette

Das Kunstwort setzt sich aus dem englischen Wort „net", also „Netz", und „Etiquette“ zusammen. Dahinter stecken Regeln für den guten Ton im Internet. Das Wichtigste ist wohl, sich stets vor Augen zu halten, dass man es trotz aller Anonymität mit Menschen zu tun hat. Entsprechend höflich hat man sich zu verhalten. Stellen Sie sich immer vor, dass man Sie aus Ihrer Anonymität holen und Ihr Benehmen mit Ihrer Person in Zusammenhang bringen kann. Denn genau das ist – mit mehr oder weniger Aufwand – immer möglich. Lesen Sie dazu auch → Chatten, → E-Mail und → Internetforum.

N

Neuseeland

Eigentlich ist Neuseeland britisch geprägt, weshalb die Begrüßung mal mit, mal ohne → Handschlag und englischem Gruß üblich ist. Es hat sich aber auch die Begrüßungsformel der Maori „Kia Ora“ verbreitet, was so viel heißt wie „Hallo, mögest du gesund bleiben!“. Während die Maori dazu ihre Nasen aneinanderpressen und die Augen schließen, tun weiße Neuseeländer das nicht. Generell sind die Menschen freundlich und unkompliziert, solange Sie ihr Land nicht mit dem Nachbar → Australien in einen Topf werfen. Es kann schnell passieren, dass Sie eingeladen werden, wahrscheinlich zu einem → BBQ. Bringen Sie Schokolade aus Europa, Blumen oder Spirituosen mit. Gehen Sie mit Neuseeländern ins Restaurant, behalten Sie die Hände so lange auf dem Schoß, bis alle ihr Essen haben. Trinkgeld ist keine Pflicht, zehn Prozent zeigen aber, dass Sie zufrieden waren, und werden gern genommen. Sollten Sie übrigens ein Zimmer benötigen, suchen Sie nach einem Motel. Ein Hotel ist nämlich nur eine Kneipe, die fast nie Übernachtungsmöglichkeiten hat.

TIPP

Nicht alle Lokale in Neuseeland dürfen → Alkohol ausschenken. Steht „BYO“ an der Tür, hat das Lokal keine Lizenz dafür. Gemeint ist dann: „Bring your own“, Sie dürfen also ruhig Ihr → Bier oder die Flasche → Wein mitbringen.

Niederlande

Wer zwei Dinge beherzigt, kann in den Niederlanden nicht mehr viel falsch machen. Erstens: Holland ist nur eine Provinz des Landes und kein anderer Ausdruck für die Niederlande. Zweitens: Angeber und Aufschneider sind unten durch. Entsprechend wird bei der Begrüßung kein Wert auf die Erwähnung von Titeln gelegt. Im Gegenteil. Und es wird nicht darüber gesprochen, was jemand verdient. Ein weiteres Thema ist zu vermeiden, nämlich der Zweite Weltkrieg. Reiten Sie auch nicht darauf herum, wie klein das Land doch ist, dass das Gemüse aus Treibhäusern kommt und auch so schmeckt und Schnittblumen mit Pestiziden belastet sind. Pünktlichkeit ist wichtig. Falls Sie eingeladen werden, erscheinen Sie zur verabredeten Zeit. Wurde keine Uhrzeit ausgemacht, trifft man sich um 20:30 Uhr. Gehen Sie nicht davon aus, dass es etwas zu essen gibt. Wenn doch, warten alle, bis die älteste Frau der Runde bzw. die → Gastgeberin am Tisch sitzt. Nehmen Sie keinen Nachschlag der Speisen, solange andere mit ihrer ersten Portion noch nicht fertig sind. Blumen sind als Mitbringsel okay, sofern sie nicht violett sind. Zehn Prozent Trinkgeld sind im Restaurant üblich.

Niesen

Kündigt ein Kribbeln in der Nase einen Nieser an, am besten schon ein → Taschentuch greifen. Das Tuch oder notfalls nur die Hand vor Mund und Nase halten und von anderen Menschen abwenden. Niest jemand anders, sagt man heute nicht mehr „Gesundheit". Das Niesen wird einfach übergangen. Es wird sich allerdings wohl niemand beleidigt fühlen, wenn man ihm freundlich lächelnd „Gesundheit" wünscht.

Nigeria

Rund die Hälfte der Menschen in diesem westafrikanischen Land sind Muslime. Bereiten Sie sich darum vor der Reise auf die Verhaltensweisen in Bezug auf den → Islam vor. Amts- und damit auch Verhandlungssprache ist Englisch. Darüber hinaus spielen Hierarchien eine große Rolle. Begrüßen Sie Personen in der Reihenfolge ihres Ranges. Wenn Sie nach Nigeria reisen, um jemanden zu treffen, bringen Sie unbedingt ein Geschenk mit. Es sollte etwas sein, das auch in Europa etwas hermacht. Ein edles Schreibgerät etwa oder auch ein guter Tropfen, wenn der Betreffende → Alkohol trinkt. Das Militär genießt übrigens einen hohen Stellenwert. Machen Sie keine abfälligen Bemerkungen darüber, sondern halten Sie sich höflich zurück. Achtung: Ein aufgestellter Daumen, der fast überall „okay" signalisiert, hat in Nigeria die Bedeutung, die bei uns der ausgestreckte Mittelfinger hat.

Nörgeleien abwehren

Meckert jemand herum, ist er nicht selten, wie man so schön sagt, „mit der Gesamtsituation unzufrieden". Er stört sich also gar nicht unbedingt an dem Detail, über das er nörgelt. Ignorieren kann manchmal helfen und auch sinnvoll sein. Es kann den anderen aber auch provozieren, sodass er sich weiter in die Meckerstimmung hineinsteigert. → Humor ist gut, um Nörglern den Wind aus den Segeln zu nehmen und ihnen vor Augen zu halten, wie kleinlich und kindisch sie gerade sind. Dazu sollte man aber auch eine lustige Formulierung parat haben und den Meckerer gut kennen. Manchmal steckt in der Nörgelei ein Fünkchen Wahrheit. → Kritik wäre angebracht gewesen, doch der Betreffende hat diese eben nicht formuliert, sondern herumgequengelt. Geben Sie ihm recht. Überhören Sie den unangenehmen Ton, und entschuldigen Sie sich einfach, oder stimmen Sie ihm ganz sachlich zu. Und schließlich: Wenn die Person, wie eingangs erwähnt, grundsätzlich frustriert oder unzufrieden ist, gehen Sie der Sache auf den Grund. Fragen Sie, ob sie Kummer hat, geärgert wurde. Versäumen Sie nicht zu bemerken, dass Ihr Gegenüber sonst nicht ständig meckert. Das macht es ihm leichter, auch jetzt wieder einen anderen Ton anzunehmen. Handelt es sich dagegen um einen notorischen Meckerer, mit dem Sie viel zu tun haben, müssen Sie ihm höflich sagen, dass die ständige Nörgelei Sie belastet. Machen Sie ihn auf seine nicht akzeptable Ausdrucksweise aufmerksam.

Nörgeln

Mit dem Nörgeln ist es wie mit dem → Jammern. Es verbreitet schlechte Stimmung, hilft aber niemandem weiter. Wenn Sie Grund haben, sich zu beschweren, dann üben Sie immer sachlich und höflich → Kritik. Ist Ihnen das die Sache aber nicht wert, dann schweigen Sie lieber.

Norwegen

Frauen begegnen Ihnen in der norwegischen Geschäftswelt auf allen Ebenen. Sie sind absolut gleichberechtigt, was dazu führt, dass die Sitte → „Ladies first" nicht existiert. Das bedeutet aber noch lange nicht, dass man keine Manieren hat. Im Gegenteil. Pünktlichkeit ist beispielsweise wichtig. Jedoch wird sie ein wenig anders verstanden als etwa in Deutschland. Fünf Minuten gelten sozusagen als obligatorische Verspätung. Auch gute Kleidung und ein gepflegtes Äußeres werden erwartet. Allerdings darf der Business-Look ruhig etwas leger ausfallen. Außerdem sagt man nach jedem Essen, ob privat oder im Restaurant, „Takk for maten", was grob mit „Danke für das Essen" oder auch „Danke für die Zubereitung" übersetzt werden kann. Überhaupt ist es gut, sich immer sehr herzlich für alles zu bedanken. Norweger sind eher bescheiden und mögen es nicht gern, wenn man seine Leistung oder sein Hab und Gut in den Mittelpunkt stellt. Und: Das Alkoholproblem im Land ist nicht unerheblich. Das führt dazu, dass es viele Menschen gibt, die → Alkohol strikt ablehnen. Erkundigen Sie sich diskret danach, bevor Sie Spirituosen verschenken oder jemanden zu → Wein oder → Bier einladen. Über eine Mitgliedschaft in der Europäischen Union sollten Sie – wie auch mit anderen Skandinaviern – mit Norwegern nicht gerade reden.

Nüsse

In öffentlichen Lokalen werden Nüsse eigentlich immer ohne Schale auf kleinen Tellerchen serviert. Sie werden mit den Fingern genommen und direkt in den Mund gesteckt. Achten Sie darauf, die Fingerspitzen nicht zwischen die Lippen zu schieben, denn Sie wollen ja vielleicht noch öfter zugreifen. Pistazien werden aus der Schale befreit, für die oft ein kleiner Abfallteller bereitsteht.

O

Oberkellner

Der Oberkellner kommt in der Hierarchie direkt nach dem stellvertretenden Direktor eines Restaurants und steht auf der gleichen Stufe wie der Restaurantleiter. Er repräsentiert seine Abteilung gegenüber dem Gast. Er führt ihn an seinen Platz, ist aber nicht für die Bestellung zuständig. Dagegen können Sie sich von ihm die Rechnung anfertigen lassen. → Trinkgeld kann heutzutage auf den Betrag aufgeschlagen und mit der Kreditkarte gezahlt werden. Es macht aber immer einen netteren Eindruck, das Trinkgeld in bar an den Oberkellner zu geben, der es an seine Leute verteilt.

Obst

Früchte werden im Restaurant gern zum → Dessert gereicht. Für sie liegt ein Besteck bereit, das kleiner als Fleisch- oder Fischbesteck ist. Einige Obstsorten dürfen mit den Fingern gegessen werden, für die meisten benutzt man jedoch Messer und Gabel. Kommen Äpfel oder → Kirschen auf den Tisch, sind sie bereits gewaschen. Sonst werden sie auf einem Teller zusammen mit einer Schüssel Wasser serviert.

Offene Hose

Es kann jedem mal passieren, dass er nach dem Gang auf die → Toilette mit offener → Hose zurückkommt. Je heikler die Situation, desto wichtiger ist es, dass derjenige auf sein Versehen aufmerksam gemacht wird. Es müssen ja nicht noch andere, womöglich der oder die Angebetete oder sogar der → Chef, die Belüftung des Beinkleids bemerken. Reden Sie also nicht um das Thema herum, bis es richtig peinlich wird, sondern nennen Sie das Kind beim Namen – und das diskret.

TIPP

Steht die → Hose eines Mannes offen, bittet eine Frau einen anderen Mann, darauf hinzuweisen. Es ist den meisten Männern noch unangenehmer, wenn sie von einer Frau auf diese Peinlichkeit angesprochen werden. Umgekehrt verhält es sich übrigens genauso.

Öffentliche Verkehrsmittel

Die Benutzung öffentlicher Verkehrsmittel hat viele Vorteile und schont die Umwelt. Um allen den Aufenthalt so angenehm wie möglich zu gestalten, ist Rücksicht angesagt. Das fängt schon vor der Fahrt an. Wer im Stadtpark gejoggt ist oder gerade noch eine Zigarette geraucht hat, stinkt den anderen Passagieren im wahrsten Sinne des Wortes. Sind alle Sitze belegt, stellt man sich so, dass man selbst einen guten Halt hat und andere nicht belästigt oder ihnen den Zugriff zu Haltegriffen versperrt. Übrigens ist es noch immer angesagt, seinen Platz einer Person zu überlassen, die offensichtlich schlechter zu Fuß oder erschöpft ist. → Essen und trinken Sie unterwegs nicht. Eine besonders nervige Belästigung ist → Lärm. Sprechen Sie so, dass nicht jeder Ihnen zwangsläufig folgen kann, sowohl mit Mitreisenden als auch am Telefon. Wer Musik hört, bitte mit gedämpfter Lautstärke. Dass → Schuhe nichts auf Sitzpolstern zu suchen haben, auch nicht die von → Kindern, ver-

steht sich von selbst. Lassen Sie Ihren Müll in den kleinen Abfalleimern oder nehmen Sie ihn mit aus dem Fahrzeug. Stellen Sie sich immer vor, Bus oder Bahn würde Ihnen gehören, und gehen Sie damit so um, wie Sie es sich für Ihr Eigentum auch wünschen würden.

Oliven

Oliven im → Salat oder im warmen Gericht werden mit der Gabel gegessen. Einfach mithilfe des Messers auf die Gabel schieben. Sicherer: Vorsichtig mit dem Messer halten und mit der Gabel aufpieken. Der Kern wird aus dem Mund in die hohle Faust genommen und von dort rasch und unauffällig auf den Teller gelegt.

Onlinebewerbung

In den letzten Jahren wird es immer üblicher, die → Bewerbung um einen Arbeitsplatz online zu verschicken. Manchmal wird in einer Stellenanzeige direkt dazu aufgefordert. Nutzen Sie diese Form dann unbedingt, denn das Unternehmen wird Sie vorziehen. Wird in der Anzeige nicht explizit erwähnt, wie die Bewerbung erfolgen soll und handelt es sich nicht um einen Job in der Computerbranche, empfiehlt es sich noch immer, nachzufragen, ob eine Onlinebewerbung auch akzeptiert wird. Wird ausdrücklich der herkömmliche Postweg verlangt, ist der Forderung nachzukommen. Auf jeden Fall muss eine auf elektronischem Weg verschickte Bewerbung genauso sorgfältig erstellt werden wie jede andere. Man unterscheidet zwischen dem Versand per → E-Mail und Bewerbungsseiten. Achten Sie darauf, dass Ihre E-Mail-Adresse seriös klingt. Am besten ist es Ihr Name in irgendeiner Form. Schicken Sie bloß nicht aus Ihrer jetzigen Firma eine Bewerbung los, da man diesen Absender sofort entlarven kann. Bei den Bewerbungsseiten handelt es sich um Seiten, die Firmen eingerichtet haben. Dort finden Sie zumeist ein Formular, das ausgefüllt werden muss. Häufig ist das zunächst der einzige Schritt. Manchmal können Sie aber auch individuelle Dateien, wie beispielsweise Ihren → Lebenslauf oder ein Anschreiben, beifügen. Es gibt übrigens auch sogenannte Bewerbungs-Homepages. Das sind Seiten, die von potenziellen Arbeitnehmern erstellt werden, um sich zu präsentieren. Einfach eine Mitteilung über die Existenz einer solchen Seite mit Angabe der Adresse zu verschicken, wäre ungeschickt. Sie darf höchstens als zusätzliches Instrument, zum Beispiel im Zusammenhang mit einer Kurzbewerbung, genutzt werden.

Oper/Operette

Im Grunde sind beim Besuch einer Oper oder Operette die gleichen Dinge zu beachten, wie im → klassischen Konzert und im → Theater. Wobei es in Oper und Operette meist elegant zugeht. Die Kleidung sollte festlich sein. Da alle oder fast alle Texte gesungen werden – oft auf Italienisch – ist es unbedingt sinnvoll, sich vorher über den Inhalt des Stückes zu informieren. Störend für die Umsitzenden ist es, wenn Sie während der Vorstellung von einem Kenner aufs Laufende gebracht werden müssen. Falls Sie Ihren Sitzplatz spät aufsuchen und andere Zuschauer bereits in der Reihe sitzen, gehen Sie seitlich an ihnen vorbei, das Gesicht den Betreffenden zugewandt. Ein kleiner Gruß und eine Entschuldigung sind obligatorisch, wenn Sie spät dran sind, und das rasche Hinsetzen.

Orangen

Die vitaminhaltige Zitrusfrucht wird folgendermaßen zerlegt: Halten Sie sie fest, und setzen Sie mit dem Obstmesser vom Stielansatz bis auf die andere Seite der Frucht mehrere Schnitte, die so tief sein sollen, wie die Schale dick ist. Ziehen Sie mithilfe des Messers einen Streifen Schale nach dem anderen ab. Sie dürfen auch das feine weiße Häutchen, das eventuell noch über dem Fruchtfleisch ist, mit dem Messer abziehen. Pulen Sie aber nicht jedes kleinste Fragment ab. Fassen Sie mit den Daumen den Scheitelpunkt der Orange, und ziehen Sie sie auseinander. Nun lassen sich die einzelnen Spalten voneinander trennen und essen. Wer kann, nimmt nicht die Daumen, sondern das Obstbesteck, um die Frucht zu zerlegen. Sie wird dann mit der Gabel gegessen.

Österreich

Österreichs Umgangsformen entsprechen zum größten Teil denen, die auch in Deutschland gang und gäbe sind. Zur Begrüßung kann man „Guten Tag“ sagen, häufig ist aber auch ein „Grüß Gott“ zu hören. Die Österreicher wirken manchmal ein wenig altmodisch, weil bei ihnen der → Handkuss noch hier und da verwendet wird. Auch die Ansprache „gnädige Frau“ ist hier nichts Besonderes. Status und Hierarchie sind in Österreich sehr wichtig. Deshalb spielen Titel auch eine große Rolle und werden bei der Begrüßung auf jeden Fall erwähnt. Lange Anreden wie „Herr Magister Maier“ oder „Herr Professor Doktor Schmidt" sind so normal. Es ist auch durchaus üblich, die Person nur mit ihrer Berufsbezeichnung („Herr Doktor") anzusprechen. Auch Hierarchien werden in Österreich sehr wichtig genommen. Historische Themen, die Österreich und Deutschland betreffen, eignen sich nicht für den → Small Talk. Erwähnen Sie auf keinen Fall, dass Hitler ja eigentlich aus Österreich kam, und versuchen Sie gar nicht erst, beispielsweise den Wiener Dialekt nachzuahmen.

O

TIPP

Adolph Friedrich Ludwig Freiherr von Knigge, der Vater des guten Benehmens, ist seit über 200 Jahren der Inbegriff für Benimmregeln und Etikette. Und was Knigge für die Gesellschaft des 18. und 19. Jahrhunderts war, ist im modernen Österreich Thomas Schäfer-Elmayer. Der 1946 geborene Unternehmer ist Fachmann, wenn es um das Thema Etikette und gutes Benehmen, insbesondere feine Umgangsformen, geht. Hiermit führt er eine Familientradition fort, da auch schon Vater und Großvater Experten auf diesem Gebiet waren. In seiner Tanzschule in Wien vermittelt er den jungen Menschen zeitgemäße Umgangsformen. Außerdem leitet Schäfer-Elmayer zahlreiche Seminare, in denen Benimmfragen wie beispielsweise Tischsitten, Small Talk, Empfänge und persönliches Auftreten besprochen und das richtige Verhalten trainiert werden. Auch als Autor verschiedener Benimmbücher hat er sich im ganzen Land einen Namen gemacht.

P

Parfüm

Nichts gegen ein schönes Parfüm. Aber bitte in Maßen. Jeder Geruchsreiz ermüdet erwiesenermaßen, wenn man ihm längere Zeit ausgesetzt ist. Das führt dazu, dass man ihn unter Umständen schon nach wenigen Minuten nicht mehr wahrnimmt. Andere, denen Sie begegnen, riechen Ihr Parfüm dann aber durchaus noch. Darum niemals zu dick auftragen.

Parkplatz

Gerade in Innenstädten oder bei größeren Veranstaltungen können Parkplätze Mangelware sein. Da will niemand gern → nachgeben, wenn zwei Fahrer einen Platz für sich beanspruchen. Grundsätzlich: Wer zuerst kommt, mahlt zuerst. Steht jemand bereits in Position, muss aber warten, weil er vielleicht ein anderes Fahrzeug durchlassen muss, ist es inakzeptabel, sich schnell in die Parklücke zu drängen. Zwar sollte man durch Blinken anzeigen, dass man einparken will, tut das jemand nicht, ist das kein Grund, sein dennoch offensichtliches Vorhaben zu ignorieren. Ist nicht klar, wer zuerst vor Ort war, lautet der Rat: Der Klügere gibt nach. Machen Sie dem anderen eine Freude, das setzt bei Ihnen immerhin Glückshormone frei. Sind Sie extrem in Eile, wäre es nett, dem anderen das durch Handzeichen und eine Entschuldigungsgeste klar zu machen. Wartet jemand auf Ihren Platz, Sie laden aber nur Taschen in den Pkw, zeigen Sie das kurz an. Warten Sie auf einen Platz, achten Sie darauf, dass Sie nicht alles blockieren.

Passform

Ein Kleidungsstück hat dann die optimale Passform, wenn es genau dort sitzt, wo es hingehört, nicht zu stramm und nicht zu flatterig wirkt. Auf die gesamte Garderobe bezogen ist Passform aber mehr. Optimal ist sie nämlich dann, wenn sie auf den Typ abgestimmt ist, die Proportionen also gut zur Geltung bringt oder auch kleine Problemstellen kaschiert. Kräftige Oberschenkel bei schmalem Oberkörper können Sie mit weiten Oberteilen ausgleichen. Auffällige Kragen ziehen den Blick nach oben. Sind die Arme recht kräftig, helfen beispielsweise weite → Ärmel. Wirkt der Oberkörper sehr lang, eignen sich dunkle → Hosen und kurze helle Oberteile. Kurze Oberteile passen natürlich auch zu kurzen Beinen, da diese dadurch länger wirken. Eine individuelle Typberatung bringt meist jede Menge gute Tipps.

Peru

Die Peruaner grüßen viel und verabschieden sich auch in aller Form von Menschen, mit denen sie nur wenige Worte gewechselt haben. Mit Vornamen spricht man nur an, wen man sehr gut kennt. Titel dagegen werden erwähnt, sofern sie bekannt sind. Es ist normal, sehr nah an den Gesprächspartner heranzugehen. Rücken Sie nicht ab, das wird als unhöflich empfunden. Kleidung, mit Ausnahme von blank geputzten Schuhen, und der Umgang mit der Zeit werden leger gehandhabt. Sind Sie in ein Privathaus eingeladen, kommen Sie lieber eine halbe Stunde zu spät. Bei geschäftlichen Verabredungen erwartet man aber Pünktlichkeit, ohne selbst immer pünktlich aufzutauchen. Im Restaurant ist der Service in jeder Rechnung enthalten. Legen Sie trotzdem noch einmal fünf Prozent drauf. Es kann sein, dass Sie als „Gringo" oder „Gringa" betitelt werden. Der Ausdruck ist nicht eindeutig zu übersetzen, kann aber als „Fremder" verstanden werden und ist in Peru keinesfalls beleidigend gemeint. Wenn Sie von den Ureinwohnern sprechen, sagen Sie nie „Indios". Das gilt nämlich als Schimpfwort. Richtig heißt es „Indigenas".

Pfirsich

In den meisten Fällen bekommen Sie Pfirsichstücke in einem → Dessert serviert. Sie werden mit dem Löffel gegessen. Die ganze Frucht wird mit dem Obstmesser geviertelt, der Kern entfernt. Die Stücke können dann mit dem Obstbesteck gegessen werden. Ist der Pfirsich kaum saftig, dürfen Sie auch mit der Hand zugreifen.

Pflaumen

Kleine Exemplare, wie Mirabellen oder Renekloden, können Sie wie → Kirschen essen. Also in den

Mund stecken und den Kern in die Hand und von dort auf den Tellerrand gleiten lassen. Essen Sie mit dem Löffel, wandert auch der Kern nicht in die Hand, sondern auf den Löffel. Große Pflaumen schneiden Sie mit dem Obstmesser in zwei Hälften, die Sie mit leichter Drehbewegung voneinander trennen. Den Kern mithilfe des Messers auslösen und die Hälften mit den Fingern essen.

Pflichttanz

Es war früher üblich, dass ein Herr nicht nur mit seiner Tanzpartnerin, sondern mit allen Damen, die er kannte, zu tanzen hatte. Bei großen Veranstaltungen wurde zumindest erwartet, dass er mit jeder Dame an seinem Tisch bzw. im direkten Umfeld tanzte. Diese Pflichttänze sind heute aus der Mode. Trotzdem zeigt es guten Stil, wenn ein Herr darauf achtet, dass nicht etwa eine Dame überhaupt nicht in den Genuss des Tanzens kommt.

Platzteller

Ein Platzteller ist ein Dekorationsgegenstand, der die Tafel aufwertet. Er erleichtert das → Eindecken außerdem, weil er als Platzhalter tur den später folgenden Speiseteller fungiert. In der Gastronomie wird er oft schon nach dem Hauptgang abgeräumt. Er kann aber auch noch für das → Dessert stehen gelassen werden. Legen Sie nichts auf den Teller. Für → Brot oder anderes gibt es eigenes → Geschirr.

Platzreservierung

Sich einen Platz zu reservieren, ist immer dann sinnvoll und vermeidet Stresspotenzial, wenn es sich um begehrte Plätze handelt. Das kann bei einer Bahnfahrt, im → Theater oder in einem Restaurant sein. Wer nicht reserviert hat, darf keinesfalls nörgeln und erwarten, dass man für ihn doch noch ein Plätzchen findet. Dagegen völlig unangebracht ist das Reservieren von Plätzen am Strand, in Schwimmbädern und Wellnesszonen. Bringen Sie Ihre persönlichen Gegenstände in verschließbaren Schränken unter, und nutzen Sie

Liegen nur vorübergehend, wenn Sie dort wirklich ruhen möchten.

Polen

Titel sind in Polen sehr begehrt. In der → Anrede werden sie daher nicht vergessen. Sprechen Sie einen Mann mit „Pan“, eine Frau mit „Pani“ und dem jeweiligen Nachnamen an. Dazu gibt man sich die Hände. Schnell wird zum Vornamen gewechselt, wobei man sich weiterhin siezt. Gute Manieren stehen hoch im Kurs. Präsentieren Sie sich besonders höflich und hilfsbereit, das kommt an. Kavaliere der alten Schule, die Damen behilflich sind, werden nicht als unmodern abgestempelt. In Polen ist es nicht ungewöhnlich, während der Unterhaltung recht dicht beieinanderzustehen. Vermutlich wird Ihnen auch immer mal die Hand auf den Arm oder um die Schulter gelegt. Machen Sie keine Witze über den verstorbenen polnischen Papst Johannes Paul II., der selbst bei Nichtkatholiken noch immer beliebt ist. Überhaupt ist man sehr religiös, was Sie einfach zur Kenntnis nehmen sollten. Sind Sie eingeladen, kommen Sie bloß nicht zu spät. Bringen Sie Blumen in ungerader Zahl mit. Mit Wodka ist man großzügig. Lehnen Sie nur aus gesundheitlichen Gründen ab, alles andere ist eine Beleidigung. Lassen Sie sich lieber ein Gläschen eingießen, und nippen Sie immer nur daran. Im Restaurant und im Taxi geben Sie übrigens 15 Prozent Trinkgeld. Vermeiden Sie folgende Fettnäpfchen: Rücken Sie Polen nicht in die Nähe → Russlands oder sprechen Sie womöglich russisch. Bieten Sie einem Polen niemals Pferdefleisch an, und verharren Sie nicht auf der Eingangsstufe eines Hauses. Das bringt Unglück.

Polizeikontrolle

In → Polen heißt sie „Kontrola drogowa“, hat aber nichts mit Drogen zu tun. In den → USA bleiben Sie unbedingt im Fahrzeug sitzen und legen die Hände locker auf das

Lenkrad, wenn Sie in eine Polizeikontrolle kommen. Vermeiden Sie hektische Bewegungen, vor allem Griffe in die Tasche. In deutschsprachigen Ländern bleiben Sie einfach ruhig und höflich im Wagen, stellen den Motor ab und öffnen das Fenster auf der Fahrerseite. Musik sollte ausgeschaltet oder zumindest sehr leise gedreht werden. Schalten Sie bei Dunkelheit die Fahrzeuginnenbeleuchtung ein. Zeigen Sie auf Verlangen Ihre Papiere, die Sie, wenn das gewünscht wird, auch aus der Hand geben müssen. Sind die nicht griffbereit, kündigen Sie an, dass Sie aussteigen müssen, um sie aus dem Kofferraum oder der Jacke, die hinten liegt, zu holen. Rechnen Sie auch mit einem Funktionstest des Fahrzeugs und führen Sie Beleuchtung und Hupe geduldig vor. Wenn Sie keinen Alkoholtest durch Pusten in ein Röhrchen machen möchten, können Sie dies ablehnen. Dies wird sehr wahrscheinlich einen Bluttest zur Folge haben, den Sie nicht verweigern dürfen.

Polterabend

Der heidnische Brauch des Polterns ist älter als das christliche Hochzeitsfest selbst. Er soll böse Geister vertreiben, damit die bevorstehende Ehe unter einem guten Stern steht. Zerbrechendes Glas bringt Unglück. Darum wird lediglich Porzellan oder notfalls auch Keramik zertrümmert. Beim anschließenden Fegen darf dem Brautpaar niemand helfen.

Portier

Der Portier empfängt die Gäste in einem Hotel. Heutzutage ist er fast nur noch in Edelherbergen aber auch in großen Bürogebäuden anzutreffen. Steht er vor dem Hotel und hält Ihnen die Tür auf, brauchen Sie nicht jedes Mal etwas zu geben. Drücken Sie aber bei der Abreise Ihren Dank mit einer Kleinigkeit aus.

Portugal

Portugiesen sind weniger temperamentvoll als viele Südeuropäer. Und sie haben einen großen Nationalstolz, weshalb es töricht wäre, sie mit → Spaniern in einen Topf zu werfen oder sich gar mit spanischen Vokabeln durchzuschlagen. „Guten Tag" heißt „Bom dia", „Se faz favor" „Bitte" und „Obrigado" bzw. „Obrigada" (von Mann bzw. Frau benutzt) bedeutet „Danke".

Darüber hinaus gibt es nicht viel zu beachten. Kleiden Sie sich lieber etwas konservativ, vor allem, wenn Sie geschäftlich unterwegs sind. Bei einer Einladung punkten Sie mit rosa Nelken. Im Restaurant sind zehn Prozent Trinkgeld üblich. Achtung: Alle Speisen werden mit Messer und Gabel gegessen. Auch die, bei denen eine Gabel für unsere Begriffe ausreichend wäre.

P

Positivreaktion

Unter einer Positivreaktion versteht man ein Verhalten, das sich auf positive Aspekte konzentriert. Gerade im Kritikgespräch oder beim Streit ist diese Reaktion wertvoll. Es geht nämlich darum, auch in einer Krise noch positive Inhalte zu erkennen und darauf einzugehen. Das hebt die eigene Laune und verbessert grundsätzlich die Stimmung. Eine Positivreaktion ist übrigens auch eine positive Bemerkung zu einer Handlung oder einem Gegenstand. Zu bemerken, dass jemand, den Sie erstmals besuchen, geschmackvoll eingerichtet ist, oder ein Lob bzw. Kompliment auszusprechen, trägt viel zu einem angenehmen Miteinander bei.

Privatsphäre

Die Privatsphäre ist der Bereich eines Menschen, der nicht für die Öffentlichkeit bestimmt ist. Was alles in diesen Bereich fällt, ist von Person zu Person verschieden. Während der eine nichts dagegen hat, wenn der Lebensgefährte duscht, während er selbst daneben auf der Toilette sitzt, empfindet der nächste es schon als Zumutung, wenn ein Fremder sein Schlafzimmer sehen will. Hier ist Fingerspitzengefühl gefragt! Grundsätzlich sollte niemand einen Brief oder eine Postkarte lesen, die nicht für ihn bestimmt ist. Das gilt auch für → SMS auf dem → Handy. Gehen Sie auch nicht einfach an ein fremdes Telefon, das klingelt. Bedenken Sie auch, dass selbst im Beruf ein bisschen Platz für Privatsphäre bleiben muss. An den Schubladen der

Kollegen oder an ihrem Computer haben Sie nur nach Absprache etwas zu suchen.

Protokollarische Rangfolge

Diese Rangfolge regelt, wer wen zuerst begrüßt, wer wem das „Du" anbietet, wer Vortritt hat und Ähnliches. Lesen Sie die einzelnen Fälle unter dem jeweiligen Stichwort nach. Für Sitzordnungen sollten Sie sich merken: Der Ranghöchste sitzt rechts neben dem → Gastgeber. Je höher der Rang desto näher am Gastgeber. Das ist im privaten Bereich übrigens auch ein Platz gegenüber dem Hausherrn. Geht es um die Rangfolge im diplomatischen Protokoll, steht das Staatsoberhaupt über dem Regierungschef, der wiederum über seinen Ministern steht. Sind ein ausländischer und ein einheimischer Politiker gleichen Ranges anwesend, wird der Gast aus dem Ausland bevorzugt.

PS-Vermerk

Das Postskriptum (wörtlich: „nach dem Geschriebenen") ist ein zusätzlicher Vermerk, der an das Ende eines → Briefes gesetzt wird, um etwas hervorzuheben oder zu erwähnen, das mit dem Rest des Schreibens nichts zu tun hat. Es handelt sich nicht, entgegen der verbreiteten Meinung, um eine persönliche Mitteilung. Schreiben Sie bei Bedarf „PS" in Großbuchstaben ohne Anführungszeichen und Abkürzungspunkte, sondern nur mit einem Doppelpunkt und der eigentlichen Mitteilung dahinter.

Pünktlichkeit

Pünktlichkeit ist die Höflichkeit der Könige, heißt es. Und das stimmt. Und zwar sowohl im Berufsleben als auch im privaten Umfeld. Können Sie sich nicht genau auf eine Uhrzeit festlegen, sagen Sie das vorher. Ansonsten sind Sie fünf bis zehn Minuten vor der verabredeten Zeit vor Ort. Zu spät zu kommen, signalisiert Missachtung der Person, mit der man verabredet ist. Aber auch ein deutlich zu frühes Erscheinen (eine Viertelstunde oder mehr) ist nicht angebracht.

R

Radfahren

Für Radfahrer gibt es spezielle Radwege oder die Straße. Gerade in Städten sieht man oft, dass Zweiräder sportlich auf Bürgersteigen unterwegs sind – bitte frönen Sie nicht auch dieser schlechten Angewohnheit. Passen Sie als Radfahrer auf, dass Sie niemanden gefährden und erschrecken. Zeigen Sie an, wenn Sie abbiegen wollen. Wer im Dunkeln unterwegs ist, muss sein Rad beleuchten. Das dient nicht nur der eigenen Sicherheit, sondern vermeidet auch, dass Fußgänger oder andere Verkehrsteilnehmer sich erschrecken, falsch reagieren und zu Schaden kommen.

Rasierwasser

Was für Damen das → Parfüm, ist für Herren das Aftershave, das Rasierwasser. Bitte benutzen, aber dezent.

Rauchen

Jeder entscheidet frei, ob er raucht und damit seine Gesundheit belastet, oder nicht. Für das Mitrauchen trifft das leider nicht zu. Darum ist Rücksicht gefragt. In vielen Ländern gibt es inzwischen ein oft sehr striktes Rauchverbot. Das bezieht sich auf öffentliche Gebäude und Verkehrsmittel sowie auf Lokale. In geschlossenen Räumen ist das „Qualmen“ zu unterlassen. Es ist überhaupt nur dann offensichtlich erlaubt, wenn Aschenbecher bereitstehen. Fragen Sie im Zweifelsfall lieber nach, um guten Stil zu signalisieren. Generell nicht geraucht wird, solange jemand am Tisch isst. Erst nach dem → Dessert darf wieder eine Zigarette angesteckt werden. Nicht, ohne vorher wenigstens die Umsitzenden gefragt zu haben, ob es sie nicht stört. Natürlich dürfen Raucher auch Toleranz verlangen. Doch hat das Problem bei vielen Menschen etwas mit gesundheitlicher Einschränkung zu tun. Kann jemand den Qualm nicht vertragen, ist es einfach höflicher, vor der Tür der Sucht zu frönen. Wenn → Kinder anwesend sind, gehört es zum guten Ton, sich zum Rauchen zu entfernen.

Rebhuhn

Oft wird von dem kleinen Tier nur die Brust serviert. Die wird dann mit dem Fleischbesteck verzehrt. Sollte ein vollständiges Rebhuhn auf den Tisch kommen, dürfen die Finger zur Hilfe genommen werden. Sie erkennen das an der gereichten Fingerschale.

Rechts/links

Als Männer noch Kavaliere waren, Degen trugen und die Damen damit bei einem eventuellen Angriff verteidigt hätten, ging die Frau rechts vom Mann. Der Degen hing nämlich an der linken Seite. Heute halten sich Kavaliere alter Schule noch immer daran. In der Sitzordnung hat die Regel noch ihre Gültigkeit: Die Dame sitzt an der rechten Seite des Mannes.

Reis

Reis wird in Europa als Beilage oder Hauptgericht serviert und immer mit der Gabel bzw. mit Messer und Gabel gegessen. In Asien dagegen ist das Essen mit den Fingern oder mit → Stäbchen an der Tagesordnung. Reis ist in vielen dieser Länder das Hauptnahrungsmittel. Auch auf die Gefahr hin, dass er Ihnen bereits zu den Ohren herauskommt, sollten Sie daher keinen Reis wegwerfen und sich auch nicht darüber beschweren, dass er Ihnen so häufig von Ihren Gastgebern serviert wird.

Reise

Gewiss erwartet niemand, dass Fremde alle Sitten und Gebräuche eines Landes kennen und übernehmen. Die Toleranz ist überwiegend groß. Wichtig ist nur, dass sich jeder Reisende Mühe gibt, einen guten Eindruck zu machen. Denken Sie auf keinen Fall, dass Sie ohnehin nur einmal an einem Ort sind, sodass es also egal ist, was man dort über Sie denkt. Versuchen Sie immer, sich auf die Menschen und das Land einzustellen. Dazu gehört eine gute Vorbereitung. Wenn Sie trotzdem unsicher sind, fragen Sie höflich. Das wird überall gern gesehen. Verwechseln Sie fremde Länder nicht mit Disneyland. Die Einheimischen sind keine verklei-

SPEZIAL

In der Welt unterwegs

Viele Benimmregeln und Werte, die bei uns gelten, sind auch im Ausland gültig. Denn menschliche Werte sind universell, und es gehört sich selbstverständlich nirgendwo, jemanden zu beleidigen. Allerdings treten oft erstaunliche Unterschiede auf, die meist kulturell oder religiös bedingt sind. Wo auch immer man sich auf der Welt befindet, ist Fingerspitzengefühl gefragt. Generell sollte man Landessitten und besonders Nationalsymbole nicht belächeln, sondern sich eher anpassen. Man sollte sich dabei aber auch nicht völlig verbiegen, die komplette Anpassung wird von Ausländern zumeist gar nicht erwartet. Respektieren Sie in jedem Fall die Religion des Landes und die verschiedenen Formen von Gottesanbetung. Es gibt fast nichts Schlimmeres, als sich über eine Religion lustig zu machen oder sie zu missachten. In vielen Kulturen ist der Respekt vor dem Alter und älteren Menschen tief verwurzelt. Bitte verhalten Sie sich entsprechend. Gerade beim Umgang mit der Zeit gibt es starke Unterschiede: Pochen Sie nicht auf die „deutsche Pünktlichkeit", sondern üben Sie lieber Nachsicht. Man sollte generell versuchen, sich in die Denkweise des anderen einzufühlen. Und: Nicht nur die gesprochene Sprache kann sich unterscheiden, sondern auch die → Körpersprache. So ist es hilfreich, sich über übliche Gesten im Land und solche, die Tabu sind, zu informieren.

Checkliste Auslands-Knigge

- Kulturelle Unterschiede versuchen zu erkennen und zu respektieren.
- Im Ausland Fingerspitzengefühl beweisen.
- Nationalsymbole oder Sitten und Bräuche anerkennen und sich nicht darüber lustig machen.
- Religiöse Sitten und die entsprechende Gottesanbetung respektieren.
- Das Alter und ältere Menschen respektieren.
- Bei Unpünktlichkeit nachsichtig sein.
- Nicht nur die Landes-, sondern auch die Körpersprache beachten.
- Personen nur fotografieren, wenn diese vorher eingewilligt haben.
- Landesübliche Speisen probieren, wenn es nicht schmeckt, nur wenig essen.
- Regeln zum Umgang mit den Geschlechtern beachten.

deten Schauspieler, die zu Ihrer Belustigung da sind. Interesse ist gut, Neugier nicht. Wenn Sie Personen fotografieren wollen, fragen Sie diese, ob sie einverstanden sind, und akzeptieren Sie auch ein „Nein". Oft erlebt man leider Touristen, die sich über ein dennoch heimlich geschossenes Bild freuen. Kein guter Stil!

Reklamieren

Reklamiert wird etwas, das nicht oder nicht mehr im versprochenen Zustand ist oder nicht die versprochenen Eigenschaften aufweist. Auch wenn der Ärger noch so groß ist, bleiben Sie stets freundlich. Es kann immer etwas kaputtgehen. Dafür trägt Ihr Gegenüber aber nicht unbedingt die Verantwortung. Erkundigen Sie sich vor Aussprechen der Reklamation genau über Ihre Rechte. Dann können Sie sachlich und sicher argumentieren. Meistens hat die Gegenseite mehrere Möglichkeiten, wie etwa Ersatz oder Reparatur. Wenn Ihnen eine bestimmte Variante lieber ist, dürfen Sie gern höflich danach fragen. Akzeptieren Sie aber auch ohne Murren, wenn die andere zum Zuge kommt.

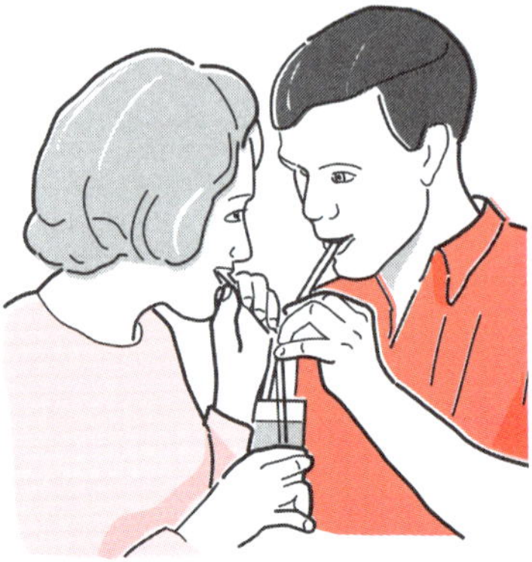

Rendezvous

Bei einem Rendezvous gelten sämtliche Höflichkeitsregeln in verstärkter Form, könnte man sagen. Jeder will bei dieser Gelegenheit doch eine gute Figur machen und sollte darum nicht nur sein Äußeres, sondern auch seine Manieren in Topform bringen. → Pünktlichkeit ist ein Muss. Ebenso ein paar Blumen, eine Flasche → Wein oder eine Kleinigkeit mit persönlichem Bezug, wenn Sie zu der Person Ihres Herzens eingeladen sind. Wie so oft bleibt das → Handy entweder ausgeschaltet oder zumindest auf stumm gestellt. Könnte ein wichtiger beruflicher oder familiärer Anruf kommen, erklären Sie das im Vorwege und entfernen sich kurz, wenn es so weit ist. Überlegen Sie aber sehr gut, was wirklich wichtig ist. Es kommt besser an, der

R

Verabredung die ungeteilte Aufmerksamkeit zu widmen. Falls Sie → rauchen wollen, fragen Sie, ob das stört. Beim ersten Rendezvous müssen Sie übrigens nach Gefühl entscheiden, ob Sie → duzen oder → siezen wollen. In einem Lokal muss nicht zwangsläufig der Herr für die Dame zahlen. Getrennte Rechnungen sind völlig okay. Sind Sie nach wenigen Minuten von der anderen Person enttäuscht, verabschieden Sie sich nicht sofort, und zeigen Sie nicht offen Ablehnung. Seien Sie aber ehrlich, was ein Wiedersehen betrifft, wenn Sie das auf keinen Fall möchten – das ist für beide Seiten das Beste.

Restaurantrechnung

Wenn Sie für eine größere Gruppe die komplette Restaurantrechnung übernehmen, sollten Sie nicht vor den Augen aller nachrechnen. Bitten Sie den → Oberkellner, die Rechnung vorzubereiten und gehen Sie dann zu ihm. Er wird Ihnen von allein die Posten noch einmal kurz aufzählen. Vielerorts ist es vollkommen unüblich, bei mehreren Personen getrennte Rechnungen zu verlangen. Einigen Sie sich entweder, die Gesamtsumme durch die Personenzahl zu teilen oder anschließend untereinander abzurechnen.

Rock

Ein Rock soll in erster Linie nicht zu kurz sein, dies gilt besonders für den → Minirock. Zu eng ist er, wenn er im Stehen Falten wirft. Für das → Businessoutfit gelten besondere Regeln. Trägt eine Frau Rock, achtet sie auf ihre Gangart. Kleine Schritte sind angesagt, „Trampeln“ auf jeden Fall vermeiden.

Rouladen

Eine klassische Roulade besteht aus gefülltem Rindfleisch. Es kann sich aber auch um Kohl handeln, der gefüllt ist. Gegessen wird auf jeden Fall mit Messer und Gabel. Halten noch Spieße oder ein Faden die Roulade in Form, entfernen Sie diese vor dem Essen mithilfe des → Bestecks.

Russland

Verabschieden Sie sich zunächst von der Vorstellung, in Russland würde man sich mit Umarmungen und Küssen begrüßen. Das stimmt nicht. Man gibt sich, außer man kennt sich sehr gut, die Hand. Bei

Frauen warten Sie ab, ob man Ihnen die Hand reicht. Wenn nicht, grüßen Sie eben ohne → Körperkontakt. Reichen Sie aber nicht schon auf der Türschwelle die Hand, das bringt Unglück. Weit ausgeschnittene Kleider, kurze Röcke und kurze Hosen werden im Geschäftsleben nicht akzeptiert. Sehr wichtig sind blitzsaubere Schuhe. Exklusive Markentextilien müssen nicht unbedingt sein. Sie könnten als Angeberei missverstanden werden. Russen sind sehr interessiert an Fremden. Machen Sie sich darauf gefasst, dass man Sie fragt, warum Sie im Land sind, wie es Ihnen gefällt und was Ihnen am besten gefällt. Nutzen Sie die Gelegenheit dann bloß nicht, um über Missstände zu schimpfen. Kritik am Land wird nämlich nicht gern hingenommen. Wenn Sie eingeladen werden, bringen Sie → Blumen (in gerader Anzahl; auf keinen Fall gelbe, da dies die Farbe der Trennung und Trauer ist) oder auch Wodka mit. Letzteren werden Sie sicher oft angeboten bekommen. Machen Sie es wie in → Polen: Trinken Sie nur kleine Schlucke, sodass Sie immer wieder → anstoßen können. Originelle Trinksprüche sind beliebt. Lassen Sie sich etwas einfallen. In großen Städten und internationalen Hotels ist das Trinkgeld oft bereits im Rechnungsbetrag enthalten. Wenn nicht, geben Sie rund zehn Prozent. Falls Sie ein Taxi nehmen, einigen Sie sich vorher über den Preis. Für eine Strecke von 20 Kilometern reichen in der Regel drei bis fünf Euro. Wollen Sie von außerhalb in die Stadt hineinfahren, können Sie dem Taxifahrer Pauschalen zwischen zehn und 20 Euro anbieten. Wundern Sie sich nicht, wenn Russen Ihnen nicht in die Augen sehen und Sie nicht anlächeln. Das ist nicht üblich. → Lächeln Sie dennoch freundlich, aber nicht übertrieben. Und sehen Sie einem Russen höchstens kurz in die Augen. Alles andere wäre aufdringlich.

S

Salat

Früher war es verpönt, Salat zu schneiden. Heute dürfen Sie es gern tun. Auch möglich: große Salatblätter mit der Gabel zu falten oder ein Stück → Brot dazu zu Hilfe zu nehmen.

Sandalen

Offene → Schuhe gehören ausschließlich in die Freizeit. Bei Frauen kann eine festliche Sandale zum Abendkleid die Ausnahme bilden. Wer offene Schuhe trägt, hat selbstverständlich gepflegte Fußnägel und saubere Füße.

Sauberkeit

Neben Ihrer Erscheinung hat natürlich auch Ihre Wohnung sauber zu sein. Jedenfalls dann, wenn Sie andere zu sich einladen. Es ist ein Zeichen von Wertschätzung der Gäste. Kontrollieren Sie daher lieber noch einmal → Gläser und → Geschirr, und gehen Sie kurz mit dem Staublappen durch die vier Wände.

Sauberkeit draußen

Auch und gerade in der Öffentlichkeit sollte → Sauberkeit selbstverständlich sein. Zigarettenkippen, → Kaugummi und Bonbonpapier gehören nicht auf die Straße. Selbst wahre Graffitikünstler dürfen nicht einfach drauflos sprühen. Und auch der romantischste Liebesschwur gehört nicht an eine Brücke oder fremde Hauswand.

Saudi-Arabien

Beachten Sie, dass es sich um ein islamisches Land handelt. Warten Sie, wie man Sie begrüßt. Reicht man Ihnen die Hand, können Sie sie gern schütteln. Auch möglich, dass ein Mann den anderen umarmt. Sie sollten sich dann nicht entziehen. Beim Essen sitzt man manchmal auf dem Boden. Es wird hin und wieder mit den Fingern gegessen. Brot darf zum Aufnehmen von Speisen benutzt werden, wenn kein Besteck vorhanden ist. Beißen Sie dann jeweils ab, und lutschen Sie die Speise nicht vom Brot. Las-

TIPP

Die Sicherheitslage in Saudi-Arabien ist heikel. Meiden Sie daher große Menschenansammlungen, und seien Sie immer vorsichtig. Erst seit wenigen Jahren ist es erlaubt, in der Öffentlichkeit Fotos zu machen. Militärische Anlagen und öffentliche Gebäude sind davon aber ausgenommen. Lieber vorher fragen.

sen Sie einen kleinen Rest auf dem Teller zurück, um zu zeigen, dass Sie satt geworden sind. Zehn bis 15 Prozent Trinkgeld sind üblich, auch im Taxi und für den → Portier. → Alkohol ist im Land verboten. Mokieren Sie sich nicht darüber und versuchen auf keinen Fall, ihn selbst ins Land zu bringen. Männer sind in konservativer Kleidung gut aufgehoben, Jeans genießen kein gutes Ansehen. Frauen tragen möglichst ein Kopftuch und kleiden sich nicht weiblich oder gar aufreizend. Unter 40 Jahren dürfen sie ohnehin nur in Begleitung eines männlichen Verwandten einreisen. Selbst Auto zu fahren ist Frauen komplett untersagt. Apropos Einreise: Bringen Sie keine Zeitschriften mit, die als anstößig gewertet werden könnten. Bei Verabredungen sind Sie pünktlich, nehmen aber gelassen hin, wenn der Saudi-Araber es nicht ist. Überhaupt ist Gelassenheit wichtig. Verlieren Sie nie die Fassung und werden Sie niemals laut.

Saunatuch

Ein Saunatuch ist in der Sauna ein Muss. Es soll natürlich sauber und auch groß sein. Sie müssen bequem darauf liegen oder zumindest so darauf sitzen können, dass Ihr Körper keinen Kontakt mit der Bank hat. Oft sind die Bänke aus Holz, und Ihr Schweiß würde in das Material einziehen, wenn Sie zum Beispiel die nackten Füße daraufstellen würden. Übrigens: Auch wenn es sich noch nicht durchgesetzt hat, empfiehlt sich die Nutzung eines Saunatuchs auch im Dampfbad. Erreger halten und vermehren sich dort besonders gut. Das Tuch wird zwar nass, aber es dient Ihrer Gesundheit.

Saunaverhalten

Hygiene ist oberstes Gebot. Duschen Sie darum, bevor Sie den

Schwitzraum betreten. Verzichten Sie vor der Sauna auf Knoblauch, Zwiebeln, Nikotin und → Bier, um unangenehme Ausdünstungen zu vermeiden. Auch Schminke und → Parfüm haben in der Sauna nichts zu suchen. Die Badelatschen bleiben vor dem Schwitzraum stehen. Betreten Sie ihn nicht, wenn gerade ein Aufguss gemacht wird. Öffnen Sie die Tür generell nur kurz, und schließen Sie sie gleich wieder hinter sich. Ein kurzer Gruß in die Runde gehört sich. Ist es sehr voll, warten Sie lieber etwas oder fragen Sie, ob Sie sich setzen dürfen. Haben Sie bereits ein gemütliches Plätzchen ergattert, machen Sie sich nicht breit, sondern rücken Sie zusammen, damit andere auch in den Saunagenuss kommen. Leises Sprechen ist zwar erlaubt, sollte aber nicht zur angeregten Unterhaltung ausarten. Es gibt viele Menschen, die in der Sauna absolute Ruhe mögen. Durch die Nähe ist außerdem jeder geradezu gezwungen, selbst geflüsterte Gespräche zu verfolgen. Wird ein Aufguss angekündigt, bleiben Sie nur, wenn Sie vorhaben, ihn bis zum Schluss mitzumachen. Zwischendurch rauszugehen, ist nur in Notfällen angebracht. Intimschmuck ist zwar selten verboten, gehört aber nicht in die Öffentlichkeit. Nehmen Sie Rücksicht, denn mancher kann sich dadurch peinlich berührt fühlen. Im deutschsprachigen Raum ist Sauna textilfrei. Treffen Sie jemanden, den Sie kennen, halten Sie diskret Ihr Handtuch vor sich, begrüßen denjenigen und setzen sich dann. Ignorieren Sie ihn nicht, fühlen Sie sich aber auch nicht zu einer Konversation genötigt. Übrigens geht es nicht überall ohne Badekleidung in die Sauna. In → Großbritannien, Nordamerika, aber auch → Italien, → Spanien oder → Frankreich trägt man Badehose oder Bikini. In einigen Ländern sauniert man zwar nackt aber nach Geschlechtern getrennt. Erkundigen Sie sich vorher, und halten Sie sich daran.

Scampi

Scampi sind → Garnelen und werden auch Kaisergranat genannt.

Schiffsreise

Auf einem Schiff sollte man sich so benehmen, wie auch sonst in → öffentlichen Verkehrsmitteln. Kreuzfahrten nehmen in mancher

Hinsicht eine Sonderstellung ein. Wobei es dabei sehr darauf ankommt, welches Schiff Sie wählen. Es gibt Reisen, bei denen Sie ganz locker → auftreten können. Wie in jedem Hotel ist es dann nur verpönt, in Badekleidung zum Essen zu erscheinen. Sind Sie aber mit der Queen Mary II unterwegs, müssen Sie elegante Kleidung dabei haben. Ein schickes Outfit gehört sicherheitshalber immer ins Gepäck. Immerhin kann es sein, dass ein Captain's Dinner oder ein anderer Anlass festlich ausgerichtet wird. Auf einigen Dampfern gibt es noch zwei Kabinenklassen. Finden Sie heraus, ob auch in getrennten Restaurants gespeist wird, bevor Sie aus dem falschen herausgebeten werden. Gibt es feste Plätze, wird man Ihnen Ihre zeigen. Falls Sie Ihre Tischnachbarn gar nicht mögen, bitten Sie den → Oberkellner, Sie umzusetzen. Es ist nicht nötig, sich den Urlaub verderben zu lassen. Auch beim → Trinkgeld gibt es große Unterschiede. Doch fast auf jedem Schiff erwarten Kabinensteward, Kellner und Bar-Crew etwas. Der Betrag kann bei zehn Euro pro Tag und Person liegen. Informieren Sie sich vorher und überreichen Sie das Geld in bar, und zwar einen Teil nach der ersten Hälfte der Reise und den Rest am Schluss. Ein Wort zu den Ausflügen: Nicht alle sind im Preis enthalten. Erfragen Sie das, wenn es Ihnen nicht klar ist. Erkämpfen Sie nicht die vermeintlich besten Plätze im Bus, und kommen Sie rechtzeitig wieder zurück, wenn Sie auf eigene Faust unterwegs sind.

Schlafwagen

Im Schlafwagen hat man sich zu benehmen wie im → Hotel bzw. wie eben in → öffentlichen Verkehrsmitteln. Ein Schlafwagenschaffner hat ein kleines → Trinkgeld verdient. Da die Abteile sehr hellhörig sind, ist Rücksicht auf die Nachtruhe der anderen Reisenden obligatorisch.

Schnecken

Bekommen Sie Schnecken ohne Häuschen serviert, essen Sie sie mit der normalen Gabel. Ist eine Gabel mit nur zwei Zinken eingedeckt, ist sie für die Schnecken gedacht. Kommen die Schneckenhäuser mit auf den Tisch, greifen Sie jedes mit der dafür bestimmten Zange, stechen mit der Schneckengabel in das Fleisch und ziehen es heraus. Obwohl das Auftunken von → Soße mit → Brot eigentlich nicht auf gute Manieren schließen lässt, dürfen Sie die zerlassene Butter in diesem Fall dennoch mit dem Brot aufsaugen.

Schuhe

Männer tragen zum Anzug am besten Schnürschuhe aus Leder. Frauen sollten sich im Beruf auf geschlossene Schuhe beschränken. Mindestens die Zehen sollen versteckt sein. Ob in der Freizeit oder im Job, Schuhe müssen immer gepflegt sein. Das heißt nicht nur, dass Sie sauber sein sollten, sondern auch, dass sich Absätze und Schnürsenkel in einwandfreiem Zustand befinden.

Schwächen

Jeder hat Schwächen. Das ist normal und macht erst menschlich. Das bedeutet aber nicht, dass eine „So-bin-ich-nun-einmal"-Haltung gut ankommt. Schlechte Angewohnheiten kann man sich abgewöhnen. Schwächen, die niemandem schaden, müssen nicht bekämpft werden. Stehen Sie dazu.

Schweden

Die Schweden sind ein sehr offenes Volk, das durchaus Wert auf gutes Benehmen legt. Die Begrüßung erfolgt meist ohne → Handschlag. Dafür ist das → Duzen mit Nennung des Vornamens schnell gebräuchlich, selbst wenn man sich noch nicht gut kennt. Pünktlichkeit wird erwartet, wobei eine Toleranz von zehn Minuten an der Tagesordnung ist. Werden Sie eingeladen, bringen Sie unbedingt Blumen mit. Aber bitte keine weißen. Machen Sie Anstalten, aus den Schuhen zu schlüpfen, und unterlassen Sie es nur, wenn man Sie davon abhält. Eine Kopfbedeckung wird auf jeden Fall beim Betreten eines Gebäudes abgenommen. Erst wenn der Gastgeber den ersten Toast ausgebracht hat, wird getrunken. Lassen Sie keinen Essensrest auf dem Teller, nehmen Sie sich aber auch nie den Rest aus einer Schüssel. Bedanken Sie sich nach dem Essen. Das Wort „tack“, also „Danke“ ist ohnehin eines der wichtigsten und sollte ruhig oft über Ihre Lippen kommen. Im Restaurant ist Trinkgeld nicht üblich, dem Taxifahrer gibt man zehn Prozent. Meckern Sie nicht über schlechtes Wetter oder viele Mücken. → Alkohol ist in Schweden teuer. Schlagen Sie darum nicht übertrieben zu, wenn Sie eingeladen sind.

Schweiz

Die Schweiz ist ein Land, in dem Höflichkeit und Stil sehr hoch im Kurs stehen. Extrem hilfsbereit und zuvorkommend ist man älteren Leuten gegenüber. Im Restaurant ist es gut möglich, dass sich Fremde zu Ihnen an den Tisch setzen. Das heißt nicht, dass diese auch Konversation machen wollen. Gehen Sie mit jemandem zusammen in ein Lokal, bezahlt jeder für sich, falls nicht von vornherein eingeladen wurde. Bitten Sie den Kellner gleich am Anfang darum. Runden Sie den Betrag auf bis zu höchstens zehn Prozent Trinkgeld auf. Achtung: Besteck und Gläser werden in der Schweiz von innen nach außen, also genau andersherum als in Deutschland, benutzt. Amüsieren Sie sich nicht lautstark über für Sie lustige Dialekte, und ahmen Sie diese schon gar nicht nach. Keine guten Gesprächsthemen sind die EU und der Euro.

Schwimmbadbesuch

Wie beim → Saunabesuch ist auch im Schwimmbad auf Hygiene zu achten. Also erst duschen, dann ins Becken. Der Schwimmmeister hat die Verantwortung für Menschenleben. Nehmen Sie seine Anweisungen und Verbote darum ernst, und legen Sie sie nicht als Schikane aus. Ist Essen oder Trinken verboten, hat das nichts damit zu tun, mit der eigenen Gastronomie mehr Geld verdienen zu wollen. Es geht viel mehr darum, das Vorkommen von Lebensmitteln auf bestimmte Bereichen zu beschränken, um kein Schädlingsproblem zu bekommen. → Kinder mit nicht speziell für das Wasser gedachten Windeln gehören auch nicht ins

Babybecken. Und so verlockend es auch sein mag: Sex und eindeutig erotische Handlungen spielen sich lieber nur im heimischen Pool ab. In Freibädern gilt: Abstand halten. Legen Sie sich mit Ihrem Handtuch auf der Liegewiese nicht zu nah an ein anderes. Ist es eng, nehmen Sie kurz → Blickkontakt auf und fragen Sie freundlich, ob der Platz noch frei ist. Auch im Becken ist kein → Körperkontakt erwünscht. Stoßen Sie mit jemandem zusammen, weil Sie sich nicht gesehen haben, entschuldigen sich beide. Zieht einer seine Bahnen, schwimmen Sie ihm nicht in den Weg.

Schwitzen

Ab einer gewissen Temperatur ist Schwitzen eine normale und sinnvolle Körperreaktion. Haben Sie geschwitzt, ist die Dusche ein Muss, denn alter Schweiß riecht streng. Schweißflecken auf der Kleidung sind hässlich. Benutzen Sie schweißhemmende Produkte, wenn Sie sehr schwitzen, oder sprechen Sie mit einem Arzt. Sonst reicht die übliche Körperhygiene. Es gibt auch sogenannte Schweißblätter, die eingenäht werden können. So ist nichts zu sehen.

Sekt

Öffnen Sie eine Sektflasche, indem Sie den Korken halten und die Flasche drehen. Es wird vorher nicht geschüttelt! Genau wie → Champagner wird auch Sekt, damit er lange perlt, stilvoll in hohen, schmalen → Gläsern serviert. Die ideale Temperatur ist bei weißen Sorten rund sechs Grad, bei Rosé liegt sie bei sieben und bei rotem Sekt bei etwa zehn Grad.

Servieren

Wenn Sie Gäste bewirten und ihnen Essen servieren, müssen Sie nicht so perfekt sein wie der Kellner. Achten Sie aber trotzdem immer darauf, dass Ihr Finger nicht zu weit auf den Teller und womöglich bis in die → Soße ragt. Der Profi serviert einen bereits gefüllten Teller von rechts. Wird eine Platte gebracht, auf der die Speise angerichtet ist, wie in der französischen Weise üblich, wird die Platte links vom Gast abgestellt. Von dort wird dann auch das Essen auf den Teller gegeben. Aber nicht alles auf einmal. Soll der Gast sich selbst bedienen, stellt man Schüsseln und Platten auf den Tisch und setzt einen leeren Teller von der rechten Seite ein.

Serviette

Servietten erfüllen mehrere Funktionen: Sie schmücken die Tafel, bevor das Essen losgeht, und sind natürlich dazu da, sich den Mund abzuwischen, und können genutzt werden, um Signale zu geben. Entfaltet der → Gastgeber die Serviette, ist das zum Beispiel das Zeichen dafür, dass das Essen beginnen kann. Nach dem Essen zeigt der Gastgeber durch das Ablegen seiner Serviette an, dass die Tafel „aufgehoben" ist. Sie dürfen sich dann vom Tisch entfernen oder – im privaten Umfeld – zu anderen Aktivitäten übergehen, wie etwa die Fotos auspacken, die Sie zum Anschauen mitgebracht haben. Wurde das Zeichen zum Beginn des Essens gegeben, können auch Sie Ihre Serviette nehmen und sie auf Ihren Schoß legen. Es hat sich zudem bewährt, sie einmal gefaltet, mit der offenen Seite zum Körper abzulegen. So haben Sie immer die Möglichkeit, mit der Innenseite der oberen Hälfte rasch den Mund zwischendurch abzutupfen. Bringen Sie das Tuch anschließend in die Ausgangslage zurück, riskieren Sie nicht, etwaige Speisereste nun auf Hose oder Rock zu haben. Nach dem Essen legen Sie die Serviette links neben den Platz, an dem Ihr Teller gestanden hat.

Siezen

Das „Sie" ist fast überall zunächst die Höflichkeitsform zwischen fremden Menschen. Bleiben Sie am Anfang immer dabei. Später sollten Sie abschätzen, ob Sie die Distanz wahren wollen oder nicht. Wenn Sie das Bedürfnis haben „Du" zu sagen, warten Sie, bis es Ihnen angeboten wird, oder bieten Sie das → Duzen selbst an, wenn Sie in dieser Position sind.

S

Silvestergala

Für viele ist es die wichtigste Nacht des Jahres. Die Erwartungen sind darum hoch. So darf zu Silvester auch laut klirrend angestoßen werden, was sonst nicht üblich ist. Wenn Sie Raketen in den Himmel schießen, richten Sie diese niemals auf Menschen oder Tiere. Vorsicht ist auch beim Bleigießen geboten. Das flüssige Metall kann beim Eintritt in kaltes Wasser spritzen. Sehr beliebt sind Wunderkerzen. Passen Sie auf, wohin Sie diese halten. Wer im Ausland Silvester feiert, sollte sich auf fremde Gebräuche einstellen, die er nicht immer mitmachen muss. In → Japan werden beispielsweise Mochi gegessen. Das sind Klöße, die aufgrund ihrer Konsistenz im wahrsten Sinn des Wortes leicht im Hals stecken bleiben. Sie sollen zwar Glück bringen, können aber nicht wirklich empfohlen werden. Argentinier schreddern alte Unterlagen und lassen sie am letzten Tag des Jahres aus dem Fenster rieseln. In → Spanien isst man zu zwölf Glockenschlägen je eine Traube. Mit dem letzten Glockenschlag um Mitternacht sollen alle zwölf Trauben verspeist sein – das bringt Glück.

Singapur

Zwei Dinge fallen zuerst auf: Die multikulturelle Gesellschaft und die → Sauberkeit. Obwohl viele verschiedene Religionen friedlich nebeneinander existieren, ist Ersteres kein günstiges Gesprächsthema. Was die Sauberkeit angeht, ist Übertreibung empfehlenswert. Schon für das Ausspucken können Sie bestraft werden. Werfen Sie daher nichts auf die Straße. Nehmen Sie gar nicht erst mehr als zwei Päckchen Kaugummi mit ins Land. Das ist nicht erlaubt. Überqueren Sie eine Straße nur dort, wo es sich gehört. Auch damit wird streng umgegangen. Das Zusammenleben unverheirateter Paare ist übrigens untersagt. Als nicht verheiratetes Paar sollten Sie nicht zu viel über Ihre Beziehung sprechen. Tauschen Sie auch keine Zärtlichkeiten in der Öffentlichkeit aus. Pünktlichkeit wird erwartet. Wenn Sie ein Geschenk überreichen, tun Sie das mit der rechten Hand. Bekommen Sie ein Präsent, packen Sie es nicht gleich aus. Frauen tragen üblicherweise lange Hose und Oberteile mit langen Ärmeln. FKK ist verboten. Ebenso der Besitz von Drogen. Passen Sie auf, dass Ihnen nichts zugesteckt wird. Noch etwas Verbotenes: Trinkgeld geben am Flughafen. Überhaupt ist es nicht verbreitet, Geld als Anerkennung zu geben. Nur für Kofferträger oder in → Bars und Restaurants dürfen und sollten Sie einen oder zwei Singapurdollar geben. Wenn Sie einen Tempel fotografieren möchten, fragen Sie, ob das okay ist.

Sitzen im Restaurant

Eine gute → Körperhaltung ist die Voraussetzung, um beim Essen eine gute Figur zu machen. Sie geht so: Sitzen Sie aufrecht aber dennoch entspannt rund eine Handbreit vom Tisch entfernt. Die Hände gehören die ganze Zeit auf den Tisch, aber nur bis zu den Gelenken. Unterarme oder Ellenbogen gehören dort nicht hin. Auch die Handgelenke gehören nicht auf den Tisch, wenn das → Besteck gerade in Gebrauch ist. Beide Füße stehen während des gesamten Essens mit ganzer Sohle auf dem Boden.

Slowakei

Viel ist beim Verhalten in → Österreichs Nachbarland, das übrigens zu Mittel- und nicht zu Osteuropa gehört, nicht zu beachten. Außer vielleicht, dass politische Themen nicht günstig für → Small Talk sind. Besonders über die Roma-Minderheit sollten Sie keine Kommentare abgeben. Und achten Sie darauf, stets die slowakischen Namen statt der deutschen, die noch aus der alten Donaumonarchie stammen, zu benutzen. Apropos Namen: Sagen Sie niemals → Slowenien zur Slowakei.

Slowenien

Sagen Sie niemals → Slowakei zu Slowenien. Und rücken Sie das Land nicht in die Nähe von Serbien oder Bosnien. Die Slowenen haben einen größeren Bezug zu → Italien oder auch → Österreich. Wie in der Slowakei sollten Sie auch unbedingt in Slowenien die jetzt gültigen einheimischen Ortsnamen statt der alten deutschen verwenden.

Small Talk

Der kleine Plausch ist keine steife Konversation und auch kein intimes Gespräch unter Freunden. Es geht darum, sich locker kennenzulernen oder Zeit, zum Beispiel vor beruflichen Veranstaltungen, zu überbrücken. Günstig sind Fragen, die mehr als „Ja“ oder „Nein“ fordern. Zeigen Sie Interesse an Ihrem Gegenüber, und tragen Sie mit Anekdoten oder interessanten Informationen zum flüssigen, unterhaltsamen Verlauf bei. Politik, Religion, Moral und Ethik sind keine geeigneten Themen. Auch Krankheit, Tod und familiäre Probleme haben im Small Talk nichts verloren. Besser: Kulturelles, Sport, Reise oder – besonders als Einstieg günstig – Erlebnisse und Begebenheiten der Anfahrt.

Smart Casual

Übersetzt heißt dieser → Dresscode „schick-lässig“. → Anzug und → Kostüm müssen nicht sein. Sie dürfen sogar Jeans tragen. Allerdings muss die entweder absolut modern oder mit einem modisch schicken Oberteil kombiniert sein. Sauber und gut in Schuss sollte alles sein.

Smoking

Der Smoking ist klassisch schwarz oder auch tief dunkelblau. Getragen wird er mit weißem → Hemd, schwarzer Fliege, → Einstecktuch, schwarzen → Strümpfen und schwarzen → Schuhen aus Lackleder. Er kommt zum Einsatz, wenn es für den Anzug zu feierlich, für den Frack aber nicht festlich genug ist.

SMS

Eine SMS, eine kurze Nachricht per → Handy, ist in zwei Situationen optimal. Wenn Sie jemanden erreichen müssen, der gerade im Flugzeug oder einer Konferenz sitzt, und wenn Sie ganz schnell beispielsweise Ihre Verspätung ankündigen müssen, aber nicht lange telefonieren können. SMS sind aber nur dann sinnvoll, wenn der Empfänger auch regelmäßig sein Mobiltelefon benutzt. Überlegen Sie bei eher emotionalen Nachrichten, ob ein Anruf nicht doch netter ist.

Sommelier

Übersetzt heißt der Sommelier „Mundschenk“. Er ist im Restaurant für den → Wein zuständig. Es macht einen guten Eindruck, sich zu einem hochwertigen Menü von ihm beraten zu lassen.

Sonnenbrille

Eine Sonnenbrille wird nicht nur als Schutz der Augen gegen grelles Licht, sondern auch als modisches Accessoire getragen. Behalten Sie sie nicht auf, wenn Sie einen Raum betreten, schon gar nicht, wenn Sie mit jemandem sprechen. Wenn Sie extrem geblendet werden, sagen Sie Ihrem Gegenüber, dass Sie gern die Brille aufsetzen würden, da Sie ihn sonst nicht ansehen können.

Soße

Im deutschsprachigen Raum ist es unüblich, Soße mit → Brot aufzunehmen. Weil es um einige köstliche Soßen aber schade wäre, wenn Sie mit dem Teller abgeräumt würden, gibt es den sogenannten Gourmetlöffel. Fragen Sie, falls keiner eingedeckt ist, danach.

Spaghetti

Spaghetti werden mit der Gabel aufgerollt. Profis setzen die Gabel dabei auf dem Teller auf, Amateure nehmen zusätzlich einen Esslöffel zur Hilfe. Was gar nicht geht: die langen Nudeln mit dem Messer zerschneiden.

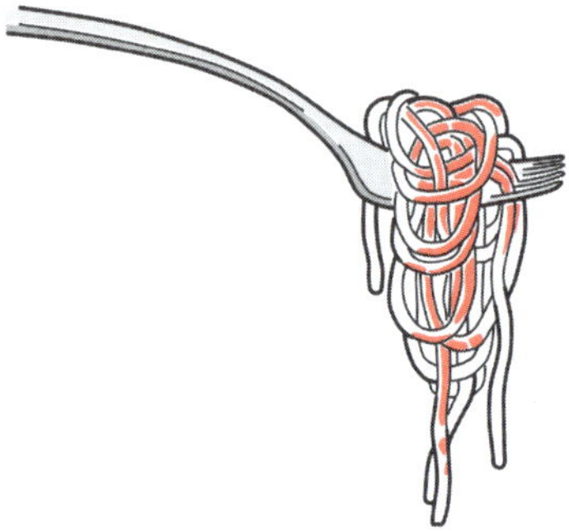

Spanien

Nicht nur sprichwörtlich sind Spanier stolz. Und Sie reden gern, lassen andere nicht unbedingt immer ausreden. Das ist keine Unhöflichkeit, sondern meistens das Temperament und die große Wissbegierde. Einladungen werden niemals ausgeschlagen. Trinken Sie nicht zu viel → Alkohol. Schon ein kleiner Schwips wird nicht gern gesehen. Kleidung ist sehr wichtig. Tragen Sie ein hochwertiges Outfit, und geben Sie sich eher elegant. Gegessen wird übrigens recht spät am Abend. Im Restaurant sind zehn Prozent Trinkgeld üblich. Tabuthemen in Spanien sind der Stierkampf und die ETA.

Spareribs

Spareribs sind Schweinerippchen. Sie werden grundsätzlich mit den Fingern gegessen.

Spargel

Die Zeiten sind vorbei, als Spargel auf keinen Fall geschnitten werden durfte. Heute entscheiden Sie selbst, ob Sie mit Messer und Gabel essen oder die Spargelstange mit der Gabel in den Mund schieben wollen. Letzteres wird heutzutage nicht mehr gern gesehen. Völlig egal dagegen ist, ob Sie zuerst vom Kopf oder vom Ende der Stange abschneiden.

Stäbchen

Es wird in Asien vielerorts gern gesehen, wenn Ausländer wenigstens versuchen, mit Stäbchen zu essen. Es ist gar nicht schwer. Nehmen Sie eines der Stäbchen im hinteren Drittel zwischen Daumen und Zeigefinger. Das zweite Stäbchen wird so ausgerichtet, dass beide Spitzen auf gleicher Höhe sind. Es wird von Mittel- und Zeigefinger gehalten. Zum Essen führen Sie nun die Stäbchenspitzen zusammen und auseinander.

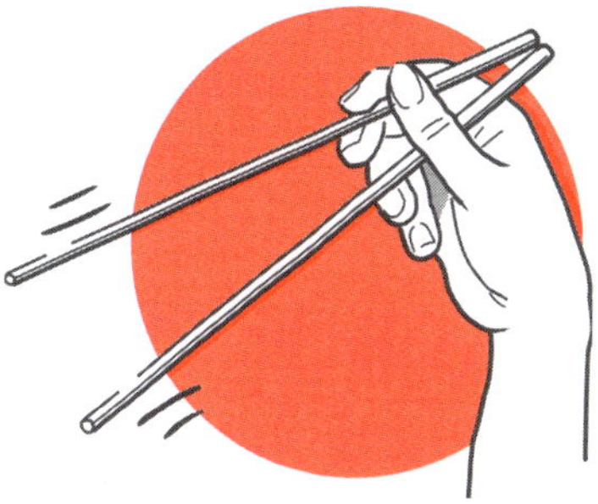

Steak

Ein Steak, kurz gebratenes Fleisch, ist – wenn nicht anders ausgewiesen – vom Rind. Es wird mit Messer und Gabel gegessen. Bestellen Sie nach Geschmack „well done“, was „gut durch“ bedeutet, „medium“ oder „rare“, also blutig.

Stimme

Neben → Mimik und → Gestik sollte auch die Stimme immer das unterstreichen, was Sie sagen. Quetschen Sie die Stimme nicht, sondern atmen Sie ruhig und tief weiter. Sie sollten wissen: Je höher die Tonlage desto anstrengender das → Zuhören. Auch wirkt eine hohe Stimme eher aggressiv, weil jeder einige Nuancen höher spricht, wenn er sich ereifert.

Stress

Wer gestresst ist, vergisst schneller mal die guten Sitten und vergreift

S

sich im Ton. Darum sind Auszeiten und Entspannung wichtig. Sagen Sie → Nein, bevor Ihnen alles über den Kopf wächst.

Strümpfe

Im Berufsleben kommt kein Fuß ohne Strumpf in den Schuh. Die Farbe richtet sich nach dem Saum von → Rock oder → Hose. Frauen tragen häufig Seiden- oder Nylonstrümpfe, bei Männern ist wichtig, dass der Strumpf lang genug ist, um auch im Sitzen noch das sichtbare Bein zu bedecken. Außerdem gehen lustige Muster, genau wie bei → Krawatten, gar nicht. Im Privaten entscheiden Sie zwar ganz nach Ihrem Geschmack. Weiße Tennissocken zur dunklen Hose sehen aber auch dann nicht gut aus.

Stuhl zurechtrücken

Es ist aus der Mode gekommen, dass der Herr für die Dame den Stuhl zurechtrückt. Viele Frauen mögen es auch nicht. In guten Lokalen macht der Kellner es noch. Wenn Sie als Mann diese Geste mögen, dann versuchen Sie es mal. Als Frau sollten Sie es sich gefallen lassen. Rückt ein Mann Ihnen ständig den Stuhl zurecht, springt womöglich auf, wenn Sie aufgestanden sind, weisen Sie ihn freundlich und bestimmt darauf hin, dass dies zu viel des Guten ist.

Südafrika

Männer begrüßen sich hier per → Handschlag. Manchmal ist das eine kleine „Choreografie". Man gibt sich erst auf europäische Art die Hand, fasst dann die aufrecht stehenden Hände und wiederholt danach den ersten Griff. Frauen werden oft nur mit einem freundlichen Nicken begrüßt. Die über 40 Millionen Einwohner gehören völlig unterschiedlichen Kulturen an. Darum ist Ihr Verhalten vor allem davon abhängig, mit wem Sie es zu tun haben. Grundsätzlich wird es als unhöflich empfunden, Fremde mit Vornamen anzusprechen. Alte Menschen genießen ein hohes Ansehen. Im Restaurant sind zehn Prozent Trinkgeld üblich. Sie dürfen Ihren eigenen → Wein mitbringen, zahlen dann dafür eine Gebühr pro Flasche. Sind Sie eingeladen, essen Sie erst, wenn der Gastgeber das Zeichen gibt. Getrunken wird ohne Toast oder Zuprosten. Vermeiden Sie das Thema Apartheid. Geben Sie sich bescheiden, auch wenn weiße Südafrikaner das nicht immer sind. Zeigen Sie vor allem nicht, was Sie haben, wenn Sie in Townships, sehr armen Siedlungen, unterwegs sind. Allein sollten Sie sich dort ohnehin nicht aufhalten.

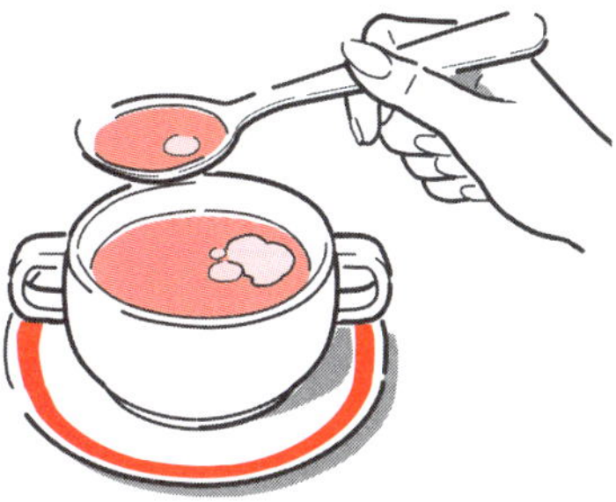

Suppe

Beim Suppenessen kann man viel falsch machen. Es geht mit dem Pusten los. Tun Sie das niemals, sondern nehmen Sie nur etwas Suppe auf den Löffel, und warten Sie kurz bis diese etwas abgekühlt ist. In vielen Ländern führt man die breite Seite des Löffels zum Mund, in Deutschland dagegen die Spitze. Wird die Speise in einer Tasse serviert, die ungefähr die Größe einer Kaffeetasse hat, dürfen Sie einen Rest austrinken. Vorher müssen natürlich alle festen Bestandteile verzehrt worden sein.

Was das Kippen von Suppentellern angeht, gehen die Meinungen auseinander. Einige meinen, man solle es lassen, andere finden es nicht mehr zeitgemäß, einen Rest zurückgehen zu lassen. Entscheiden Sie selbst. Wenn Sie möchten, heben Sie den Teller oder die große Suppenschale leicht an, und löffeln Sie den Rest aus.

Sushi

Sushi, kleine Reishäppchen, werden mit → Stäbchen gegessen. In → Japan gibt es traditionell vor dem Essen ein heißes Tuch, mit dem Sie Ihre Hände reinigen. Dort dürfen Sie dann auch die Finger benutzen. Ansonsten greifen Sie einen Happen mit den Stäbchen, tauchen ihn in Sojasoße, in die Sie vorher etwas Wasabi, sehr scharfe grüne Meerrettichpaste, gerührt haben, und belegen ihn mit einer kleinen Ingwerscheibe. Dann schieben sie den ganzen Happen in den Mund. Es gibt recht große Sushi, bei denen man einmal abbeißen darf.

T

Tab-Kragen

Beim Tab-Kragen sitzen die Spitzen dicht beieinander, weshalb vor allem schmale → Krawatten und schmale Krawattenknoten gut passen. Ein → Hemd mit solchem Kragen kann zu jedem Anzug getragen werden.

Tabu

Ein Tabu ist etwas, das niemals und unter gar keinen Umständen erlaubt oder akzeptabel ist. Heutzutage schwingt fast Anerkennung mit, wenn jemand als „tabulos" bezeichnet wird. Gewiss gab es früher Tabus, die glücklicherweise gebrochen wurden. Trotzdem sollte man sich immer überlegen, ob es gar keine Tabus mehr geben soll oder ob eine Gesellschaft sie auch braucht. Respektieren Sie deshalb, wenn für einen Menschen etwas tabu ist.

Taiwan

Wer nach Taiwan reist, kann sich an den in → China üblichen Verhaltensweisen orientieren, denn das Land hat chinesische Wurzeln. Auch die Amtssprache ist Chinesisch, der Großteil der Bevölkerung spricht aber Taiwanisch. Die Menschen sind ausgesprochen freundlich und eher nachsichtig mit Fremden, wenn diese nicht alle einheimischen Eigenheiten kennen.

TIPP

Sind sie geschäftlich in Taiwan unterwegs, sollten Sie sich auf unzählige Formulare und Formalitäten gefasst machen; denn in diesem Land nimmt die Bürokratie viel Raum und Zeit in Anspruch.

Lädt Sie jemand in ein Restaurant ein, wäre er beleidigt, wenn Sie sich anschicken würden, zu bezahlen. Eine Gegeneinladung sollte jedoch folgen. Stecken Sie Essstäbchen nicht aufrecht in den → Reis, sondern schräg, und nehmen Sie die Reisschale zum Mund. In Lokalen wird kein Trinkgeld gezahlt. Einem

Kofferträger können Sie eine Kleinigkeit, etwa 50 Taiwandollar, geben. Wildes Gestikulieren und lautes Schimpfen werden nicht gern gesehen.

Tasche

Wohin mit der Handtasche im Restaurant? Ist noch ein Platz frei, darf dort die Tasche abgestellt werden. Kleine Exemplare können Sie hinter sich auf Ihren Stuhl stellen. Hängen Sie sie bitte nur an die Stuhllehne, wenn das Personal dadurch nicht bei der Arbeit behindert wird. Eine große Tasche gehört im Lokal unter Ihren Stuhl.

Taschentuch

In vielen Ländern ist es vollkommen verpönt, sich bei Tisch die Nase zu putzen. In Deutschland ist das zwar anders, trotzdem sollte man es diskret machen, sich wegdrehen und leise schnauben. Achten Sie darauf, dass das Taschentuch nicht einem Schweizer Käse gleicht – gelb und mit Löchern.

Taufe

Die Taufe ist ein kirchliches Fest und findet im Rahmen eines Gottesdienstes statt. Die Gäste haben sich daher so zu benehmen, wie es in einem Gottesdienst erwartet werden kann. Fragen Sie vorher, ob fotografiert werden darf. Feste Regeln, wer zur Taufe eingeladen werden muss, gibt es nicht. Jede Familie kann es halten, wie es ihr am liebsten ist, wobei es sich natürlich eher um ein familiäres Fest, wie auch die → Kommunion oder → Konfirmation, handelt.

Taxi

Zunächst einmal hat man mit dem Taxi pfleglich umzugehen. Also nicht die Füße oder die verdreckten Einkaufstaschen auf die Sitze legen. Wer größere Gegenstände oder Tiere transportieren oder mit mehreren Personen fahren will, bestellt ein dafür geeignetes Fahrzeug. Klären Sie auch vorher, ob Sie bar bezahlen müssen oder die EC- bzw. Kreditkarte nutzen können. Achtung: Bei Barzahlung ist es Problem des Fahrgastes, wenn er kein Kleingeld hat. Vielerorts gibt es einen Kurzstreckentarif, den man aber meistens nur bekommt, wenn man sich ein Taxi heranwinkt. Wurde der Wagen an einen bestimmten Punkt bestellt oder am Taxistand bestiegen, gilt er nicht.

Tee

Manchmal bekommen Sie in der Gastronomie ein Glas mit heißem Wasser und den Teebeutel getrennt serviert. Hängen Sie den Beutel dann so lange in das Wasser, bis der Tee ausreichend gezogen hat. Anschließend gehört der Beutel in einen kleinen Behälter bzw. auf ein Tellerchen, das Ihnen gebracht wurde. In Hotels gibt es inzwischen oft ganze Teebuffets. Bedienen Sie sich dort sparsam. Der Tee wird nicht besser, je mehr Teeblätter Sie verwenden. Genau wie beim → Kaffee, wird der Teelöffel nach dem Umrühren nicht in den Mund gesteckt, sondern gleich auf die Untertasse gelegt. Zum Nachschenken reicht man auch die Tasse samt der Untertasse.

Telefonieren

T

Beim Telefonieren fehlen zur Verständigung → Mimik und → Gestik. Sie müssen Ihrem Gesprächspartner mithilfe Ihrer Formulierungen und Ihres Tonfalls vermitteln, was Sie möchten. Vermeiden Sie Hintergrundgeräusche. Sprechen Sie langsam und deutlich. Im Geschäftsleben sollten Sie außerdem darauf achten, dass Sie sich mit Ihrem Namen und dem Namen Ihrer Firma und möglicherweise der Abteilung melden, damit der Anrufer weiß, dass er richtig bei Ihnen ist. Wenn Sie verbinden müssen, sagen Sie das. Bei technischen Problemen notieren Sie die Nummer und sorgen dafür, dass der richtige Ansprechpartner zurückruft. Grundsätzlich sollten Sie sich ganz auf ein Telefonat konzentrieren und nicht nebenbei noch einer anderen Tätigkeit nachgehen. Lassen Sie den Menschen am anderen Ende der Leitung zu Wort kommen, hören Sie ihm aufmerksam zu. Und: → Lächeln Sie, das merkt auch Ihr Gesprächspartner!

Terminbestätigung

Jemand macht Ihnen einen Vorschlag für ein Treffen. Der Termin passt Ihnen gut. Sagen Sie nicht nur: „Okay, das passt." Wiederholen Sie den Termin noch einmal, damit Missverständnisse ausgeschlossen werden können. Melden Sie sich kurzfristig, und sagen Sie entweder, dass Sie sich schon auf den Termin am kommenden Tage um 15 Uhr freuen, oder erkundigen Sie sich, ob es bei der Verabredung bleibt. Sie erinnern damit den anderen daran und geben zu erkennen, dass Sie die Verabredung im Kopf haben. Das zeigt Interesse.

Thailand

Zur Begrüßung vollführen Sie den sogenannten „Wai". Legen Sie die Hände wie zum Gebet vor der Brust aneinander. Die Fingerspitzen zeigen nach oben. Dabei machen Sie eine leichte Verbeugung. Je höher die Hände gehalten werden und je tiefer die Stirn geneigt wird, desto mehr Respekt drücken Sie aus. Der „Wai" wird auch gemacht, um sich zu bedanken oder zu entschuldigen. Achtung: Personen mit niedrigem sozialen Rang werden nicht mit dem „Wai" begrüßt. Grüßt das Zimmermädchen oder der Arbeiter Sie auf der Straße auf diese Weise, nicken Sie nur freundlich.

Sie bringen den Einheimischen in Verlegenheit, wenn Sie sich auch verneigen. Der Nachname ist nur für seltene, sehr offizielle Anlässe reserviert. Üblich ist „Herr" oder „Frau" und der Vorname. Vor dem Essen bekommen Sie meist ein Tuch gereicht, um sich die Hände abzuwischen. Das heißt aber nicht, dass auch mit den Fingern gegessen wird. Für Nudelgerichte gibt es → Stäbchen. Sonst ist der Löffel in der rechten und die Gabel in der linken Hand üblich. Schieben Sie mit der Gabel den gewünschten Happen auf den Löffel. Trinkgelder liegen bei mindestens zehn Prozent. Weniger als zehn Baht zu geben, wäre eine klare Beleidigung. Bei einer Einladung können Sie Blumen mitbringen. Viel bes-

T

ser sind kleine Souvenirs aus Ihrer Heimat. Ziehen Sie die Schuhe aus, bevor Sie ein Privathaus oder einen Tempel betreten. Strümpfe sind aber in Ordnung. Gesessen wird auf dem Boden. Männer nehmen den Schneidersitz ein, Frauen ziehen ihre Beine seitlich am Körper nach hinten. Übrigens sollten sich Frauen auf keinen Fall aufreizend kleiden. Im Tempel haben auf jeden Fall Knie und Schultern bedeckt zu sein. Bewegen Sie sich im Uhrzeigersinn durch einen Tempel. Alles andere bringt Unglück. Mönche dürfen von Frauen nicht berührt werden. Setzen Sie sich in öffentlichen Verkehrsmitteln auch nicht direkt neben einen Mönch. Den Kopf berührt man niemals. Er gilt als Sitz der Seele. Also auch nicht Kindern über den Kopf streicheln. Auch die Beleidigung des Königshauses steht unter Strafe. Schon wenn Sie auf einen Geldschein treten, der Ihnen aus der Hand gefallen ist, gilt das als Beleidigung, da der König auf dem Schein abgebildet ist.

T

Theater

Es ist wie in der → Oper oder in der → Operette: Je festlicher das Ambiente und je berühmter die Darsteller oder der Regisseur, desto mehr drückt sich das in der Garderobe der Zuschauer aus. Klar, dass das → Handy ausgeschaltet bleibt. Auch → Kaugummi und andere Knabbereien haben im Theatersaal nichts zu suchen. Essen und trinken sollten Sie nur im Foyer. Es sei denn, es ist ein Theater mit Gastronomie. Bestellen Sie dann vorher und in der Pause, um während der Vorstellung nicht zu stören. Mit dem → Applaus richten Sie sich nach der Art des Stückes.

Tischdekoration

Eine geschmackvolle Tischdekoration ist das i-Tüpfelchen jeder stilvollen Tafel. Neben Kerzen und Blumen gibt es heute eine ganze Reihe von Gegenständen, mit denen zum Beispiel ein bestimmtes Thema unterstrichen werden kann.

Als → Gastgeber sollten Sie es nur nicht übertreiben. Weniger ist mehr. Achten Sie darauf, dass genug Platz bleibt, um bequem sitzen und essen zu können. Als Gast lassen Sie die Dekoration bitte, wo sie ist. Es gehört sich nicht, das liebevoll gestaltete Arrangement hin und her zu schieben oder Dekorationsgegenstände anzuheben und von unten zu betrachten.

Tischherr

Wenn für eine Tafel eine Sitzordnung erdacht wurde, bei der Herren und Damen im Wechsel sitzen, gilt der Mann auf dem Platz links von einer Frau als ihr Tischherr. Er sollte so höflich sein, sich mit seiner Tischdame auch ein wenig zu unterhalten. Wenigstens hat er darauf zu achten, ob sie etwas benötigt, das er ihr reichen kann.

Tischkarten

Namenskärtchen erleichtern bei namentlich vergebenen Plätzen zum einen das Auffinden des eigenen Platzes. Zum anderen sind sie, gerade bei offiziellen Anlässen, hilfreich, um miteinander ins Gespräch zu kommen. Auf beide Seiten der Karte gehört nämlich, vor allem im beruflichen Rahmen, außer dem Vor- und Familiennamen auch ein Titel oder die Position in der Firma. Es gehört sich nicht, Tischkarten zu vertauschen, um einen anderen Platz zu bekommen. Das würde gegen den ausdrücklichen Wunsch des → Gastgebers verstoßen.

Tischordnung

Bei formellen Anlässen wird in erster Linie auf die Rangfolge geachtet. Je höher im Rang desto näher sitzt man an den → Gastgebern.

TIPP

Platzieren Sie gekonnt: Singles, Personen, die niemanden in der Runde kennen und → ausländische Gäste dürfen nicht an die Stirnseite oder an den äußersten Platz des Tisches gesetzt werden. Versuchen Sie lieber, gerade solche Personen so zu setzen, dass sie leicht in Gespräche aufgenommen werden.

Sitzt das Gastgeberpaar sich am runden oder eckigen Tisch gegenüber oder jeweils an den Stirnsei-

SPEZIAL

An Tisch und Tafel glänzen

Ob beim → Geschäftsessen, mit Freunden im Restaurant, bei einer Familienfeier oder einer offiziellen Einladung: Tischmanieren sind gefragt. Obwohl heutzutage häufig außerhalb gegessen wird, vergessen in Zeiten des Fast Foods viele die einfachsten Regeln bei Tisch. Zunächst: Zu essen begonnen wird eigentlich erst dann, wenn alle etwas vor sich stehen haben. Da dies oft lange dauern kann, fordern diejenigen, die noch warten müssen, die anderen auf, schon zu beginnen. Ob Fleisch, → Geflügel, → Fisch oder → Meeresfrüchte – die Speisen sollten nicht „massakriert“, sondern mit dem entsprechenden → Besteck gegessen werden. Beide Hände gehören auf den Tisch, jedoch nicht die Arme. Bei mehreren Gängen werden das Besteck von außen nach innen und die → Gläser von rechts nach links verwendet. Jedes Glas wird an seinem Stiel oder am unteren Drittel gehalten. Klatschen oder pfeifen Sie auf keinen Fall, wenn Sie den Kellner auf sich aufmerksam machen wollen. Nehmen Sie lieber Blickkontakt auf, oder sprechen Sie das Personal mit Namen an, wenn bekannt. Sitzen Sie möglichst gerade, halten Sie die Stuhllehnen frei, damit das Personal nicht behindert wird. Taschen gehören unter den Stuhl, Jacken, Mäntel etc. an die Garderobe. Und: Das → Handy wird im Restaurant, aber auch bei einer privaten Einladung zum Essen, selbstverständlich ausgeschaltet.

Checkliste Tisch-Knigge

- Gläser von rechts nach links, Besteck von außen nach innen verwenden.
- Beide Hände gehören auf den Tisch, jedoch nicht die Unterarme.
- Glas am Stiel fassen, Trinkgefäße ohne Stiel im unteren Drittel festhalten.
- Mit dem Trinken warten, bis der Gastgeber einen Toast ausspricht oder sein Glas erhebt.
- Mit einem Aperitif wird angestoßen, man darf auch mit Wasser zuprosten.
- Wenn die Nase läuft: leicht abgewandt leise und dezent schnäuzen. Auf keinen Fall die Serviette benutzen!
- Bei einem Hustenanfall um Entschuldigung bitten und kurz den Raum verlassen.
- Zahnstocher nicht bei Tisch, nur in der Toilette benutzen.
- Nicht in die Suppe pusten und nicht schlürfen! Löffel mit Spitze an die Lippen führen.

ten einer Tafel, sind rechts von ihnen die Ehrenplätze. So wird ein männlicher → Ehrengast neben die Gastgeberin, ein weiblicher neben den männlichen Gastgeber gesetzt. Sie dürfen als einladendes Paar einander auch schräg gegenübersitzen, sodass die Ehrengäste nicht nur einen Gastgeber neben sich, sondern auch direkt gegenübersitzen haben. Lädt eine einzelne Person ein, befindet sich der Ehrenplatz ihr gegenüber. Weitere Gäste werden grundsätzlich im Rang abwärts platziert. Paare dürfen heutzutage zusammensitzen. Im Privaten zählen Rangordnungen natürlich weniger. Achten Sie dann stärker darauf, wer ähnliche Interessen hat, wer häufig aneinander gerät oder wer, bei ausländischen Gästen, die gleiche Sprache spricht.

Tischrede

Eine Rede, um ein festliches Essen einzuleiten, ist eine schöne Sache. Jedenfalls wenn die Ansprache unterhaltsam und nicht zu lang ist. Immerhin sind alle hungrig, denn die Tischrede wird vor dem Essen gehalten. Der → Gastgeber übernimmt diese Aufgabe. Er begrüßt seine Gäste, kann ein wenig über die Vergangenheit oder über den Anlass des Treffens plaudern. Ehrengäste werden extra begrüßt. Wenn sie eine lange Anreise auf sich genommen haben, sollte dies auch gewürdigt werden. Zum Schluss erhebt man das Glas und wünscht einen schönen Abend. Bei der Gelegenheit kann dann auch ein → Buffet eröffnet werden.

Titel

Ein Titel ist streng genommen nur ein akademischer Grad. Wenn in Bezug auf die → Anrede oder → Anschrift von Titeln die Rede ist, sind aber auch Amtsbezeichnungen gemeint, mit denen es umzugehen gilt. Es gebietet die Höflichkeit, jemanden, der promoviert hat, auch als „Doktor" anzusprechen. Hat er habilitiert, wird er „Professor" genannt. Bei mehreren Titeln wird in der persönlichen Ansprache nur der höchste genannt, der „Doktor" fällt also in der Regel weg. Sagt Ihnen jemand, dass Sie einen Titel weglassen sollen, möchte er es unkompliziert haben. Halten Sie sich dann daran. Übrigens, „Frau Doktor" wird heutzutage nur gesagt, wenn die Dame promoviert hat, nicht etwa, wenn

sie mit einem „Doktor“ verheiratet ist. Auch ein praktizierender Arzt, der nicht promoviert hat, wird nicht „Doktor“ genannt.

Todesanzeige

Wenn Sie eine Todesanzeige aufgeben, können Sie damit rechnen, dass sie am nächsten Tag erscheint. Der Name des Verstorbenen, bei Frauen eventuell mit Mädchenname, das Geburts- und Sterbedatum sowie die Namen der Angehörigen in der Reihenfolge ihrer Beziehung zu dem Toten, gehören in die Anzeige. Auch sollte angegeben werden, wo und wann die Beisetzung oder Trauerfeier stattfindet. Wenn Sie nicht wünschen, dass viele Menschen kommen, ist der Hinweis erlaubt, dass die Beisetzung im engsten Familienkreis stattfindet.

Toilette

Eigentlich sollte es selbstverständlich sein, eine Toilette ordentlich zu benutzen und sauber zu verlassen. Doch die Praxis spricht eine andere Sprache. Also: Werfen Sie nichts in das Toilettenbecken außer Papier. Die Menge sollte nicht dazu ausreichen, das Rohr zu verstopfen. Benutzte Hygieneartikel der Damen gehören ausschließlich in dafür vorgesehene Behälter, nachdem sie in einen entsprechenden Beutel gesteckt wurden. Sind Sie mit Ihrem Kind auf der Toilette und es geht etwas daneben, sind Sie verantwortlich. Sagen Sie dem Personal Bescheid, wenn vorhanden, und zeigen Sie sich erkenntlich. Ansonsten müssen Sie sich selbst kümmern oder einen kleinen Hinweis anbringen. Im Beruf: Falls Sie einem Geschäftspartner das „stille Örtchen“ zeigen, bleiben Sie nicht direkt vor der Tür stehen, sondern gehen Sie einige Meter weiter.

Trauerkleidung

Im mitteleuropäischen Raum ist die Trauerfarbe Schwarz. Je enger man einem Verstorbenen steht, desto eher sollte man seine Kleidung inklusive der → Accessoires darum in Schwarz wählen. Darüber hinaus ist auf ein dezentes Erscheinungsbild zu achten. Frauen sollten beispielsweise nicht sexy im „kleinen Schwarzen" daherkommen. Inzwischen sind auch dunkle Blau-, Grau- oder Grüntöne okay. Es richtet sich nach den Wünschen der engsten Angehörigen. Ist nichts anderes bekannt, greifen Sie zu dunklen, gedeckten Tönen. Einige tragen als Angehörige auch heute noch ein Jahr lang überwiegend schwarze Trauerkleidung. Als Ersatz kann eine schwarze Binde am Arm anhaltende Trauer zeigen. Auch hierzu gibt es keine festen Regeln. Möchte jemand länger Schwarz tragen, sollte man ihn höchstens behutsam darauf ansprechen. Immerhin ist Trauerkleidung auch ein Schutz. Außenstehende können sich darauf einstellen und den Betroffenen besonders rücksichtsvoll behandeln. Wer schon nach einer Woche wieder helle Farben tragen will, sollte dafür aber nicht kritisiert werden. Denn jeder trauert auf seine Weise.

Treppensteigen

Früher gebot es der Anstand dass der Mann vor der Frau die Treppe hochging, damit er ihr nicht, wie bei umgekehrter Reihenfolge möglich, unter den → Rock schauen konnte. Heute ist es umgekehrt. Die Frau geht vor. Kommt sie ins Stolpern, kann der Mann schnell helfend eingreifen. Geht es abwärts, geht der Mann aus dem gleichen Grund als Erster.

Trinkgeld

In der englischen Sprache heißt das Trinkgeld „tip" („to improve promptness" = etwa „um Schnelligkeit und Zuverlässigkeit zu verbessern"). Sie müssen es in Deutschland nicht geben, erkennen damit aber besonders gute Leistungen an. In der Gastronomie sind zwischen fünf und zehn Prozent angebracht, in der gehobenen Gastronomie auch etwas mehr. Ein Kofferträger bekommt einen bis zwei Euro pro Gepäckstück, dem Zimmerservice und der Garderobiere können Sie ebenfalls etwas geben, etwa zwei Euro für den Zimmerservice und 50 Cent an der → Garderobe. Im → Taxi rundet man einfach bis zu maximal zehn Prozent des Fahrpreises auf. Große Worte müssen Sie nicht machen. Nennen Sie entweder das gewünschte Rückgeld oder den aufgerundeten Betrag. Im Restaurant dürfen Sie das Trinkgeld auch auf dem Tisch liegen lassen. Tun Sie das nur dann nicht, wenn es sich um Plätze draußen handelt und viele Menschen am Tisch vorbeigehen. Wenn Sie mit Kreditkarte zahlen, können Sie der Bedienung den Betrag inklusive Trinkgeld nennen, den sie abziehen soll. Grundsätzlich ist Bargeld jedoch angebrachter.

Tschechische Republik

Tschechien, Tschechei, Tschechische Republik – wie ist es denn nun richtig? Die Tschechische Republik ist der heute gültige Name. Sie dürfen aber auch noch Tschechien sagen. „Tschechei" dagegen darf Ihnen nicht herausrutschen, denn die Bezeichnung stammt noch aus dem Nationalsozialismus. Die Tschechen sind offen und modern. Sie begrüßen sich mit → Handschlag. Achten Sie auf eine kleine sprachliche Feinheit: „Ja" heißt „Ano", kann aber auch zu „No" abgekürzt werden. Sagt ein Tscheche das, meint er also nicht die englische Verneinung. Sagt er dagegen „Ne", dann heißt das ganz klar „Nein".

Tunesien

Zwar ist Tunesien ein vom → Islam geprägtes Land, man sieht die Regeln jedoch selten sehr eng. Zur Begrüßung wird man Ihnen die Hand reichen. Tut eine Tunesierin das nicht, verzichten Sie auf Körperkontakt. Es wird großer Wert auf Geselligkeit gelegt. Lassen Sie sich darum möglichst Zeit für ein Schwätzchen. Essen hat außerdem einen hohen Stellenwert. Wer keinen Nachschlag nimmt, beleidigt den Gastgeber. Um zu zeigen, dass Sie genug haben, lassen Sie einen kleinen Anstandsrest auf dem Teller. Sind Sie eingeladen, bringen Sie Schokolade mit. Im Restaurant sind zehn bis 15 Prozent Trinkgeld gängig. Das passt ebenfalls, wenn Sie ein Taxi nutzen. Handeln Sie auf jeden Fall, bevor Sie sich mit dem Taxi auf den Weg machen oder etwas kaufen. Was die Kleidung betrifft, ist es ratsam, Oberarme und Knie bedeckt zu tragen. Tauschen Sie keine Zärtlichkeiten in der Öffentlichkeit aus. Frauen spielen in Tunesien eine untergeordnete Rolle. Als Ausländerin sollten Sie nicht allein unterwegs sein. Gehen Sie zumindest nicht in Cafés, wo nur Männer sitzen, sonst müssen Sie damit rechnen, als „Freiwild" betrachtet zu werden.

Tür aufhalten

Kavaliere halten auch heute noch einer Dame die Tür auf. Frauen halten aber auch Männern die Tür auf. Nämlich dann, wenn diese die Hände voll haben.

Türkei

Sind Sie in Städten und Urlaubsregionen unterwegs, werden Sie sich schnell zu Hause fühlen. Die deutsche Sprache wird von fast jedem gesprochen, das Verhalten scheint absolut mitteleuropäisch zu sein. Dennoch bleibt die Türkei ein vom → Islam geprägtes Land. Sie sollten darauf Rücksicht nehmen, zum Beispiel im Ramadan. Und es ist unhöflich, sich oben ohne oder nackt in die Sonne zu legen. Auch wenn es um Sie herum getan wird, sollten Sie sich korrekt verhalten! Es geschieht schnell, dass man zu einem Türken nach Hause eingeladen wird. Lehnen Sie nicht ab, bringen Sie aber unbedingt etwas mit oder sprechen Sie sofort eine Gegeneinladung aus. Vor dem Betreten des Hauses werden die Schuhe ausgezogen. Wenn Sie nichts mehr essen möchten, müssen Sie das sehr deutlich sagen. Sonst bekommen Sie immer noch mehr. Ungünstig: „Es hat wirklich ganz wunderbar geschmeckt, aber ich bin satt." Wer das Essen derartig lobt, bekommt noch etwas. Ein starker Kaffee bildet den Abschluss des Essens. Danach sollten Sie sich bald verabschieden. Putzen Sie sich nie am Tisch die Nase, sondern stehen Sie vom Tisch auf. Und vermeiden Sie es tunlichst, mit Daumen und Zeigefinger ein „O" zu formen, um damit das Essen zu loben. Die Geste ist in der Türkei eine Beleidigung. Frauen machen mit wenig → Make-up, echtem Schmuck und aufwendigen Frisuren einen guten Eindruck.

U

Übernachtungsgast

Wenn Sie bei Freunden übernachten, macht es sich gut, wenn Sie vorher fragen, ob Sie etwas zum Frühstück mitbringen sollen. Ansonsten ist → Wein für den Abend passend oder eine andere Kleinigkeit. Benehmen Sie sich nicht, als wären Sie im Hotel. Bieten Sie an, eigene Bettwäsche oder einen Schlafsack mitzubringen. Fassen Sie mit an, wenn eine Schlafcouch hergerichtet wird. Auch sollten Sie die Gastfreundschaft nicht überstrapazieren, indem Sie erst mal ein Wannenbad nehmen. Sind Sie der → Gastgeber, legen Sie entweder Handtücher bereit oder fragen wenigstens, ob Handtücher benötigt werden. (Der perfekte Gast hat sein eigenes Handtuch dabei!) Bereiten Sie ein Gästebett vor, ist es eine nette Geste, ein Betthupferl auf das Kopfkissen zu legen. Ist jemand das erste Mal bei Ihnen zu Gast, gehört es sich, ihm zu zeigen, wo zum Beispiel die Dusche ist.

Überstunden

Keine Frage, Überstunden lassen sich nicht immer ganz vermeiden. Kommen sie selten vor, sind sie kein Grund zum Murren. Werden sie zur Gewohnheit, sprechen Sie mit Ihrem Vorgesetzten über einen möglichen Ausgleich.

Umweltverhalten

Zwar ist richtiges Umweltverhalten ein relativ modernes Kniggethema, doch gehört es heute geradezu zum guten Ton, von allein darauf zu achten. Immer mehr ist es Zeichen guten Stils, wenn ein → Auto wenig verbraucht und der Fahrer seinen Fahrstil eher dem Spritsparen anpasst als einem vermeintlich coolen Auftritt. Denken Sie beim Einkaufen daran, ob Verpackung immer sein muss. Lassen Sie sich nicht zu sehr von der Werbung locken, die ein Shopping-Wochenende in New York als hip anpreist. Gehen Sie mit der Umwelt möglichst so um, als wäre sie eine Leihgabe der nächsten Generationen, die diese gern intakt zurück haben möchten. Denn genau so ist es.

Ungarn

Die Ungarn legen großen Wert auf gute Manieren und Eleganz. So ist hier der → Handkuss noch nicht ausgestorben. Frauen ziehen ihre Hand bitte nicht weg oder belächeln die Geste. Benutzen Sie die Wörter „Danke" = „köszönöm" und „Bitte" = „kérem" möglichst oft. Die Einheimischen sind einerseits humorvoll, andererseits hat das Land eine der höchsten Selbstmordraten der Welt. Es bietet sich übrigens nicht an, einen Ungarn auf dieses Thema anzusprechen. Ebenso verlieren Sie lieber kein Wort über die beiden Weltkriege. Wer geschäftlich in Ungarn zu tun hat, stellt sich am besten darauf ein, dass er kaum ein klares „Nein" zu hören kriegen wird. Ist die Zustimmung zurückhaltend oder durch einen Nebensatz eingeschränkt, kann damit gut Ablehnung gemeint sein. Die Tischsitten entsprechen den deutschen. Eine Eigenart ist nur das → Anstoßen. Mit → Wein oder sogar Likör wird fröhlich angestoßen, mit → Bier ist das verpönt. Im Restaurant geben Sie etwa zehn Prozent Trinkgeld. Die meisten Restaurants schließen um 23 Uhr. Sollten Sie privat eingeladen sein, verabschieden Sie sich auch spätestens um diese Zeit, da Ungarn sehr früh zur Arbeit gehen. Bringen Sie eine ungerade Anzahl Blumen mit.

TIPP

Transsilvanien, auch als Siebenbürgen bekannt, ist eine Region, die lange zu Ungarn gehört hat. Sie machen Eindruck, wenn Sie etwas darüber wissen. Wer sofort den Namen „Dracula" erwähnt, ist unten durch.

Unterbrechen

Es gehört sich nicht, andere Menschen zu unterbrechen. Ausnahme: Am Telefon erzählt Ihnen jemand ein kompliziertes Anliegen, und Sie wissen gleich, dass Sie nicht der richtige Ansprechpartner sind. Dann wäre es unhöflich, den anderen ausreden zu lassen. Sagen Sie: „Entschuldigung, wenn ich Sie unterbreche, aber ich möchte Ihnen ersparen, gleich alles noch einmal erklären zu müssen."

USA

In den Vereinigten Staaten ist es üblich, dass selbst im Berufsleben schnell der Vorname verwendet wird. Begrüßt wird mit → Handschlag. Dazu reicht ein einfaches „Hello“ völlig aus. Auch „nice to meet you“ hört man gern. Fragen Sie, wie es ihrem Gegenüber geht. Sie werden das auch ständig gefragt, sollten darauf aber bloß nicht ausführlich oder ehrlich antworten, wenn es Ihnen nicht gut geht. Bekunden Sie, dass alles bestens ist. Sie zeigen besonderen Respekt, wenn Sie den Nachnamen und den Titel nennen. Das ist aber wirklich ungewöhnlich. Man geht schnell zum Vornamen über. Amerikanische Geschäftsleute wollen möglichst schnell auf den Punkt kommen. Nach außen sind Sie locker, innerlich knallhart. Seien Sie pünktlich. Höflichkeit und ein ordentliches Äußeres werden erwartet. Im Osten der USA geht es konservativer zu als im Rest des Landes. Im Businessleben greifen Herren zum dunkelgrauen oder blauen Anzug. Damen ziehen einen Rock, der über das Knie geht, einer engen Hose vor. Frauen mit unrasierten Beinen oder Achseln werden als ungepflegt betrachtet. Im Restaurant wird Ihnen ein Tisch zugewiesen. Warten Sie so lange. Viele Amerikaner essen nur mit der Gabel. Benutzen Sie ruhig wie gewohnt das vollständige Besteck, das wird gern gesehen. Trinkgeld ist für das Servicepersonal überlebenswichtig. Geben Sie 15 bis 20 Prozent. Legen Sie die Serviette, wenn sie aus Stoff ist, beim Gehen auf den Stuhl. Stellen Sie sich auf eine ausgeprägte Prüderie ein. Anzügliche Witze schlucken Sie lieber herunter. Die Frage nach Ihrem Einkommen gilt in den Staaten nicht als unhöflich. Generell wird man Sie sowohl über Ihren Job als auch über Ihr Privatleben ausquetschen. Und man erwartet von Ihnen auch Interesse an Ihren Mitmenschen.

V

Vegetarier

Es gibt Menschen, die – sei es aus Überzeugung oder aus gesundheitlichen bzw. religiösen Gründen – kein Fleisch essen. Wenn Sie zum Essen einladen und nicht genau wissen, ob alle Gäste Fleisch essen, bieten Sie zur Sicherheit am besten eine vegetarische Alternative an. Sollten Sie schon im Voraus wissen, dass mindestens ein Gast Vegetarier ist, erkundigen Sie sich, ob → Fisch gegessen wird. Dann können Sie alternativ auch ein Fischgericht anbieten. Leben Sie selbst vegetarisch, so versuchen Sie nicht, die anderen auch davon zu überzeugen – und besonders nicht beim gemeinsamen Essen. Sollten Sie eingeladen sein und es gibt nur Gerichte die Fleisch enthalten, lassen Sie es einfach auf dem Teller zurück und erklären dies gegebenenfalls kurz.

Verabschieden

Sind Sie zu einem Abendessen eingeladen, wäre es unhöflich, sich direkt danach zu verabschieden. Man sagt, dass der früheste Termin eine halbe Stunde nach dem → Kaffee bzw. → Dessert ist. Grundsätzlich verabschiedet man sich nur bei den → Gastgebern und auch möglichst unauffällig, um nicht eine Kettenreaktion auszulösen. Bei Veranstaltungen mit sehr vielen Gästen, ist es sogar gestattet, ohne Abschied zu gehen. Eine Erklärung mit Dank für den Abend am nächsten Tag ist obligatorisch.

Vereinigte Arabische Emirate

Die Vereinigten Arabischen Emirate sind ein Staatenbündnis von Abu Dhabi, Umm al-Qaiwain, Fujairah, Ras al-Khaimah, Sharjah, Dubai und Ajman. Achten Sie auf die Regeln, die für ein islamisches Land gelten. Seien Sie sich darüber klar, dass Essen und Trinken, selbst die Benutzung von Parfüm, im Ramadan nicht akzeptiert wird. Der → Handschlag zur Begrüßung hat sich durchgesetzt, was nicht automatisch für Frauen gilt. Nennen Sie, wenn bekannt, Titel und

Vornamen. Im Restaurant ist ein hohes Servicegeld schon inklusive, weshalb kein Trinkgeld gegeben wird. Werden Sie nach Hause eingeladen, lehnen Sie zuerst zweimal höflich ab. Erst danach ist es ernst gemeint und dann eine große Ehre, die auf jeden Fall angenommen wird. Bringen Sie keine Blumen und keinen Alkohol mit. Bittet man Sie um einen Gefallen, versuchen Sie immer zu helfen. Die Geste des Kreises, der aus Daumen und Zeigefinger geformt wird, wird hier als Obszönität verstanden. Loben Sie keinen Schmuck, den ein Einheimischer trägt. Er wird sich vielleicht gezwungen sehen, ihn Ihnen zu schenken. Das können Sie dann auf keinen Fall ablehnen.

Verlobung

Früher war es üblich, dass der Bräutigam bei den Brauteltern um die Hand ihrer Tochter angehalten hat. In ihrem Haus wurde dann auch die Verlobung gefeiert. Ging man in ein Restaurant, zahlten ebenfalls die Brauteltern. Heute ist eine Verlobung überhaupt nicht mehr nötig. Wenn man sie feiert, gibt es keine festen Regeln. Meist werden die Kosten geteilt.

Versöhnungsgeschenk

Wenn es einen Grund gibt, sich zu entschuldigen, sollte man das tun, ohne Zeit zu verlieren. Bei schwerwiegenden Anlässen, die den anderen wirklich verletzt haben, ist ein kleines Versöhnungsgeschenk angebracht. Es soll zeigen, dass man sich Gedanken gemacht hat, statt teuer zu sein und wie eine Bestechung zu wirken. Trotz Geschenk müssen Sie Ihrem Gegenüber überlassen, ob er Ihnen verzeiht.

Verspätung

→ Pünktlichkeit gehört zum höflichen Verhalten. Wenn Sie trotzdem mal zu spät kommen müssen, versuchen Sie, sich zu melden, um die Verzögerung anzukündigen. Das ist gerade bei geschäftlichen Terminen und bei Verabredungen zum Essen wichtig. Die anderen können dann schon anfangen.

Versprecher

Über einen Versprecher geht man am besten einfach hinweg. War er besonders lustig oder peinlich, ist eine kleine Bemerkung oder Entschuldigung angebracht. Gehen Sie dann zur Tagesordnung über.

Visitenkarten

Wo immer Sie eine Visitenkarte bekommen, sehen Sie sie sich an, bevor Sie sie einstecken. Solange die zugehörige Person es noch sehen könnte, machen Sie bitte keine Notizen darauf. Wer viel im Ausland unterwegs ist, sollte mehrsprachige Exemplare besitzen. Auf die Visitenkarte gehört neben dem Vor- und Familiennamen auch ein Titel bzw. eine Funktion in einem Unternehmen sowie die Adresse, Telefonnummer und eine E-Mail-Adresse.

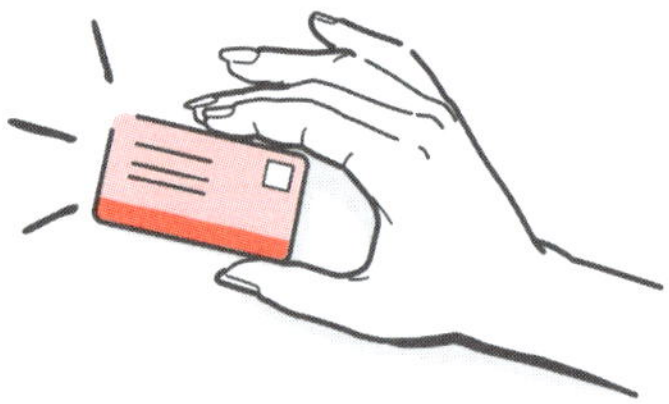

V

Vorstellen

Kommt man in eine Gruppe oder lernt eine einzelne Person kennen, stellt man sich natürlich vor. Dazu sind verschiedene Formulierungen möglich. Sagen Sie etwa: „Hallo, ich bin Stefanie Mettmann." Auch völlig in Ordnung: „Mein Name ist ..." oder „Ich heiße ..." Jeweils nach einem Gruß, versteht sich. Trifft eine größere Gruppe von Menschen aufeinander, die sich alle einander vorstellen, ist es auch durchaus kniggekonform, wenn Sie lediglich Ihren Namen sagen. Das ist einfach praktischer und schneller.

Übrigens können Sie in allen Fällen entscheiden, ob Sie nur Ihren Nachnamen oder auch den Vornamen sagen wollen. Handelt es sich um eine berufliche Situation mit Personen verschiedener Hierarchien, ist es angebracht, zunächst nur den Nachnamen zu nennen. Bei Gleichrangigen und auch in der

Freizeit ist es nett, wenn der Vorname verraten wird. Gerade wenn Sie Menschen aus anderen Kulturkreisen begegnen, die üblicherweise den Vornamen verwenden, um andere anzusprechen, sollten Sie diese Variante wählen.

Vorstellungsgespräch

Im Bewerbungsgespräch ist guter Stil und ein gepflegtes Äußeres doppelt so wichtig wie sonst. Neben Fragen zu Ihrem Werdegang und Ihren Fähigkeiten müssen Sie auch auf die Frage nach Ihrer Motivation gefasst sein. Überlegen Sie sich gut, warum es genau diese Stelle ist, die Sie gern hätten. Überlegen Sie sich außerdem immer ein paar Fragen zum Unternehmen. Dazu ist es nötig, sich vorab zu informieren. Heutzutage sollte man in vielen Bereichen auch darauf gefasst sein, dass ein zukünftiger Arbeitgeber einen Teil des Gesprächs in Englisch führt.

Vorurteile

Hüten Sie sich vor Vorurteilen. Fast jeder hat sie zwar, doch sollte man immer offen auf Menschen zugehen. Oft erlebt man dann positive Überraschungen. Vorurteile können Sie auch selbst treffen und Ihnen das Leben schwer machen. So wird ein Mann mit langen → Haaren und zauseligem Bart zunächst nicht als besonders seriös eingestuft. Gerade wenn es um den ersten Eindruck geht, sollten Sie nicht in die Vorurteilsfalle tappen.

TIPP

Eigentlich hat jeder Vorurteile. Es kommt nur darauf an, wie man mit ihnen umgeht. Eine besonders stark vorgeprägte Meinung hat man oft über bestimmte Länder und deren Bewohner. Sicherlich ist auch manchmal etwas Wahres dran, wie man ja an den „typisch deutschen" Eigenschaften sieht. Und nicht selten hat man ja auch positive Vorurteile. Doch ob Urlaub oder geschäftlich: Wenn Sie in einem fremden Land zu Gast sind, sollten Sie immer offen auf die Menschen zugehen. Entdecken Sie dann eine für dieses Land „typische Eigenschaft", können Sie gerne schmunzeln.

SPEZIAL

Bewerbung und Vorstellungsgespräch

Wenn Sie sich beruflich verändern wollen oder gerade ins Berufsleben einsteigen, sind Stil und gutes Benehmen unabkömmlich, um von sich zu überzeugen. Mit der schriftlichen Bewerbung liefern Sie den ersten Eindruck Ihrer Persönlichkeit. Er sollte möglichst positiv ausfallen. Achten Sie deshalb bei Ihren gesamten Bewerbungsunterlagen auf Vollständigkeit und Qualität.

Im → Vorstellungsgespräch kommt es neben Ihrer fachlichen Qualifikation entscheidend darauf an, einen positiven Eindruck von sich zu hinterlassen. Das geht schon bei der Begrüßung los. Warten Sie, bis Ihnen die Hand gereicht wird, und setzen Sie sich erst, wenn Sie dazu aufgefordert werden. Ein tadelloses und der Branche angepasstes äußeres Auftreten ist Voraussetzung für Erfolg. Achten Sie zudem auf Ihre → Körpersprache und versuchen Sie, nicht nervös oder steif zu wirken. Gerades Sitzen, ruhige Hände und ein → Lächeln wirken Wunder. Versuchen Sie, weder einsilbig noch geschwätzig zu wirken. Je aufmerksamer Sie Ihrem Gegenüber zuhören, desto präziser können Sie antworten und somit punkten. Und: Verhalten Sie sich gegenüber allen Personen, die Ihnen vor oder nach dem Gespräch begegnen, höflich und korrekt. Sie wissen nie, bei wem sich Ihr zukünftiger Chef ein Feedback über Sie einholt.

Checkliste Bewerbungs-Knigge

- Bewerbungsunterlagen sollten vollständig, ordentlich und einwandfrei sein.
- Beim Vorstellungsgespräch schon durch korrekte Begrüßung punkten: warten, bis Ihnen die Hand gereicht wird und erst nach Aufforderung setzen.
- Pünktlich zum Vorstellungsgespräch erscheinen, aber nicht viel zu früh.
- Tadellose Kleidung, gepflegtes Äußeres und einwandfreies Auftreten.
- Körpersprache sollte Ruhe und Selbstbewusstsein vermitteln: aufrecht sitzen, Hände ruhig halten, lächeln.
- Entschlossenheit zeigen und vermitteln, dass Sie wissen, was Sie wollen.
- Nicht einsilbig sein, aber auch nicht ununterbrochen reden.
- Aufmerksam zuhören und überlegt antworten.
- Sich gegenüber allen, auch nicht am Gespräch beteiligten Personen höflich und korrekt verhalten.

W

Patient den Raum betritt, der offenbar nicht gut stehen kann. Das → Handy hat hier nichts zu suchen. Wenn überhaupt sollten Gespräche leise geführt werden. Bedenken Sie, dass jemand vielleicht rasende Kopfschmerzen hat. Wenn Sie Ihre Jacke nehmen und gehen, ist wieder ein Gruß angesagt.

Wachtel

Bei der Wachtel handelt es sich um ein sehr kleines → Geflügel. Es wird immer mit den Fingern gegessen.

Warteschlange

Wo eine Warteschlange ist, heißt es leider: hinten anstellen. Rücken Sie niemandem zu nah auf den Leib. An der Supermarktkasse passen Sie bitte auf, dass Sie dem Vordermann nicht mit dem Einkaufswagen in die Hacken fahren. Übrigens ist es guter Stil, jemanden vorgehen zu lassen, wenn er nur ein Stück in der Hand hat, während Sie vor ihm mit vollem Wagen stehen.

Wartezimmer

Beim Eintreten in ein Wartezimmer werden Anwesende gegrüßt. Geben Sie Ihren Sitzplatz frei, wenn alle anderen Stühle besetzt sind und ein

Weihnachtsfeier

Für die Weihnachtsfeier in der Firma gelten die gleichen Regeln wie für jedes → Betriebsfest. Zusätzlich sollte bei aller Feierlaune nie der Anlass vergessen werden. Es darf also ruhig besinnlich zugehen.

Weihnachtsgrüße

Weihnachtsgrüße gehören nicht auf herkömmliches Firmenbriefpapier. Bedanken Sie sich für die Zusammenarbeit des gesamten Jahres. Darüber hinaus ist kein Platz für Dienstliches.

Wein

Für die verschiedenen Weinsorten gibt es verschiedene → Gläser. Ein Weinglas hat immer einen Stiel, an dem es bitte auch gehalten wird. Wer sich nicht auskennt, lässt sich in der gehobenen Gastronomie

vom → Sommelier beraten. Wenn Sie eine Flasche bestellen, muss einer am Tisch probieren. Gibt er seine Zustimmung, kann später nicht mehr reklamiert werden. Ein Grund, den Wein nicht zu nehmen, ist ein korkiger Beigeschmack.

Weintrauben

Nehmen Sie sich von einer Obstplatte einen kleinen Zweig mit Trauben auf Ihren Teller. Die Früchte werden mit den Fingern gegessen. Kerne lassen Sie in die hohle Faust und von dort auf den Teller gleiten.

Weißwurst

Die Weißwurst ist eine bayerische Spezialität. Allerdings traut sich nicht jeder, diese zu bestellen. Schließlich kann man beim Verzehr mehr falsch als richtig machen. Das sogenannte Auszuzeln wird noch von manchem bayerischen Urgestein praktiziert. Die Wurst wird dabei mit Haut ein Stück weit in den Mund genommen, man beißt hinein und zieht das Brät vorsichtig durch die beinahe geschlossenen Zähne aus dem Darm. Aber auch der Verzehr mit Messer und Gabel verstößt nicht gegen die guten Sitten. Allerdings gibt es auch hier ganz spezielle Regeln, am einfachsten ist der Längsschnitt. Schneiden Sie die Wurst der Länge nach auf und klappen Sie die beiden Hälften auseinander. Mit Messer und Gabel

TIPP

Gemäß der Überlieferung darf die Weißwurst das Zwölf-Uhr-Läuten nicht erleben. Diese alte Regel ist darauf zurückzuführen, dass es früher keine Kühlschränke gab und die Würste roh verkauft wurden – deshalb sollten sie immer morgens gekauft und vor der Mittagshitze zubereitet werden. Heutzutage ist diese Vorgabe jedoch hinfällig, und die bayerische Spezialität wird rund um die Uhr serviert.

lösen Sie das Fleisch dann stückchenweise aus der Pelle. Unverzichtbare Beilagen zur Weißwurst sind natürlich süßer Senf, Brezel und Weißbier.

White Tie

White Tie ist die englische Bezeichnung für den → Frack.

Wiedergutmachung

Kein Zweifel, wenn Sie jemandem Schaden zugefügt haben, müssen Sie diesen wiedergutmachen. Ist das nicht möglich oder nicht so einfach, können Sie nur anbieten, den finanziellen Schaden zu ersetzen. Eine Entschuldigung gehört aber natürlich immer dazu. Auch eine zusätzliche Aufmerksamkeit, vielleicht ein paar → Blumen, zeigen dem Geschädigten, dass es Ihnen wirklich leidtut.

Win-win-Gespräch

Bei einem solchen Gespräch geht es um einen Doppelsieg. Zwei Parteien haben einen Konflikt oder laufen Gefahr, in Streit zu geraten, doch das Gespräch verhindert dies. Es funktioniert dann, wenn nicht einander völlig widersprechende Interessen vorliegen. Wenn Sie sich über jemanden ärgern, versuchen Sie immer den Hintergrund für das in Ihren Augen schlechte Verhalten zu finden. Vielleicht ist derjenige unzufrieden, sodass es zu dem Verhalten kommt. Dann gewinnen beide, indem Sie dafür sorgen oder dabei helfen, dass die Person wieder zufriedener wird. Liegt die Sachlage anders, überlegen Sie immer, welchen Vorteil Ihr Kontrahent hat, wenn er einer in Ihrem Sinne positiven Änderung zustimmt. Setzen Sie dann gemeinsam diese Strategie durch, und Sie sind beide Gewinner.

Witze

Zunächst: → Humor ist gut. Er darf nur nicht unter die Gürtellinie gehen und nur auf Kosten anderer funktionieren. Witze über Randgruppen oder Menschen, die in irgendeiner Weise benachteiligt sind, sind geschmacklos.

W

Z

Zahnstocher

Nach dem Essen sind Zahnstocher ausgesprochen hilfreich. Benutzen Sie sie aber bitte nicht am Tisch oder beim Hinausgehen aus dem Restaurant. Auch nicht hinter vorgehaltener Hand! Der einzig passende Ort ist die → Toilette.

Zander

Der Edelfisch wird genauso verzehrt wie gebratene → Forelle. Die Haut wird dabei auf jeden Fall gegessen.

Zimmermädchen

Das Zimmermädchen ist die gute Fee, die dafür sorgt, dass Sie sich jeden Tag wieder in Ihrem → Hotelzimmer wohlfühlen. Kommt sie zum Putzen, während Sie noch im Raum sind, bitten Sie sie entweder höflich, später wiederzukommen, oder bedeuten Sie ihr, dass sie ruhig ihre Arbeit machen kann. Gehen Sie ihr dann aus dem Weg, um sie nicht zu stören. Trinkgeld können Sie direkt übergeben oder in den meisten Ländern auf dem Bett liegen lassen. Wenn Sie länger als eine Woche bleiben, ist es üblich, nach der Hälfte schon etwas zu geben. Rund fünf Euro pro Woche sind in Ordnung. Der Betrag hängt natürlich erheblich vom Land und der Hotelkategorie ab.

Zu Händen

Die Formulierung ist nicht mehr üblich. Schreiben Sie einfach „Herrn“ oder „Frau“ und den Namen des erwünschten Empfängers unter die Firmenbezeichnung.

Zuhören

Aufmerksames Zuhören ist ein Zeichen guten Stils. Das heißt, nicht nebenher etwas anderes tun, wie zum Beispiel in einer Zeitung blättern. Auch → Nachfragen oder das Wiederholen des Gesagten signalisieren: „Ich höre dir zu!“ Die Fähigkeit ist nicht nur die Voraussetzung für gelungenen → Small Talk, sondern auch für funktionierende Beziehungen und eine gut laufende Zusammenarbeit.

Zusagen

Mit der Zusage ist es wie mit der Absage. Ist die Entscheidung gefallen, sollte man sie umgehend mitteilen. Auf jeden Fall ist die auf der → Einladung angegebene Frist einzuhalten. Wurde mündlich eingeladen oder um etwas gebeten, ist eine mündliche Antwort okay. Ist die Schriftform erwünscht, bitte per → Brief oder → Fax reagieren.

Zweideutigkeit

Zweideutige Bemerkungen mit eindeutig schlüpfriger Anspielung werden gerade unter Männern hin und wieder ausgetauscht. Wobei auch dann genug Takt vorhanden sein sollte, um zu bemerken, wenn einem Anwesenden so etwas eher unangenehm ist. Im Beisein von Frauen gehört es sich gar nicht. Übrigens: Auch umgekehrt gehören Zweideutigkeiten, die das andere Geschlecht in Verlegenheit bringen können, nicht zum guten Ton. Manchmal sagt man etwas, ohne sich Böses dabei zu denken und merkt erst hinterher, dass der Satz auch ganz anders verstanden werden konnte. Zeigt die Reaktion der anderen, dass genau dies passiert ist, kann man sich nur entschuldigen oder, wenn ein gewisser Witz darin lag, mitlachen.

Zweireiher

Der Zweireiher ist ein → Jackett mit zwei Knopfreihen. Er wirkt elegant, aber auch ein wenig konservativ. Für Männer mit kleinem Bauch ist er empfehlenswert, da er ein bisschen kaschiert. Der Zweireiher hat entweder zwei Seitenschlitze oder gar keinen Schlitz. Eine Weste wird nicht dazu getragen.

Zwischenbescheid

Wenn Projekte sich über einen längeren Zeitraum hinziehen, gehört es sich, andere Beteiligte auf dem Laufenden zu halten. Dies gilt insbesondere im Geschäftsleben, hat aber auch im privaten Bereich sicherlich seine Gültigkeit.

Zylinder

Es gibt nicht mehr viele Gelegenheiten, die so festlich-elegant sind, dass ein Zylinder passt. Aber auch heute noch kann der Herr ihn tragen, wenn er will. Zum → Frack wird ein schwarzer, zum → Cut kann auch ein grauer Zylinder gewählt werden. Zum normalen Anzug dagegen passt er nicht.